ハーバード
卓越の秘密

ハーバードLSの叡智に学ぶ

柳田幸男
ダニエル・H・フット
著

有斐閣

はしがき

　ハーバードは，世界各国で活躍する数多くの卓越した人材を輩出してきた。ロースクールの例でいえば，2009年1月にアメリカ合衆国大統領に就任したBarack Obama氏が記憶に新しい。ハーバードが多くの卓越した人材を輩出できる理由はどこにあるのか。それは，間違いなくハーバードの教育が優れている点にある。昨今，日本では，ハーバード・ブームというべきほど，ハーバードが各方面で脚光を浴びている。ハーバードの教育についての関心が日に日に高まっていることが実感される。

　ハーバードの優れた教育の秘密は何か。そのことを明らかにするためには，ハーバードの12ある全学部（School）の歴史を丹念にひもとき，その教育の本質を逐一探る必要がある。しかし，400年近い歴史を持つハーバードを学部ごとに徹底的に探究することは，事実上不可能といってよい。そこで，著者らは，ハーバードのなかでも特に重要な地位を占めるロースクールに焦点を当てて，卓越の秘密を探ることにした。これが本書の目的である。

　本書は，さらに，ハーバード・ロースクールの卓越の秘密を，日本の法科大学院の改革の一つの道標として提案することも目的としている。周知のとおり，法科大学院は，戦後最大の司法制度改革を経て，2004年4月に創設された。その歴史はまだ6年余りと浅いが，法の支配を担う法曹を養成するための社会的インフラとして，法科大学院が果たすべき役割は，極めて重要である。ハーバード・ロースクールは，合衆国に留まらず世界各地で活躍する数多くの法曹の養成に貢献してきた。その発展の歴史にみられる同校の卓越の

秘密は，法科大学院の今後の改革に貴重な示唆を与えるであろう。

　以上の目的を達成する手段として著者らが採った方法は，ハーバード・ロースクールの創立から今日に至るまでの同校の歴史を徹底的に研究するというものである。研究の対象は，教育方法やカリキュラムに留まらず，学生，教員，試験問題，改革の手法など広範に及ぶ。これらの各側面について，同校が長い歴史のなかでどのようなプロセスを経て現在の姿に至ったのかを丹念に追究する過程で，ハーバード・ロースクールの卓越の秘密を探ることとした。

　詳細は本書の各章で述べるところに譲るが，ハーバード・ロースクールの歴史をひもとくなかで著者らが特に強く感銘を受けたことは，歴史のなかで常に社会の変化を敏感に察知しながら，自らの在り方を検証し，改革を続けてきた同校のたくましさである。最近では，社会の変化に柔軟に対応し幅広い分野で活動できる法曹の必要性が高まっていることを受け，第1学年のカリキュラムの大改革を行った。本書でも紹介するProblem Solving Workshopの導入に代表されるこの改革は，100年以上続いた伝統的な第1学年カリキュラムの在り方を根本から変更するものであったが，各方面から称賛の声が寄せられている。

　もっとも，ハーバード・ロースクールから得られる教訓を実践することは，たやすいことではない。同校の卓越は，これまでの長い歴史のなかで培われてきた数々の改革の努力に支えられているからである。著者の一人柳田は，1997年にハーバード・ロースクールで始まったRobert C. Clark学長の歴史的改革とされるStrategic

Planningの立案に当初から関わった経験を有する。立案の手始めに行われたことは，ハーバード・ロースクールに関する当代随一の研究家とされるDaniel R. Coquillette教授（Professor and former Dean, Boston College Law School）による同校の改革の歴史に関するレクチャーであった。柳田は，その機会に，ハーバード・ロースクールの改革が，同校の190年にも及ぶ歴史を踏まえたものであることを知った。また，フットは，ワシントン大学ロースクールの教授時代に，同ロースクールのStrategic Planningの委員長として改革を主導した貴重な経験から，改革の歴史を深く探究し，それを実際の改革に活かすことの重要性を強く実感した。このような経験にもとづき，日本で法科大学院が創設された頃から，著者らは，法科大学院が理想的な発展を遂げるための道筋について議論してきた。そして，議論を重ねるうちに，ハーバード・ロースクールの発展の歴史が法科大学院にとって一つの重要な示唆を与えてくれると考えるに至った。本書の著述の着想は，このようなことに端を発している。

　本書は，ハーバード・ロースクールの長大な歴史を丹念にひもとくものであったため，長い時間と多くの調査とを必要とした。著者らは，しばしばハーバード・ロースクールを訪問して多くの教授と面談し，同校の実情を正確に把握するよう努めた。このような次第で，本書の著作のプロセスでは多くの方々のご助力を得た。殊に，Elena Kagan前学長（現合衆国最高裁判所判事），Martha L. Minow現学長，William P. Alford副学長，J. Mark Ramseyer教授，Todd D. Rakoff教授，そしてDaniel R. Coquillette教授からは，貴重な資料・情報・アドバイスを頂いた。後掲「謝辞」において，ご助力を頂いた方々の氏名を記し，心からお礼を申し上げる。

はしがき

　最後に，川島佑介君(柳田国際法律事務所所属弁護士)には，資料の整理，外国語文献の翻訳，校正，索引の選定等，多くの場面で助力を得た。ここに特に記して感謝の意を表する。また，本書の刊行全般について，有斐閣常務取締役酒井久雄氏には行き届いたお世話を頂いた。同氏にも心から御礼申し上げたい。

　なおここで，著者ら2人の関係についてふれておきたい。フットは，1974-75年，ハーバード・カレッジの第3学年の間に早稲田大学国際学部に留学した。両者はその折に知り合いとなり，以後，今日まで35年にわたり親交を重ねてきた。その間，相互に，様々な影響を及ぼしあってきたが，一例を示せば，柳田は，1991年にハーバード・ロースクールの客員教授に就任した。これは，フットの推薦によるところが大きい。そして，柳田は，客員教授就任を契機にハーバードに深くコミットするようになった。2人の交流が，再び本書の形で結実したことに，著者らは深い感慨を覚えるものである。

2010年9月8日
柳　田　幸　男
ダニエル・H・フット

謝　　辞

　以下に掲げる方々には，本書の著作の過程で多大なご支援を頂きました。ここに心から感謝の意を表します。また，ここで個別に紹介させていただくことはできませんが，日本及び合衆国双方の多くの方々から貴重なコメントを頂きました。併せてここに感謝の意を表します。

氏　　名	役　　職
David E. Abrams	弁護士 (Director, Problem Solving Workshop Program, Harvard Law School)
William P. Alford	ハーバード・ロースクール教授 Vice Dean for the Graduate Program and International Legal Studies; Director of East Asian Legal Studies; Chair, Harvard Law School Project on Disability
Robert C. Clark	ハーバード・ロースクール教授 Harvard University Distinguished Service Professor (元同ロースクール学長)
John C. Coates	ハーバード・ロースクール教授
Daniel R. Coquillette	ボストン大学 (Boston College) ロースクール教授 ハーバード・ロースクール客員教授
Gerald E. Frug	ハーバード・ロースクール教授
Elena Kagan	合衆国最高裁判所判事 (前ハーバード・ロースクール学長)
Martha L. Minow	ハーバード・ロースクール学長
Todd D. Rakoff	ハーバード・ロースクール教授
J. Mark Ramseyer	ハーバード・ロースクール教授
Carol Steiker	ハーバード・ロースクール教授
Elizabeth Warren	ハーバード・ロースクール教授 Chair, the Congressional Oversight Panel
David B. Wilkins	ハーバード・ロースクール教授 Director, Program on the Legal Profession
Daniel Philip Kessler	スタンフォード大学ビジネススクール教授 元ハーバード・ロースクール客員教授
Vai Io Lo	Associate Professor of Law, Bond University 元ハーバード・ロースクール客員研究員

　なお，上記の方々に加え，本書の基礎となった調査の実施にあたっては，日本学術振興会のご支援(平成21~22年度科学研究費補助金)を受けました。ここに厚く感謝の意を表します。

著者紹介

柳田　幸男 (やなぎだ ゆきお)

1956年	早稲田大学第一法学部卒業
1958年	早稲田大学大学院卒業（法学修士）
1966年	ハーバード・ロースクール卒業（LL.M.）
1988年	日本弁護士連合会常務理事
1991年	ハーバード・ロースクール客員教授
1993年～2005年	ハーバード大学視察委員（Visiting Overseers）
1994年～1998年	法制審議会国際私法部会委員
1997年～現在	ハーバード・ロースクール運営諮問会議委員
1999年～2002年	早稲田大学大学院アジア太平洋研究科客員教授
2003年～2008年	東京大学法科大学院運営諮問会議委員
現　在	柳田国際法律事務所　代表者

主　著：Law and Investment in Japan: Cases and Materials（共著）
（Harvard East Asian Legal Studies, 1st ed., 1994年, 2nd ed., 2000年），
『法科大学院構想の理想と現実』（有斐閣, 2001年），他に著書・論文等多数。

Daniel H. Foote (ダニエル・H・フット)

1976年	ハーバード大学卒業（東アジア研究専攻）
1981年	ハーバード・ロースクール卒業
1982年～1983年	合衆国最高裁判所長官 Warren E. Burger のロークラーク
1993年～1996年	ワシントン・ロースクール教授
1994年～1995年	ハーバード・ロースクール客員教授
1996年～2000年	ワシントン・ロースクール冠教授
	（Dan Fenno Henderson Professor of East Asian Legal Studies）
2009年～2010年	カリフォルニア大学ロサンゼルス校（UCLA）客員教授
	（Paul I. Terasaki Chair in US-Japan Relations）
2000年8月～現在	東京大学大学院法学政治学研究科教授

主　著：『法社会学の新世代』（共著）（有斐閣, 2009年）
Law in Japan: A Turning Point（編）（University of Washington Press, 2007年）
『名もない顔もない司法：日本の裁判は変わるのか』（NTT出版, 2007年）
『裁判と社会：司法の「常識」再考』（NTT出版, 2006年）
『解ける境　超える法（4）：メディアと制度』（共編）（東京大学出版会, 2005年）
Law and Investment in Japan: Cases and Materials（共著）（Harvard East Asian Legal Studies, 1st ed., 1994年, 2nd ed., 2000年），他に著書・論文等多数。

目　　次

第1章　ハーバード・ロースクールと法科大学院 ── 1

1. 本書の狙い ……………………………………………………… 1
2. ハーバード・ロースクール ……………………………………… 3
3. 法学教育に関する著者らの経験 ……………………………… 5
4. 本書の特徴 ……………………………………………………… 7

第2章　教育方法 ── 9

1. ソクラティック・メソッド ……………………………………… 9
1) ソクラティック・メソッド以前：講義と暗記　10
2) Langdellによる改革：教材と教育方法　13
3) ソクラティック・メソッドに対する反応：抵抗から受入れへ　15
4) ソクラティック・メソッドに対する批判　17
5) ソクラティック・メソッドの現状：多様な活用方法　20
6) 歴史の教訓　22
　　（1）ソクラティック・メソッドと効率性　22
　　（2）ソクラティック・メソッドと制定法　24
　　（3）事例利用の重要性　26
2. その他の教育方法 …………………………………………… 27
1) リーガルリサーチ　27
　　（1）初期のアプローチ：エリート学生限定　27
　　（2）1930年代以降：全学生への拡大　28
　　（3）現在：リーガルリサーチの意義　29
　　（4）歴史の教訓　30
2) リーガルスキル・トレーニング　31
　　（1）模擬裁判の伝統　31
　　（2）リーガルスキル・トレーニングに対する消極的態度　33
　　（3）リーガルスキル・トレーニングの発展　35

　　　　(4) リーガルスキル・トレーニングの現状　40
　3) 歴史の教訓　42

第3章　カリキュラム ────────────────── 45
1. 教育の使命 ……………………………………………………… 45
2. カリキュラムの概要 …………………………………………… 47
3. 修業年限 ………………………………………………………… 49
4. コアカリキュラムと必修科目 ………………………………… 52
　1) 1817年〜1936年　52
　2) 1936年〜2006年　58
　　(1) 1936年〜1960年代前半：緩やかな変化　58
　　(2) 選択科目数の増加：教育哲学の変遷　59
　　(3) 1960年代後半〜2006年　64
　　(4) 最近の大改革以前のカリキュラム　65
　　ア．第1学年　65
　　イ．第2及び第3学年　66
　　(a)「コア」カリキュラムタイプの選択科目　67
　　(b) 国際法・比較法　68
　　(c) パースペクティブ科目　70
　　(d) 政策志向の科目　71
　3) 最近の大改革　72
　　(1) 既存のカリキュラムに関する懸念　72
　　ア．第1学年のカリキュラムに対する批判　72
　　イ．上級学年のカリキュラムに対する批判　75
　　(2) 2006年の改革　77
　　ア．第1学年のカリキュラム改革　78
　　イ．案件解決ワークショップ（Problem Solving Workshop）　80
　　ウ．上級学年のカリキュラム　91
　4) 歴史の教訓　95

第4章　試験と成績評価 ――― 103

1. 初期の成績評価 …………………………………………………… 103
2. Langdellによる改革：1870年以降 ……………………………… 104
   1) 試験手続　104
   2) 試験の内容　105
3. その後の進展：1970年代終盤の成績評価 …………………… 110
4. 現在の成績評価と試験 …………………………………………… 111
   1) 試験の手続　112
   2) 試験の内容　115
      (1) 短答式試験　115
      (2) 論文式試験　117
      ア．Issue-spotters　117
      イ．政策に関する問題（Policy Questions）　127
5. 試験に関する考察 ………………………………………………… 130
   1) 求められる資質・能力：暗記は無意味　131
   2) 不正行為の防止策：The Honor Code　133
6. 歴史の教訓 ………………………………………………………… 137

第5章　法曹資格の取得 ―― Bar Examとロースクールの卒業 ――― 141

1. 法曹資格の取得要件 ……………………………………………… 141
   1) Bar Exam　141
   2) ロースクールの卒業　143
2. Bar Examの現状 …………………………………………………… 145
   1) Bar Examの概要　145
      (1) 短答式試験　146
      (2) 論文式試験　148
      (3) パフォーマンス（リーガルスキル）試験　149
      (4) 法曹倫理試験　151
   2) Bar Examの合格率　152

- 3. Bar Examがロースクールの教育に及ぼした影響 …………… 155
- 4. Bar Examとロースクールの認証評価 ………………………… 157
- 5. 司法試験の問題点 ……………………………………………… 161
  - 1) 従来の法曹養成制度　161
  - 2) 制度改革の理念　163
  - 3) 新司法試験が法科大学院教育に及ぼす影響　166
- 6. 歴史の教訓 ……………………………………………………… 170
  - 1) 岐路に立つ法科大学院　170
  - 2) 目指すべき姿と現状の乖離　171
  - 3) 改革に関する著者らの考え　174
    - (1) 司法試験の改革　175
    - ア. 短答式試験　178
    - イ. 論文式試験　179
    - ウ. その他の能力を試す試験　180
    - (2) 教育水準の確保　182
  - 4) 改革後の展望　186

第6章　教員 ———————————————————————— 189

- 1. 教員の数と特徴 ………………………………………………… 189
  - 1) 教員の数　189
  - 2) 教員の特徴　191
    - (1) 実務経験　191
    - (2) 裁判官・ロークラークの経験　195
    - (3) 政府・法制度改革における経験　198
    - (4) 学際的なパースペクティブ　201
    - (5) 多様性　202
- 2. 研究者養成 ……………………………………………………… 203
    - (1) 助手・助教の制度　204
    - (2) 法学修士・博士制度　207

（3）ローレビュー　210
　3．歴史の教訓 ………………………………………………………… 215

第7章　学生 ───────────────── 219

1．Langdell以前の時代 ……………………………………………… 219
2．Langdellの改革 …………………………………………………… 222
3．その後の発展 ……………………………………………………… 226
　1）開かれた入学者選抜から厳格な入学者選抜へ　226
　2）実力主義と成績競争　232
　3）多様性　234
　　（1）ジェンダーと人種　234
　　（2）学部での学習　235
　　（3）出身地・出身大学等　236
　　（4）多様性の意義　238
4．歴史の教訓 ………………………………………………………… 240

第8章　改革へのたゆみない努力 ──────── 245

1．ハーバード・ロースクールの危機 ……………………………… 245
2．改革の原動力 ……………………………………………………… 248
　1）学長の役割　249
　2）戦略的プランニング　253
　3）学生，卒業生等のインプット　254
3．終わりに …………………………………………………………… 256

■ 第*1*章
ハーバード・ロースクールと法科大学院

1. 本書の狙い

　今から12年前に，著者の1人・柳田（以下「柳田」）は，「日本の法曹養成システムには，法学専門教育を行う教育機関が存在しない」と指摘して，ハーバードを念頭においたロースクールの創設を提言した[1]。ハーバードを念頭においた理由は本章2で詳細に述べるが，その主眼は，長年にわたり世界の法学専門教育をリードし，世界的にも数多くのエリートを輩出してきた同校の卓越の秘密を基礎に，日本の法曹養成システムを根本から改革することにあった。

　この提言は，当初，法学部関係者から厳しく批判され，また，法曹界の態度も概ね消極的なものであった。しかし，そのなかにあって，田中成明元京都大学教授（現財団法人国際高等研究所副所長）は，その論稿[2]において，法科大学院を創設して専門法学教育を行う必要性を説かれたほか，佐藤幸治元京都大学教授（後に司法制度改革審議会委員長に就任）や佐々木毅元東京大学教授（後に東京大学総長，現学習院大学法学部教授），故矢口洪一元最高裁判所長官など，この新たな法曹養成システムの構想を高く評価する方々もおられた。また，第

---

1. 柳田幸男「日本の新しい法曹養成システム（上）（下）――ハーバード・ロースクールの法学教育を念頭において」ジュリスト1127号111頁以下，1128号65頁以下（1998年）。
2. 例えば，1つの論稿として，「日本型法科大学院構想について――法曹養成制度改革と大学の法学教育」（自由と正義，1999年9月号）が挙げられる。

二東京弁護士会もいち早く法曹養成二弁センターを立ち上げ，次つぎとロースクールに関する調査報告書・提言などを公表した。

　ロースクール構想を中核とする法曹養成システムの改革に関する議論が次第に起こり，その一連の議論を踏まえて，小渕恵三内閣に司法制度改革審議会が設置された。約2年にわたる慎重な審議の結果，同審議会は2001年6月に意見書を公表し，そのなかで，アメリカ合衆国（以下「合衆国」）のモデルに極めて類似した法学専門教育構想を政府に答申した[3]。同意見書に基づいて2004年4月に始動した法曹養成システムは，合衆国モデルと多くの点で類似性を有するものとなった。

　法科大学院が創設されてから7年目を迎えた現在，日本の新しい法曹養成システムは，その構築と基礎固めの段階を経て，改革・改善を重ねて成長・発展・飛躍の時期を迎えている。そこでこの際，ハーバード・ロースクールの発展の歴史，殊にその苦難の折々に焦点を当てて同校の卓越の秘密をひもとき，我が国の現状と対比しながら，そこから何を学び取ることができるかの検討をすることが有益であると考えられる。読者のなかには，1817年に創立され，190年を超える歴史のなかで今日の地位を築き上げたハーバード・ロースクールの経験と，設立後間もない日本の法科大学院との間にいかなる関連があるのかと疑問を呈する方々もおられるであろう。いうまでもなく，ハーバード・ロースクールは，最初から現在のように成熟した姿で誕生したわけではない。むしろ，多くの苦難に打ち勝ちながら長い年月をかけて成長し，発展してきたのである。この発展の歴史こそが，ハーバード・ロースクールを現在の姿にかたちづ

---

3. 2001年6月12日，司法制度改革審議会「司法制度改革審議会意見書──21世紀の日本を支える司法制度」。

くった礎であり，また，同校の卓越の秘密であって，日本の法科大学院にとっても貴重な教訓となると思われる。その教訓を明らかにすることによって日本の法科大学院をさらに改革・改善する際の参考に供することが本書の狙いである（以下では，ハーバード・ロースクールの歴史から得られる教訓を，単に「歴史の教訓」という）。

2. ハーバード・ロースクール

　ハーバード・ロースクールは，世界のロースクールのなかで卓越した地位を占めている。このことは，次の事実からも明らかである。第1に，1817年に創立されたハーバード・ロースクールは合衆国で最古のロースクールであること[4]，第2に，合衆国最大規模のロースクールであること[5]，そして，第3に，最も重要なことであるが，世界最高水準の研究と教育実績をあげてきたことである。

　このように卓越した地位にあるハーバード・ロースクールは，これまで様々な分野に広く影響を及ぼし，合衆国のみならず世界各地において多くの分野で優れたリーダーを輩出してきた。Barack Obama合衆国大統領を含む政府の指導者，最高裁判所判事，著名な法律学者，あるいは一流の法律家として政界や法曹界で活躍している卒業生は，数え切れないほど多い。卒業生の活躍は，政界

---

4. 同校が創立された1817年以前にもいくつかのロースクールがあったが，ハーバードは，現在まで継続して運営を続けてきたという意味において，合衆国で最も古いロースクールである。
5. 合衆国内の200校近い米国法曹協会（ABA）認定ロースクールのなかで，ハーバード・ロースクールは，最多数のフルタイムの学生（1650人以上のフルタイムのJ.D.プログラムの学生とLL.M.プログラムとS.J.D.プログラムに参加している200人以上のフルタイムの学生）と最多数のフルタイムの教員（100人以上のフルタイムの教授・助教授と150人以上の客員教授，講師その他の教員）を抱えている（数値は，2009年秋時点のものである）。

や法曹界に留まらない。なかには，ビジネス界のリーダー，有力なジャーナリストのほか，多くの著名な小説家や詩人も存在する。

ハーバード・ロースクールそのものも，"The Paper Chase"，"One-L"，"Love Story"など，数多くの人気小説や映画の舞台として取り上げられてきた。合衆国の市民が抱くロースクールのイメージは，そのような大衆文化に描き出されたハーバード・ロースクールのイメージそのものであるといっても過言ではない。

いうまでもなく，小説や映画に描き出されるハーバード・ロースクールの姿は，実際の姿と必ずしも一致するわけではない。しかし，端的に言えば，合衆国内の多くのロースクールは，多かれ少なかれハーバード・ロースクールに類似している。これは，決して偶然ではなく，これらのロースクールが様々な点においてハーバード・ロースクールをモデルにしてきたからにほかならない。ハーバード・ロースクールで1870年代に始まったいわゆる"Langdell Model"と呼ばれる教育方法は，その後数十年の間に合衆国全土に広まった。ハーバード・ロースクールのその後の教育改革も，他のロースクールだけではなく，法曹の在り方にまで相当大きな影響を及ぼしてきた（例えば，第5章で取り上げるように，ハーバード・ロースクールは，Bar Examにも大きな影響を及ぼしてきた）。その意味で，ハーバード・ロースクールの経験は，合衆国における法学教育を理解するうえで極めて重要である。

ハーバード・ロースクールの影響は，合衆国に留まらない。多くの国の法学教育において，ハーバード・ロースクールが先導する法学教育の影響がみられる。日本の法科大学院は，その顕著な例であるといえよう。ハーバード・ロースクールに代表される合衆国の法

曹養成システムは，日本における最近の法曹教育改革の重要なモデルとなった。このことからも，ハーバード・ロースクールのこれまでの発展の歴史にみられる卓越の秘密が，日本の法曹養成システムの改革・発展の道筋を考察するうえでも，多くの貴重な示唆を提供するであろう。

3. 法学教育に関する著者らの経験

著者らは，ハーバード・ロースクールと深い関わりをもつ。いずれもハーバード・ロースクールで学び，同校を卒業した[6]。また，2人とも同校で教鞭を振るった経験を持つ[7]。また，柳田は，1993年以降2005年までの12年間，ハーバード大学視察委員会（Visiting Overseers：詳細は第8章で述べる）の委員，さらに1997年以降現在に至るまで，ハーバード・ロースクールの運営諮問会議（Dean's Advisory Board）の委員を務め，ハーバード・ロースクールにおける法学教育の実情を多様な視点から観察してきた（両委員会の詳細については，第8章で述べる）。さらに，約40年間にわたり，日本，合衆国，ヨーロッパ，その他世界各国で教育を受けた多くの法律実務家と協同し，あるいは，彼らと対峙して活動してきた。著者の1人・ダニエル・H・フット（以下「フット」）は，学生時代に，ハーバード・ロースクールにおいて最も権威のある学生活動である，Harvard Law Reviewの編集者を務めた経歴を有する（Harvard Law Reviewの詳細については，第2章，第6章及び第7章で述べる）。

---

6. 柳田は，1965年から1966年にかけてLL.M.プログラムに，フットは，1978年から1981年にかけてJ.D.プログラムに参加した。
7. 柳田は1991年に，フットは1994年及び1995年に，それぞれ客員教授を務めた。

著者らは，また，日本の法学教育改革に深く関与してきた。さきに述べたように，柳田の「日本の新しい法曹養成システム（上）（下）——ハーバード・ロースクールの法学教育を念頭において」は，日本の法曹養成システムの再構築を促すきっかけとなった論文として高く評価されている。柳田は，法学教育改革に関して広く執筆・講演活動を続け，2004年に東京大学法科大学院が創設されて以降5年間，同大学院の運営諮問会議に参加した。フットも，2000年に東京大学大学院法学政治学研究科の教授に就任して以降，改革活動に深く関与してきた。フットは，東京大学において，学内の様々な法科大学院の計画及び実行に関する委員会に参加するのみならず，司法制度改革推進本部法曹養成検討会委員及び文部科学省中央教育審議会法科大学院部会専門委員として活動した。現在も大学評価・学位授与機構法科大学院評価部会委員として活動している。このような様々な委員会活動に加えて，フットは，法学教育に関して広く執筆・講演活動を行ってきた。東京大学で教授に就任する以前，フットは，シアトルにあるワシントン大学ロースクールで12年間教授（当初は助教授に就任し，1993年に教授に就任した。その後，1996年にDan Fenno Henderson Professor of Lawに指名された）として教壇に立ったが，同ロースクールの発展を目指して戦略プランニング活動の責任者となり，2年間をかけて同プランを立案した経験も有する。

　本書は，ハーバード・ロースクールを中心とする合衆国の法学教育の歴史に関する広範な研究と，合衆国各地の法学教育にみられる最近の発展に関する研究とに基づいて著述されたものである。同時に，以上に述べた著者らの経験が，本書における分析・評価・提言の基底にあることはいうまでもない。

4. 本書の特徴

　ハーバード・ロースクールに関する英文の歴史書はいくつかあるが[8]、その多くは、創立直前からその書物が上梓された時点までの歴史を年代順に書き表したものである。本書は、これらの書物とは異なる特徴を有する。

　以下の各章において、著者らは、教育方法、カリキュラム、試験及び学生評価、司法試験の影響、教員、学生、ロースクールの運営及びプランニングといったテーマを検討する。ハーバード・ロースクールは、これらの側面について、日本の法科大学院が今日対処を迫られている問題と同様の問題に直面し、長い歳月をかけて問題ごとに最適なアプローチをもって改革してきた。その戦略は、日本の

---

8. 本書の作成にあたって、著者らは、以下の各文献を参考にした：1908年に出版されたハーバード・ロースクールの歴史書 (Charles Warren, History of the Harvard Law School and of Early Legal Conditions in America, Vols. I & II (New York: Da Capo Press, 1970) (1908年にLewis Publishing Co., New Yorkから3巻にわたって出版された))；1967年に出版された半ば公式といえるハーバード・ロースクールの150年史 (Arthur E. Sutherland, The Law at Harvard: A History of Ideas and Men, 1817-1967 (Cambridge, MA: The Belknap Press of Harvard University Press, 1967))；1978年に出版された批判的な文献 (Joel Seligman, The High Citadel: The Influence of Harvard Law School (Boston: Houghton Mifflin Co., 1978))；1983年に出版された合衆国ロースクール史 (Robert Stevens, Law School: Legal Education in America from the 1850s to the 1980s (Chapel Hill and London: The University of North Carolina Press, 1983))；Langdell学長の詳細な伝記 (Bruce A. Kimball, The Inception of Modern Professional Education: C.C. Langdell, 1826-1906 (Chapel Hill: The University of North Carolina Press, 2009))；そして一次的資料と歴史的資料が多く転載されている2つの文献 (Dennis R. Nolan, Readings in the History of the American Legal Profession (Indianapolis, New York, Charlottesville, Virginia: The Michie Company and The Bobbs-Merrill Company, 1980) および Steve Sheppard, The History of Legal Education in the United States: Commentaries and Primary Sources, 2 vols. (Pasadena, California and Hackensack, NJ: Salem Press, 1999))。その他に、数多くの文献と資料を参考にした。なお、Daniel Coquillette教授は、現在、新しいハーバード・ロースクール史の作成に取り組んでいる。彼は、我々に対して、親切にも彼の研究から得た多くの見識や重要な情報源を提供して、新たな調査の道順を提案してくれた。

法科大学院にとっても貴重な教訓となるはずである。著者らは，特に重要と思われる法学教育のこれらの側面に焦点を当て，これらの1つひとつについて，各章でハーバード・ロースクールが用いた戦略と対応とを具体的に示す。とりわけ，ハーバード・ロースクールの最近の発展と現在のアプローチに注目している。

　各章で，日本の法科大学院が現在直面している問題について検討し，ハーバード・ロースクールの直近及びその歴史における経験のなかから日本にとって教訓となると考えられる事項を取り上げる。著者らは，ハーバード・ロースクールの苦闘，戦略及び成功にみられる同校の卓越の秘密に関するこの研究が，そこから得られる教訓とともに，日本の法学教育のために興味深くかつ有益な資料となることを願ってやまない。

第2章

教育方法

1. ソクラティック・メソッド

　ハーバード・ロースクールの教育方法といえば，ただちにソクラティック・メソッドを連想する。同校がその歴史の過程で導入した多くの改革のなかでも，合衆国の法学教育に最も大きな影響を及ぼしたものは，ソクラティック・メソッドである。これは，ハーバード・ロースクールのDean（Langdellの時代に初めてDeanという役職が誕生し，Langdellが初のDeanに就任した。以下では，Deanのことを「学長」と呼称する）であったChristopher Columbus Langdellが1870年に導入した教育方法であり，半世紀ほどの間に，合衆国のロースクールで支配的となった。この教育方法は，時の経過とともに進化し，いくつもの変形が現れたものの，現在でも，ハーバード・ロースクールの大半の教授が何らかの形でソクラティック・メソッドを利用し続けている。

　ハーバード・ロースクールが用いてきた教育方法はソクラティック・メソッドだけではない。Langdellが学長に選出される頃まで，教育は主に講義を通じて行われていたが，1930年代以降，リサーチもある程度取り入れられ，特に1950年以降は，ソクラティック・メソッドのほかにも，多様な教育方法が用いられるようになった。最も劇的な変化は，いわゆるリーガルスキル教育の大きな発展である。本章では，これまでハーバード・ロースクールで用いられてき

た様々な教育方法を紹介する。

1）ソクラティック・メソッド以前：講義と暗記

　ハーバード・ロースクールが創立された頃の教育は、そのほとんどが法律事務所での実務修習タイプのトレーニングを通じて行われ、学生（見習生）は、熟練した弁護士の監督下で答弁書案の作成などの実務活動を行っていた。初期のロースクールも、実務教育に集中していた。例えば、合衆国における最初のロースクールとされるリッチフィールド・ロースクール（コネティカット州リッチフィールド：1784年創立）では、実務講義と実務訓練タイプのトレーニングを組み合わせる方法で教育が行われていた。対照的に、ハーバード・ロースクールは「学術的な」法律トレーニングを提供することを自負していた。一連の体系化された講義を通じて法律を教えると共に、毎週模擬裁判実習を行った。それ以外に実務向けのトレーニングは行われなかった。

　Langdell以前のハーバード・ロースクールで最も有名な教授は、Joseph Storyである。1798年に18歳でハーバード・カレッジを卒業し、弁護士事務所での実習を終えた後、1801年に弁護士となった。Storyは、それから10年後に、32歳の若さで合衆国最高裁判所判事に指名された。その後の34年間、最高裁判所判事の職にあったが、最後の16年間、判事の傍らハーバード・ロースクールの教授をも兼務し、最高裁判所での仕事の合間をぬって教鞭を振るっていた。彼はまた著名な学者でもあって、多くの論文とともに、Agencyから憲法やPartnershipにまで及ぶ12巻から成る注釈書を著作した。当時の最高裁判所の仕事が今日ほど忙しくなかったとしても、これほど多方面の活動をしたStoryは、極めて高い才能に恵

まれた人物であったに違いない。

　彼は，講義に先立ち，テキスト及び参考文献のなかで準備すべき部分を指定した。Storyは，講義方式で授業を始め，その間に基本的な原則とその背後の事情とを説明した。このような導入を経た後，高度に双方向的なやり方で授業を展開した。学生に対し精力的に質問し，同様に，学生からも質問するよう促した。参考文献中の宿題とされた部分は，討論の出発点となるものであったが，Storyは，議論を他の事柄や他の法分野にまで広範に拡大した。宿題とされた参考文献は，理論的な説明文で構成され，そこには判決が含まれていなかった。しかし，Storyは，問題の趣旨をより明確にするような言外の意味までも追究できるよう，多くの事例を挙げて「万華鏡のパターンのように」，その事例中の「事実」を少しずつ変えていった。「彼は，馴染みのある日常の出来事を組み合わせて法原則のイラストレーションを作りあげた。物語を語ることから始め，やがて突如として，その物語に法律がどのように適用されるかと質問する。物語を聞くだけと思っていた学生は，しばしば，自分自身が法律の議論の真っ只中にいることに気付かされた」[1]。彼のアプローチは，判決ではなく物語を利用したという点を別にすれば，後述するLangdellのソクラティック・メソッドと類似したものであった。

　Storyの授業は，ハーバード・ロースクールの最初の半世紀の間の他の授業と比べると，かなり例外的なものであった。Langdellが1870年に学長に就任する以前の授業の方式をみると，ほとんど全ての教員は「講義方式」を用いていた。それは必ずしも一方向的な

---

1. Arthur E. Sutherland, The Law at Harvard: A History of Ideas and Men, 1817-1967 (Cambridge, MA: The Belknap Press of Harvard University Press, 1967), 105～106頁参照。

講義に限られていたわけではない。多くの教授が用いた「教科書方式」(textbook method) では、学生が、宿題として割り当てられた箇所を暗記し、指名されたとき、その箇所を暗唱するというものであった。外見上それは双方向的な教育方法ではあるが、思考や独自の分析を伴わない暗唱以外の何物でもなかった。20世紀後半にソクラティック・メソッドを最も成功させた教授の1人はPhillip Areedaであるが、彼はこの暗唱方法が真のソクラティック・メソッドと似て非なるものであったと次のように述べている。「私の学生時代[2]に高く評価されていたある教授は、前もって決められた儀式の交唱や教義問答がソクラティック・メソッドであるかのように振る舞っていました。彼は―学生に、よりよく思考させることを目的として、考えさせたり身につけた知識を利用させるためではなく―あらかじめ決まっている答を記憶させるために学生たちに質問していました」[3]。

ソクラティック・メソッドが導入される以前、学生の多くは、当時の教育方法が無意味なものだと思っていた。Langdell以前にハーバード・ロースクールで学び、後に合衆国の歴史上最も影響力ある学者の1人であり、最高裁判所判事となったOliver Wendell Holmes, Jr.は、次のように述べている。「気がつくと深い霧の中に迷い込んでいた。……法律は、知性を狭めることによって知性を研ぎ澄ますものである、と言われていた」[4]。Langdellをハーバード・ロースクールに抜擢した総長Charles William Eliotは、Langdell以

---

2. Areedaは、ハーバード・ロースクールを1951年に卒業した。
3. フィリップ・アリーダ（大坂恵里訳）「ソクラティック・メソッド」ジュリスト1239号83頁 (2003年) 参照 (Phillip E. Areeda, "The Socratic Method," 109 Harvard L. Rev. 911頁 (1996年) の日本語翻訳版)。この論文において、Areedaは、何がソクラティック・メソッドで、何がそうでないかについて思慮深い議論を展開している。
4. Joel Seligman, The High Citadel: The Influence of Harvard Law School (Boston: Houghton Mifflin Co., 1978), 28頁に引用されている。

前の, 教科書を読む方式の講義を, ザルに水を流し込むようなもので,「水は十分にあるかもしれないが, 全て流れ去っていってしまう」と表現した[5]。後に学長となったJames Barr Amesも, 次のように述べた。「それ（注：Langdell以前の教育方法）は, 学生を大人としてではなく, 自らの担当箇所を暗唱する少年のように扱っている」[6]。

2）Langdellによる改革：教材と教育方法

　Langdellがソクラティック・メソッドを導入した背景には, 以上のような歴史的な経緯があった。ソクラティック・メソッドには従来の教育方法と決定的に異なる2つの際立った特徴がある。その1つは教材である。Langdellは, 仮想の創作事例ではなく判決を用いた。Langdellの教育方法が「ケース・メソッド」という別名で呼ばれているのは, この特徴を捉えたものである。Langdellは, 法理を真に理解するためには判例の利用が不可欠であると考えた。彼は, 初めて出版したケースブックの序論で次のように述べている。「法律は, ……原則・法理（certain principles or doctrines）から成り立っている。これらの原則・法理をマスターして初めて真の法律家となりうる。……これらの個々の原則・法理は,（判例の発展を通じて）徐々に現在の姿となった。……これらをマスターする一番の効率的で, より優れた方法は, それが唯一の方法ではないとしても, その原則・法理が具体化されている判例を学習することである」[7]。

---

5. Robert Stevens, Law School: Legal Education in America from the 1850s to the 1980s (Chapel Hill and London: The University of North Carolina Press, 1983), 54頁に引用されている。
6. Stevens, 前掲注5, 54頁に引用されている。
7. Christopher Columbus Langdell,"Preface"to A Selection of Cases on the Law of Contracts, v-vii (Boston: Little, Brown, and Company, 1871), reprinted in Dennis R. Nolan, Readings in the History of the American Legal Profession (Indianapolis,

ソクラティック・メソッドが従来の教育方法と決定的に異なる第2の点は，教育方法の刷新にある。Arthur Sutherlandは，ハーバード・ロースクールの150年史のなかで次のように述べている。「Langdellのケース・メソッドにおける本質的な要素は，対象となる教材だけではない。学生たちが自らあらゆる素材を考慮に入れたうえで，事例を綿密に分析し，自らがその論理を批判的に検討し，その確実性，健全さを判断するまでは，他人の判断を受け入れないよう要求されること，これもまた本質的な要素である。……（この方法は，）書かれたものを厳しい目で分析する力，関係のある事実を発見して無関係なものを捨象する力，前提から結論に至るまでの論理を展開する力を訓練する機会を与えるものである」[8]。

　Langdellのもとで学び，後に合衆国最高裁判所の著名な判事となったLouis Brandeis が述べているように，ソクラティック・メソッドは，「知的な独立独行の習慣(the habit of intellectual self-reliance)」を磨くものであった[9]。判例を利用するという特徴以上にソクラティック・メソッドの影響力を永続的なものたらしめた特徴は，学生たちの知的な独立独行の習慣を磨くこと，すなわち，注意深く読み，緻密に細かいところまで徹底的に精査し，論理的に分析し，自らの考えを総合して明確に表現し，とりわけ，自分自身で考えるよう学生たちに徹底することである。この姿勢こそが，合衆国のロースクールにおける「リーガル・マインド」の本質である。

　　New York, Charlottesville, Virginia: The Michie Company and The Bobbs-Merrill Company, 1980), 216頁。
8. Sutherland, 前掲注1, 178頁。
9. Seligman, 前掲注4, 35頁に引用されている。

3）ソクラティック・メソッドに対する反応：抵抗から受入れへ

　ソクラティック・メソッドは，直ちに受け入れられたわけではなく，極めて急進的なものとして，講義方式を続ける他の教授や学生たちの強い反発を受けた。「ソクラティック・メソッドのプロセスは，切れ目のない，論理的に整理された説明的な講義に慣れていた大半の学生にとっては，混乱した方式に見えた。……誰にも『法律を学んでいる』とは思えなかった」[10]。学生たちは，小学生が（事前に教科書の該当箇所を読んで，先生に指名されたときに）やるような復唱のための「役に立たない」予習を辛辣に批判し，「私たちが知りたいこと，それは法とは何かということである」[11]と不満を漏らした。Langdellがソクラティック・メソッドで授業を行った初年度の終わり頃になると，授業への出席者は，わずか7, 8人にまで落ち込んでいた。

　ソクラティック・メソッドに対する非難と軽視は，ハーバード・ロースクールだけではなかった。他のロースクールでも，「いらだたしく，時にはもの笑いの種にされたLangdellのやり方を敬遠して，学生たちに法律の講義を提供した」[12]。ソクラティック・メソッド導入の2年後（1872年）に，チャールズ川の向こう岸にあるボストン大学がロースクールを開校したが，その狙いの1つは，法律を勉強したいけれども，ハーバード・ロースクールのやり方に窮屈感を覚える学生を引き寄せることにあったようである[13]。

　その後間もなく事態は一変した。ソクラティック・メソッドの長所が学生，そして卒業生を採用する法律事務所に認められるように

---

10. Sutherland, 前掲注1, 179頁。
11. Seligman, 前掲注4, 34頁。
12. Sutherland, 前掲注1, 182頁。
13. Seligman, 前掲注4, 35頁。

なった。Langdellの授業に出席する学生も増え，ハーバード・ロースクールの他の教授たちもソクラティック・メソッドを利用するようになった。やがて，ソクラティック・メソッドは，他の教育方法に比べて優れていることが認識され，他のロースクールもこの方法を用いるようになってきた。1902年当時，ソクラティック・メソッドを利用するロースクールは98校中12校だったが，1908年までに30校以上に達し[14]，その後も急速な拡大を経て，間もなく，合衆国全体で支配的な教育方法となるに至った。1964年，当時の学長Erwin Griswoldは，「ソクラティック・メソッドは，幾多の挑戦を受けたが，それらは遥か昔のことである。ソクラティック・メソッドは，立ち向かってくるあらゆる敵に勝った」と述べた[15]。

　知識を伝達することだけが法学教育の目的であるならば，ソクラティック・メソッドの双方向的なやり方は，賢明な方法とは言えない。むしろ，一方的な講義によるか，単にテキストをあらかじめ読んでくるように宿題を出す方がより効率的である。しかし，知識を伝達することが法学教育の唯一の目的ではなく，ましてや最も重要な目的であるということでもない。法学教育の究極的な目的は，考える習慣，すなわち，Brandeisが言うところの「知的な独立独行の習慣」を養うことであり，それこそまさにソクラティック・メソッドが成功した理由である。考える習慣は，一方的な講義や，割り当てられた教材を事前に暗記し，指名されると答えを復唱するという暗唱式講義のもとで十分に身につくというものではない。

---

14. Seligman, 前掲注4, 43頁。1908年に，ソクラティック・メソッドの授業で利用される，83の別々のケースブックがHarvard Law Reviewで宣伝された(同, 45頁)。
15. Erwin N. Griswold, <u>Law and Lawyers in the United States: The Common Law Under Stress</u> 52頁(Cambridge, Massachusetts: Harvard University Press, 1964).

4）ソクラティック・メソッドに対する批判

 ソクラティック・メソッドに対する批判もある。Langdellは，当初，判例を論理的に分析すれば演繹操作でただ1つの正しい答が導かれる，それゆえ判例を学ぶ必要があるとした。これに対しHolmesは，論理的な演繹を通じて1つの正しい答が導かれるというLangdellの根本的な考え方を，早くから批判した。Holmesは，1880年に，Langdellの契約法のケースブックに関する書評のなかで，この本を高く評価する一方，この本は，論理的な統一性を前提にした点に誤りがあるとし[16]，続いて次のように述べている。「法の生命は論理ではなく，経験である。法を現在の形に築き上げた法の外部にある力を考察しようとしない者は，決して法律を真に達観し，これに熟達することはできない。法は，何世紀にもわたって発展してきた国家の物語を具体化するのであり，その基本的方針を，自身の一貫性に見出すのではなく……，歴史と人間のニーズの本質に見出すのである」[17]。

 このような批判に続き，1920年代から1930年代にかけて盛んになったリーガル・リアリズム学派の学者は，論理的な演繹を通じて唯一の正しい答が得られるというケース・メソッドは，一見中立を保っているようにみえるが，それ以外の答を認めないという点で，実際には保守的な現状維持のイデオロギーを支える手段となって

---

16. Oliver Wendell Holmes, Jr., Book Notice, 14 Am. U. L. Rev. 233頁 (1880) (reviewing Christopher Columbus Langdell, A Selection of Cases on the Law of Contracts (1871)).
17. Holmes, 前掲注16。その次の年，The Common Law (Boston: Little, Brown, and Company, 1881) のなかで，Holmesは，上述のテーマを発展させた。この本は，膨大な法分野の進化を探究したものである。最初の段落において，Holmesは，再度「法の生命は論理ではなく，経験である」という同じフレーズを用いている。後世において有名になったのは，本からの引用である。

いると批判した。

　しかし，ケース・メソッドは，必ずしも，論理的な演繹操作により唯一の正しい答が導かれるということを前提にしているわけではない。フットは，ハーバード・ロースクールで学んだ経験から，確信をもってそのように断言することができる。ソクラティック・メソッドに熟達したリーガル・リアリスト主義者や批判的法学者は，このメソッドを巧みに利用したが，1つだけの正しい答があるとは決して考えていなかった。むしろ，事実関係が同じであっても，憲法や法令の条文が曖昧で解釈が異なったり，従来の判例の流れが分かれていたり，証言や証拠の捉え方が違ったりする等の理由で，1つだけの「正しい答」が当然に導かれるどころか，いく通りもの結果を正当化することが可能であることを，ソクラティック・メソッドを通じて学生に教えた。つまり，彼らは，ソクラティック・メソッドにより法の不確定性を明らかにした。今日では，ロースクールの教授が，いかなる分野の法であれ，「法を現在の形に築き上げた法の外部にある力」，「歴史」，「人間のニーズの本質」のような事柄を十分考慮したうえで，ソクラティック・メソッドを活用している。

　2つ目の批判は，ソクラティック・メソッドは万能ではなく法学教育の唯一の方法とみるべきではないということである。この批判は，ソクラティック・メソッドが導入されて以降，様々な方面から提起された。それにもかかわらず，ソクラティック・メソッドは，ハーバード・ロースクールで支配的な地位を確立して以降，数十年間ロースクールにおける教育を支配した。しかし，1930年代半ば，ハーバード・ロースクールにおいてでさえ，ソクラティック・メソッドに対して強烈な批判が提起されるようになった。当時，ハーバード・ロースクールでは，自己評価の一環として学生の意見聴取が行

われた。Sutherlandによると，学生の意見のうち最も有用であった点は，ソクラティック・メソッドによる授業のメリットとデメリットに関する部分である。第1学年についていうと，学生たちは，ソクラティック・メソッドが，具体的な形で問題の争点を提起する手段，分析的・批判的な思考過程を身につける手段として抜きん出ていると考えた。しかし，分析的・批判的な思考過程をマスターしてしまえば，ソクラティック・メソッドを継続的に利用する価値の大半は失われ，上級学年の授業における討論は，教員とほんの一握りの学生との間の対話に堕しがちであると感じていた[18]。

　以下で述べるように，この調査の後70年余りの間に，ハーバード・ロースクールでは，特に第2及び第3学年について，教育方法がより多様になった。しかし，少なくとも，フットがハーバード・ロースクールを卒業した1981年まで，1930年代半ばから続く学生の批判の大半は，なお真実を伝えるものであった。すなわち，学生は，未だソクラティック・メソッドがロースクールの第1学年において分析・批判の能力を磨くための優れた方法であるとみていた。また，第2及び第3学年においても，ソクラティック・メソッドが効果的であると感じられる授業が少なくなかった(授業の内容というよりも，むしろ教授の教育技術及び熱心さの程度によるものである)。しかし，総体的にみれば，ソクラティック・メソッドの価値の大半は第1学年で達成され，それ以降の学年では，これを利用すべく努力しても，教員とほんの一握りの学生との対話に終始することがよくあると学生は感じていた。

---

18. Sutherland, 前掲注1, 284頁。

5）ソクラティック・メソッドの現状：多様な活用方法

2007年度の新入生向けハンドブックにあるように，ハーバード・ロースクールでは，臨床的法学教育及びリサーチ教育は別として，大半の教員がソクラティック・メソッドを利用し続けている。しかし，「1人として同じ方法でケース・メソッドを用いる教員はいない」[19]。なかには，判例とその理由付けを丹念に精査することから始めて，次にその判例が，関連する制定法の文言，行政規則又はその他の先例（将来の事例に対する含みを持ったもの）に沿ったものであるかどうか，そして同じような事例が将来に生じた場合にどのような結果が予想されるかを検討する教員もいる。また，内容の異なる関連問題を検討する「出発点」として，判例を利用する教員もいる。さらに，主要な判例の事実状況にフォーカスして，学生たちに，一見関係するかのようにみえる他の事実が考察されない理由及び明示された事実の基礎や関連性を注意深く検討させようとする教員もいる。仮説（"hypotheticals"，省略して"hypos"と呼ばれることが多い）を利用することを通じて，ほとんどの教員は，学生に，事実面における違いが結果にどのようなインパクトを与えるかということを検討させる。なかには，ほとんどの時間を学生たちへの質問のみに割いて授業を進める教員もいる。一方で，所々に（法理論に加えて歴史，ビジネス，社会，経済，国際比較のようなことに焦点を当てた）説明的な議論を取り入れる教員もいる。歴史的にみて，ほとんどの教員は，学生が訴訟事件を担当する代理人となることを前提にして，訴訟による紛争解決にのみ焦点を当てた。しかし，今では多くの教員が「問題解決者としての法律家」（all-purpose problem solver）の観点から問題

---

[19]. Harvard Law School, Handbook for Entering Students 2007, 18頁。

を捉え，学生たちに，創造的な方法で，直接交渉，ADR（Alternative Dispute Resolution：裁判外紛争解決），行政手続のような他の解決方法を検討するよう求めるようになってきた。そして，今日では，大半の教員が法改正ないし法制度改革の視点をも織り込んでいる[20]。

　古くから用いられてきた教育方法の1つの変形は，いわゆる「プロブレム・メソッド」である。この方法では，教員が学生に現実又は仮想の事実を提示し，学生にアドバイスと解決案の策定を求める。プロブレム・メソッド用の教材には，判例も含まれている。しかし，判例は討論のための出発点とはならない。むしろ，それは，関連する制定法，行政規則や経済状況，技術，科されうる制裁，執行のメカニズムなどとともに，考慮すべき事項として扱われる。いうまでもなく，これらの科目は，事実の完全な理解と，関連する法律的及び非法律的な考慮すべき要素の評価を重視している。問題解決の際の創造性やチームワークにも重点をおく。しかし，「プロブレム・メソッド」の授業においても，教員は，よくソクラティック・スタイルの質問を交え，学生たちが，文献を批判的な目で読み，関連する事項と関連しない事項とを区別し，何より，自分自身で考えるように仕向けている。

　以上のことからソクラティック・メソッドといっても，様々な使い方があることが解る。しかし，今では，一方的な「講義方式」や学生が事前に暗記した答を単に暗唱するだけの「教科書方式」は，みられない。学生たちが，ソクラティック・メソッドの持ちつ持たれつの関係を経験してしまうと，授業の最初から終わりまで受動的

---

[20]. ハーバード・ロースクールにおける第1学年のクラスで教授が用いる教授テクニックに関する調査として，Orin S. Kerr, "The Decline of the Socratic Method at Harvard," 78 Neb. L. Rev. 113頁 (1999) 参照。

に座っていることに満足しなくなるのである。

6) 歴史の教訓
(1) ソクラティック・メソッドと効率性
　日本で双方向的な教育方法が導入されることについて, Langdellがソクラティック・メソッドを初めて導入したときに受けたようなアレルギー的反応を, 一方的な講義に慣れた日本の学生・教員の多くが示すであろうことは, 予想された。すなわち, 論理的に整理された講義を通じて法とは何かということを教えてほしいという学生の欲求, 新しい方法はいらだたしく, 又は無秩序であるという感情, そして, 新しい方法は非効率的で時間の無駄だという感情に基づく反応である。司法試験の呪縛がこれらの懸念をさらに悪化させる。日本では, 司法試験において膨大な量の法律知識を習得することが必要だと考えられており, 一方的な講義や機械的な暗記を求めるプレッシャーはさらに強くなる。

　長年にわたり一方的な講義が行われてきた伝統とも相俟って, 新司法試験のプレッシャーという観点から, 一方的な講義方式に立ち戻りたいと願っている関係者もいるであろう。しかし, 法科大学院の教育ガイドラインでは双方向的な教育方法が求められているため, 一方的な講義に戻る教員は実際にはいないと期待する。もっとも, 中央教育審議会大学分科会法科大学院特別委員会が平成21年4月17日に公表した報告書「法科大学院教育の質の向上のための改善方策について (報告)」では, 「基礎知識が十分でない状態で双方向・多方向型の授業を行うと, 授業の進捗が遅れ, 教育負担も大きくなることから, 法学の基礎的知識を定着させるためには講義方式の授業の方が優れているとの指摘」があるとして, 上記教育ガイド

ラインの見直しの可能性が示唆されている。

　一方で，Langdellまでの「教科書方式」，すなわち，学生が事前に割り当てられた部分を暗記し，教室で指名されたときに「正解」を暗唱するという方式を用いている教員もいるとも推察される。この方式が新司法試験の準備のために効率的であるという信念を持って採用している教員もいるのかもしれない。さらにこの方式がソクラティック・メソッドの1つの方式であるという誤解があるのかもしれない。20世紀半ばにAreedaが学生としての自らの経験に基づいて述べているように，ハーバード・ロースクールの教授のなかにさえ，ソクラティック・メソッドが，教授から指名されたときに学生が決まった答を暗唱するにすぎない方式を意味すると考えている者がいたくらいだからである。しかし，Areedaが指摘するように，暗唱方式は，ソクラティック・メソッドとは似て非なるものである。法科大学院において授業が一方的な講義に立ち戻り，又は単に暗記と暗唱という方式に置き換えられるだけでは，究極の目標である双方向的教育，それによってもたらされる，考える習慣，分析及び知的な独立独行の習慣は，永久に達成されないであろう。

　他方，ハーバード・ロースクールの経験が物語るように，ソクラティック・メソッドに対する唯一の「正しい」アプローチというものはない。むしろ，様々な変形がある。実際に，日本の授業である程度魅力的なものとなりそうな方法は，Storyが採用した方法である。既にみたように，Storyは，判決ではなく説明的なテキストをもとに授業を組み立て，講義方式で授業を開始し，そのなかで主要な問題や基本的な法原則を紹介した。しかし，Storyは，その後の授業の大半を高度に双方向的な討論に充てた。学生に質問し，また質問するように促したり，学生同士で質問しあうように仕向けた。現実又は

仮想の事例を用いて，そこから，根本にある原則・法理とその根拠と限界を探究させようとして前提事実を変更していった。Storyのこのアプローチは，進化したソクラティック・メソッドと似ている。そして，精力的な双方向的な問題探究と導入時の説明に係る講義との組合せのほかに，説明用教材の使用という点においても，Storyのモデルは，採用しやすい１つの授業の方法を提供するように思われる。柳田は，1991年にハーバードで教壇に立ったとき，この方式の授業を想定して教材（約2000頁）を用意し，授業を行った。学生から高い評価を得たことを思い起こす。

（２）ソクラティック・メソッドと制定法

　ソクラティック・メソッドは，日本のようなパンデクテン・システム下の制定法中心の法制度には適しない，という批判をしばしば聞く。

　説明的な教科書をもとにStoryが高度に双方向的な教育方法を用いたことからも明らかなように，ソクラティック・メソッドは，判例分析の手法に限定されるものではない。1870年頃の合衆国の法は，制定法ではなく，第一次的に判例法で形成されていた。したがって，Langdellが判例を利用することにしたとき，彼は，正に当時の合衆国における法源，すなわち判例から教材を構成したことになる。しかし，Langdellによって打ち出された双方向的なアプローチは，コモン・ローの科目に限定されていたわけではない。

　1930年代のニューディール時代以降，アメリカ法の多くの法分野が包括的な制定法と行政規則によって規律されるようになった。Commercial Law（商法），Trade and Investment Law（通商・投資に関する法），Securities Regulation（証券取引法），Taxation（租

税法), Labor Law（労働法）, Discrimination Law（差別に関する法）, Administrative Law（行政法）, Consumer Protection Law（消費者保護法）, Bankruptcy Law（破産法）, Intellectual Property（知的財産権法）などである。これらの領域の教科書は，主に，関係する制定法や諸規則の分析及び適用に重点をおくようになった。今日では，これらの教科書のみならず，Contracts（契約法）, Torts（不法行為法）, Property（財産法）のようなコモン・ローの中核をなす科目の教科書にも，歴史的背景，ビジネスや社会的な背景，政府報告，関連する医学的又は科学的な所見，統計，経済分析，法改正案，フェミニストその他の批判的な視点，比較法的視点，理論的視点などが盛り込まれることが多い。Sutherlandがハーバード・ロースクールの150年史で述べているように，「（Langdell方式の）本質的な要素―学生が適切な素材を予習し，この素材を個々の人間の紛争に適用すること―は，判例の学習と同様，制定法の学習においても適した学習方法」であり，法を取り巻く環境や理論的視点の探究にも適した学習法である[21]。

　Sutherlandは次のように述べている。「ケース・メソッドの本質は，必ずしも判例の学習にあるわけではない。……Langdellシステムの本質は，学生自身が，授業の前に利害対立を合理的に調整する術を考察するよう熱心に努力をして，その後のクラスにおける積極的な討論によって自分が到達した結論をためすことにある。見方を変えれば，ケース・メソッドを導入することにより，学生が単に教員の英知を受動的に聞き，教員が学生に対して抽象的な理論を一方的に口頭で伝えるといった形で授業時間が浪費されることを防

---

21. Sutherland, 前掲注1, 328頁。

ぐことができる。……教員の教育的技能は，学生を熱心な参加者に変えることである。書物によっても理論を伝達することはできるが，いかなる書物であっても，深い関心をもって参加している人々の面前で行われる，知的な討論に取って代わることはできない」[22]。

（3）事例利用の重要性

Storyのアプローチのもう1つの側面も注目に値する。既にみたように，Storyは，説明的な教科書をもとに講義しながら双方向的な方法を用いる際に，しばしば現実又は仮想の事例を利用することがあった。制定法分野の法律を教える際に双方向的な教育方法を利用したその後の教授たちも，同様に，現実又は仮想の事例を利用している。制定法の条文も理論も，事例に言及することなく学ぶのでは，無味乾燥で近づきがたいものであろう。事例は，その問題や理論に息を吹き込み，それらを現実の人間世界の状況におく。それにより，学生は，問題となっている制定法や規則や理論が，どのようにして，将来生じるであろう新しい状況に適用されるかを考察することができる。それらはまた，現存する法律の適用範囲や限界を明らかにする手助けにもなり，それによって，法改正の議論，すなわち，具体的な事例において現存するリーガル・スタンダードを適用すると公平・公正ではないと評価される場合，いかにして関係するリーガル・スタンダードを調整すべきか，そして，実際に法改正を進めるための正しい方針は何かという議論の基礎にもなる。

このように，制定法分野においても，ソクラティック・メソッドは，効率的かつ有用である。

---

22. Sutherland, 前掲注1, 328～329頁。

2. その他の教育方法

　ソクラティック・メソッドは，第1学年において支配的な地位を占める教育方法であり，分析的・批判的思考を鍛える手段として比類のないものである。しかし，第2及び第3学年では，多くの新しいアプローチが導入されており，そのなかでも，リーガルリサーチとリーガルスキル・トレーニングという2つの教育方法が大きな発展を遂げた。

1）リーガルリサーチ
（1）初期のアプローチ：エリート学生限定

　学生によるリサーチは，長い間ハーバード・ロースクールの強みであった。この点に関する注目すべき発展は，Harvard Law Reviewが創設された1887年に始まる。Sutherlandが次のように述べている。「ローレビューは革命的であった。……学生が編集するジャーナルであるにもかかわらず，著名で熟練した法律学者，判事，実務家が自ら書いた論文を投稿した。学生による編集作業は，彼らの法学教育の優れた部分となったのである」[23]。他のロースクールがすばやくこれを見倣い，それぞれ独自の学生編集のローレビューを創設した。これにより，トップクラスの学生が高度なリーガルリサーチに携わる機会を持つようになった。ハーバード・ロー

---

23. Sutherland, 前掲注1, 197〜198頁。実のところ, ローレビューは, ハーバード・ロースクールによる本当の「革命的発展」ではなかった。学生編纂のジャーナルは既に存在し, Harvard Law Reviewは, それらの先駆けに触発されたようであった。Erwin N. Griswold,"The Harvard Law Review – Glimpses of Its History as Seen by an Aficionado," in Harvard Law Review: Centennial Album 1, 1〜2頁 (1987) 参照。Harvard Law Reviewについてのより詳細な説明は, 第6章参照。

スクールは，1910年にLL.B.（Bachelor of Laws：後にJ.D.〈Juris Doctor〉と名称が変わった）プログラム卒業後の博士課程（S.J.D.プログラム）を，1924年にLL.M.（Master of Laws）プログラムを導入したが，これらもまた，一部の学生に高度なリーガルリサーチの機会を提供するものであった[24]。

しかし，大半の学生にはリーガルリサーチの機会が与えられなかった。1902年以降，Harvard Law Reviewのメンバーは，次第に第1学年の成績をもとに選ばれるようになった。この慣行は，1920年以降，唯一の選考方法として制度化された[25]。また，LL.M.プログラムとS.J.D.プログラムも，入学を許可される学生は少数に限定されていた。当時の学長Roscoe Poundは，1930年に，優秀なレベルの者とは言えない学生にとって，「未熟ないわゆるリサーチは」，「メッキのようなもの（pretentious）」だと述べている[26]。

(2) 1930年代以降：全学生への拡大

状況は劇的に変化した。1930年代半ばにおける学生の不満の1つは，大部分の学生にとってリサーチの機会が欠如していることであった。それを受けて，数年後ハーバード・ロースクールは，重要なリサーチ・プロジェクト（いわゆる「卒業論文」）を達成することを卒業の条件とする制度を導入して，学生の要望に応えた[27]。それ以降現在に至るまで，卒業論文は，卒業のための条件の1つとなっている。卒業に先立つ「厳格な文書作成の経験」の制度は，後にほとん

---

24. Sutherland, 前掲注1, 233頁。S.J.D.プログラムについて，第6章参照。
25. Griswold, 前掲注23, 6頁参照。
26. Seligman, 前掲注4, 63頁に引用されている。
27. Sutherland, 前掲注1, 285～286頁。

どのロースクールが採用し，米国法曹協会（ABA）によるロースクール認定の条件として採用されることとなった[28]。

その後，リサーチの比重が高まった。学生が編集するロー・ジャーナルの数が急激に増加したのは，その努力の現れである。Harvard Law Reviewのほかに現在15の学生編集のジャーナルがある[29]。これにより，毎年約700人の学生が様々なジャーナルに参加することができるようになった。このことは，多数の学生が少なくとも1つのジャーナルに参加することを意味する。ジャーナルや卒業論文のほかにも，セミナーや独立した研究プロジェクトなどを通じて，教員の指導のもとにリサーチを行う機会を得ることにより，第2学年と第3学年の学生は，広範な知的好奇心を探究することができるようになった。さらに，教授のリサーチ・アシスタントとなる学生も少なからず存在する。

（3）現在：リーガルリサーチの意義

以上のようにリーガルリサーチの機会が大幅に拡大するに伴って，教育課程の一部としてのリサーチの重要性が再評価されるようになった。Sutherlandは，次のように述べている。「論文作成プログラムが第3学年において最も意義あるものとなったであろう。……この学術的な作業は，法律実務に進む人にとって現実的な有用性がある。法律家の専門的な活動の大部分は，複雑な事実関係の分析や弁論のみならず，望ましい行動パターンや権利の主張を，書

---

28. American Bar Association, Section of Legal Education and Admisssions to the Bar, 2009-10 ABA Standards for Approval of Law Schools, Standard 302(a)(2)。入手先は，http://www.abanet.org/legaled/standards/standards.html（最終訪問日2010年6月21日）。
29. 第6章参照。

面において創造的に記述することで成り立っている」[30]。

　ハーバード・ロースクールは，最近，学生のために，さらにリサーチの機会を拡充し，また，将来の研究者を養成するという方向に向かっている。そのことに関して，2, 3の動きを指摘したい。1つは，教職を目指す者のため，1年に4人〜8人の特に優れた卒業生（ハーバードの卒業生に限らない）向けの新しいフェローシッププログラムが1990年代前半に始まった（これらの学生には給料が支給される）[31]。その2は，研究と教育に焦点を当てた中核的なセミナーを創設したり，学生に様々な法的方法論を体験させる科目を開講したり，他の大学院と共同のリサーチや教育の機会（Research Assistant及びTeaching Assistantなど）を設けたり，教員による一層きめ細かい指導を提供したりすることによって，学者になることを目指すJ.D.志望者の教育訓練を強化するようになった。加えて，最近では，ワークショップや教員主導の第1学年向けの読書グループ（12人ほどのグループで，シェークスピア，生命倫理，プラトンなど多様なテーマに焦点を当てたもの）を設けて，通常の第1学年向けのカリキュラムとは別に知的好奇心を高める機会を提供している。

（4）歴史の教訓

　日本の関係者のなかには，合衆国のロースクールが専門職大学院であるうえ，リサーチをほとんど伴わない実務的なトレーニングに傾斜していると誤解して，法科大学院におけるリサーチの役割を軽視するような考えを持つ者がいないとは限らない。合衆国のロースクールは，法学者を目指す優秀な学生のみならず大半の学生に

---

30. Sutherland, 前掲注1, 340頁。
31. 第6章参照。

とっても，進んだリーガルリサーチや文書作法が法律専門家になるために不可欠であると考え，これらに重点をおいている。法科大学院も，学生による研究を奨励し，また，全ての学生に教員の指導のもとで高度なリサーチを行う機会を提供するようになることが望ましい。その1つの手段として，学生編纂のロー・ジャーナルを早期に導入すべきであると考えられる[32]。

2）リーガルスキル・トレーニング
(1) 模擬裁判の伝統

ハーバード・ロースクールは，創立の当初から，精力的に（法律問題に焦点を絞った）模擬裁判のプログラムを実施してきた。Sutherland は次のように述べている。「（ハーバード・ロースクールの最初の2人の教授の1人，Asahel）Stearns は，ロースクールができた当初から模擬裁判のプログラムを創設した。彼は，いくつかの訴訟上の論点を提起する状況をあらかじめ周到に設定した。学生たちは，先例を調べるなどの準備をした。代理人となった学生は，指定された夕方に模擬法廷でそのケースを争った。裁判長になったのは，Stearns，ときには他の学生であった。参加していない学生たちはノートをとった。やがて，裁判長が判決を言い渡した」[33]。

模擬裁判は，長年にわたって，少なくとも毎週1回開催された[34]。

---

32. 早稲田大学では，法務研究科の学生有志が2006年6月に法律に関する論文・記事を発信することを目的として，インターネットサイトを開設し，その後「Law&Practice」と題する法律雑誌を刊行している。東京大学法科大学院でも，2006年8月にオンラインによるジャーナルという形でローレビューが始まり，現在では「東京大学法科大学院ローレビュー」という形で出版されている。必ずしも学生が主体のものに限られないが，慶應義塾大学，中央大学，筑波大学など他の多くの法科大学院でも同様の試みがみられる。
33. Sutherland，前掲注1，73頁。

学生たちの討論クラブも発達し，幅広い分野の課題について討論が行われた[35]。Langdell以前の時代（1870年以前）には，その他のリーガルスキル・トレーニングもいくつか導入された。その1つは，1830年代に導入された（事実問題も含めた）模擬陪審裁判で，毎年2回開催された。そこでは，法学生がくじ引きで代理人に指名され，12人のカレッジの学生（特に神学部の学生）が陪審員の役を務めた[36]。ほかにも，学生たちは，法廷での口頭弁論術や訴状その他の法律文書の作成について，ある程度の教育を受け，法廷を傍聴する機会も与えられた[37]。

それ以降の年代についてみると，法廷での訓練，訴状の作成その他のリーガルスキル・トレーニングは，廃止又は大幅に削減された。模擬裁判の伝統は生き残ったが，19世紀末のある期間には削減されたことがある[38]。

模擬裁判は，今日では以前のように週1回のペースで開催されることはないが，今も全ての第1学年の学生が模擬裁判に参加しなければならない。学生は，模擬裁判に備え，広範なリサーチを行い，準備書面を作成し，厳しい質問を浴びせられながら模擬法廷で事案を争わなければならない（今日の模擬裁判は，たいてい裁判官3人の合議体の設定となっている。裁判官役を務めるのは，現役の裁判官や弁護士，教員である）。

第1学年の必修の模擬裁判のほかに，第2及び第3学年の学生が

---

34. Charles Warren, <u>History of the Harvard Law School and of Early Legal Conditions in America</u>, Vols.I & II (New York: Da Capo Press, 1970) (1908年にLewis Publishing Co., New Yorkから3巻にわたって出版された),Vol.I，435頁。
35. Warren, 前掲注34, Vol.I, 334頁。
36. Warren, 前掲注34, Vol.II, 71頁。
37. Warren, 前掲注34, Vol.II, 85頁。
38. Warren, 前掲注34, Vol.II, 413, 416頁。

任意に参加する上級模擬裁判制度もある。1960年代まで，模擬裁判は，最も人気の高い学生活動の1つであり，書面作成や弁論についてより集中的な訓練を行う"Law Club"を通じて，多くの第2及び第3学年の学生が上級の模擬裁判に参加した[39]。今日では，実際にクライアントを代理するクリニックや広範な他のcompetition（仲裁，クライアント・カウンセリング，書面のdrafting及び交渉におけるcompetitionなど）が増加していくにつれて，上級の模擬裁判に参加する学生の割合は低下してきているが，今でも，第2及び第3学年の学生の多くが自発的に上級の模擬裁判に参加している。最も権威のある上級の模擬裁判であるUpper-level Ames Competitionでは，合衆国最高裁判所の現役の判事が最終ラウンドの裁判長役を務めることが恒例となっている。

（2）リーガルスキル・トレーニングに対する消極的態度

ハーバード・ロースクールは，歴史的にみて模擬裁判以外に，リーガルスキル・トレーニングをほとんど行ってこなかった。Langdellとそれ以降の時代になると，一層理論的な教育に重点がおかれ，リーガルスキル・トレーニングはさらに軽視されるようになった。実際，1883年，当時のハーバード・カレッジの学長であったEphraim Gurneyは，総長に対し，「（法という）偉大な専門職に対してあまりにも学問的な教え方が支配的になること」に対し抗議するに至った。彼は，他のロースクールが実務教育のみに偏りすぎているのとは逆に，ハーバード・ロースクールは学問重視の方向に偏りすぎたと主張し，「純粋な法科学以外のものを頑なに何ら提供し

---

39. Sutherland, 前掲注1，343〜344頁。

ようとしない」態度を公然と批判した。この批判は，修業年限とも関係していた。当時，他のロースクールで卒業に必要な修業年限は典型的には2年間だったのに対し，ハーバード・ロースクールは3年間であった。彼は，次のように続ける。「もし，学問の面で見事に修練を積んだことに反比例して実務の面で無力になっていなければ，卒業生は，3年目をそれほど悔やむこともないだろう」[40]（要するに，学問の面では見事なまでに訓練を積んでいるにもかかわらず，実務の面では全く無力であるため，卒業生は，ロースクール3年目を後悔するという趣旨である）。

その後も，ハーバードやその他のロースクールにおいて，同様の懸念が繰り返し表明された。最も激しい批判は，法学者であるJerome Frankによるもので，彼は，1930年に，法学生は，「法律実務の芸術性」(the art of legal practice)を学習すべきだと主張した[41]。そのため，彼は，①ロースクールの教員の相当数が少なくとも5〜10年程度の実務経験を有していること，②ケース・メソッドは，第1審からの完全な事件記録を含むこと，③学生は，事実審理や上級審を度々傍聴すること，④学生たちが文書作法，契約交渉やクライアント・カウンセリングなどの本質的なリーガルスキルをマスターできる臨床的法学を導入すること，などを提唱した[42]。Frankのこの提唱は，現在合衆国のロースクールで行われている臨床的法学教育に対する考え方によく似ている。しかしハーバード・ロースクールは，長い間理論的な法学教育に重点をおき続け，臨床的法学教育を導入しようとしなかった。

---

40. Sutherland, 前掲注1, 188〜189頁。
41. Stevens, 前掲注5, 156〜157頁に引用されている。
42. Seligman, 前掲注4, 54頁。

何故, 実務関連教育に重点をおかなかったのか。1つの理由として, 卒業生には, ロースクール修了後, 法律事務所においてon-the-job training (OJT) の機会が与えられる以上, 実務関連教育は法律事務所で行われるべきだという考え方が挙げられる。後の時代においては, 別の理由として, 臨床教育を採用すると学生たちを周到に指導・監督しなければならないため, 教員の負担が重くなり, コスト増加の要因となる, ということが挙げられる。

　しかし, リーガルスキル・トレーニングに対する消極的態度は, 何よりも法学教育に対する基本的な考え方を反映したものであった。既に述べたように, 合衆国では1800年代半ばまで, 法律専門家を養成する教育は, 主に法律事務所における実務訓練によって行われてきた。リッチフィールド・ロースクールなど初期のロースクールは, 法学の講義と実務見習いという2つの要素を組み合わせようとしたが, これと対照的に, ハーバード・ロースクールは, 学術的な教育を志向した。Langdell下のハーバード・ロースクールでは, 科学としての法律学が強調されたため, このような態度がより強くなった。1930年には, Pound (当時の学長) が実務関連トレーニングに関する支配的な風潮として, 学生たちが「全てのことを浅く行うのみで, 何ひとつ深く成し遂げない」と述べて, リーガルクリニックやインターンシップに強い異議を唱えた[43]。

(3) リーガルスキル・トレーニングの発展

　時代が変わり, 1949年, ハーバード・ロースクールは, 第1学年のため, 補助教員 (teaching fellow) (卒業して間もない元学生で, ある程度

---

43. Seligman, 前掲注4, 63頁。

の実務経験を有する者）によって行われる毎週の実務指導プログラム（tutorial）を導入した。これは，法的題材を用いた書面の作成などの実務訓練を行うものであった（単位は与えられなかった）[44]。1955年には，事実審理の裁判実務（trial practice）に関する新しい科目が導入された。この科目が直ちに人気を集めたので，教室を増やすために，ボストンから弁護士数名を雇わなければならないほどであった[45]。1971年に，臨床プログラムを導入し，臨床的法学を担当する教授としてGary Bellowを迎えた。このプログラムもまた人気を博して拡大し，フルタイムとパートタイムの臨床的法学担当の教員が数名採用された。やがて実務出身のより多くの客員教授を招聘するようになり，従来の教授や新たに採用された教授の何人かが臨床的法学とリーガルスキルの方法論を自らの科目に取り込んでいった[46]。この発展にもかかわらず，1970年代及び1980年代初頭において，他の教授の間で臨床教育の拡大について懐疑的ないし軽視的な見方が多かった。以下のエピソードがその態度を象徴する。1980年に米国法曹協会（ABA）がカリキュラムに関する認定基準に，カウンセリング，交渉，弁論術等の専門的技能に関する教育を受ける機会をロースクールが学生に提供すべきだ，という内容の基準を提案した。この提案について，当時の学長Albert Sacksが次のように辛辣に反応した。「この提案は無視すべき，ハエの糞のしみにすぎない（flyspeck to be ignored）。強く反対されることを期待したい」[47]。

そのような態度を乗り越えて，臨床的法学教育に関する努力はそ

---

44. Sutherland, 前掲注1, 323頁。
45. Sutherland, 前掲注1, 348頁。
46. Seligman, 前掲注4, 130〜131頁。
47. Stevens, 前掲注5, 257頁n.88に引用されている。

の後凄まじく大きな成果をあげ，臨床的法学教育が爆発的に拡大した。今日，ハーバード・ロースクールは，合衆国において，最も広範な臨床的法学教育のプログラムを有する。

その他，第1学年において全ての学生はFirst-Year Legal Research and Writing Programに参加する。このプログラムは，4単位（通年，各学期2単位）の授業で構成され，法的問題の分析やリーガルリサーチ，文書作法，口頭弁論のトレーニングなどを行う。1年次の必修模擬裁判も，このプログラムのなかに取り込まれている。

今日では，第2及び第3学年のために，30を超える臨床プログラムが提供されている。そのなかには，実定法とリーガルスキル・トレーニングとを統合する科目もある。プロブレム・ベースの訓練，シミュレーション訓練，その他の方法により，実務家の監督のもとで特殊分野の実務訓練を選択することもできる。この科目には，Civil Rights（市民権），Discrimination（差別），Environmental Law（環境法），Government Lawyer（政府弁護士），International Human Rights（国際的人権），Nonprofit Organizations（非営利団体）及びPrisons（刑務所）などがある。

ハーバード・ロースクールはまた，リーガルスキル・トレーニングを主なテーマとする広範な科目をも提供している。そのなかには，民事訴訟，刑事弁護，及び検察に焦点を当てた，3種類の事実審弁論（trial advocacy）科目がある。このほかに，Legal Service Center（民事系の臨床機関）は，各学期に80人までの学生を参加させる。そこでは，Family Law（家族法），Community Economic Development（地域の経済発展），Landlord-Tenant Law（不動産賃貸借法）及びEmployment Law（雇用法）等の分野における実際の事件を扱う。刑事の分野において，Criminal Justice Institute（刑事系の臨床機関）は，

各学期に35人までの第3学年の学生を受け入れる。そこでは、学生が、刑事事件で訴追された低所得の成人や少年の弁護を教員の指導のもとに担当している。

　シミュレーションを用いた広範な科目も提供されている。いくつかの科目では、ワークショップ方式を用いて、証拠の収集や事実認定から、法律のリサーチ、解決案の策定、解決案の法律文書（クライアントへのアドバイスレターや交渉対象となる契約等）の作成に至るまで、法律家に求められる一連のスキルを高める指導が行われている。これらの科目では、学生に仮想のクライアントに関する情報と一連の事象や問題が提供され、学生がクライアントを代理するよう求められる。また、インタビュー、法律相談、交渉、仲裁、その他の紛争解決技術のような非訴訟関係のスキル・トレーニングにも力を入れるようになった。なかでも、Program on Negotiationは世界的に有名である。

　事実審弁論など多くのスキル関連科目は、他の科目に比べて学生にとっての負担が大きい。5～10の単位のものが多く、準備等を考えると、1単位あたりに要する時間は他の科目に比べて相当多い。それでも人気が高く、常に受講希望者が多すぎる傾向があり、ほとんどの科目は抽選で受講者が決まる。J.D.のクラスは1学年560人の規模を有するが、2007～08学年度において、700人ほどが臨床科目を受講した[48]。

　学生は上記以外の方法によっても実務を経験する。多くの学生は、夏期休暇の間、サマークラーク（法律事務所において、弁護士の監

---

48. ABA-LSAC Official Guide to ABA-Approved Law Schools, 2011 Edition（Searchable edition）, 355頁。入手先は、http://officialguide.lsac.org/SearchResults/SchoolPage_PDFs/LSAC_LawSchoolDescription/LSAC3457.pdf（最終訪問日2010年6月25日）。

督のもとに実際のケースを取り扱う。給与制である)を経験する。この伝統は,古くから続いており,法律事務所にとっても採用活動の面で大きな役割を果たしている。多くの学生にとって,高い学費を支払うための重要な収入源ともなっている[49]。

最近30年の間に,無給のエクスターンシップも劇的に増加した。学生たちは様々な環境において,経験を積んだ実務家の監督下で実際の法律実務を経験する。実務訓練は,Legal Service Center, Criminal Justice Institute, 州・連邦の政府機関,検察庁,公益組織や法律事務所などで行われる。また,州や連邦の裁判所における実務訓練も可能である。これらの実習のなかには,パートタイム制もある。例えば,学生が1週間のうち1日だけ実習するというものである。しかし,実習の多くがフルタイム制であり,夏の2,3ヶ月の間,1週間に40時間労働することもある。これらは無給だが,単位を取得することができる。

ハーバード・ロースクールは,プロボノ活動を必修科目とするようになった。これにより,2002年以降に入学した全ての学生は,卒業の要件として,ロースクール在籍中に無償のプロボノ活動を少なくとも40時間履修しなければならない。経済的に支払能力のない人たちに対しリーガルサービスを提供するプログラムや,政府機関,非営利組織等で働くプログラムなどがある。ただし,その活動は,法の適用もしくは解釈,法政策の形成,法令もしくは規則の草案,又は訴訟の準備を伴うものでなければならない。

---

49. 200近い法律事務所について実施された調査によれば,2007年夏期における"summer associates"の1週間当たりの平均総賃金は,ほぼ3000米国ドルであった。Paul Jaskunas, "For Summer Associates, Size Does Matter," American Lawyer (November 2007) 参照。入手先は,http://www.law.com/jsp/article.jsp?id=1195207452828 (最終訪問日2010年6月21日)。

(4) リーガルスキル・トレーニングの現状

　リーガルスキル・トレーニングの劇的な発展に合わせて，臨床的法学教育に対する態度も劇的に変化した。4単位の臨床又は実習を選択した場合に，1週間に20時間ほどの作業が必要となる。今では，このような実務関連教育に学生たちが時間を割くことを彼らは惜しまない。ハーバード・ロースクールは，第2及び第3学年の授業を完全に選択制とする一方で，全ての学生が臨床を伴う主要科目を1つ以上とることを奨励しており，現に，大多数の学生がそれに従っている。2004〜2005学年度のCatalogで次のように実務経験の意義を説明している。①法実務の基本的なスキルの訓練となる。②依頼人を代理することに伴う責任，報酬，フラストレーション，誘惑，そして倫理的ジレンマを背負う機会を学生たちに提供することによって，高い水準の倫理感覚を吸収する。③自己主導（self-initiated），思考的学習，自己発達の強い習慣を発達させ強化する。④法原理及び法制度に関する理解を増進し高める。⑤やりがいのある職業の選択に役立つ。⑥法律家としての充実した人生にとって不可欠の構成要素として公益活動の価値を理解させる[50]。

　これらの実務経験は，ロースクール卒業後ではなく在学中に行われるという点に特徴がある。法律実務を経験する機会を持つと，学生は，実務の現実だけではなく，教室での授業やシミュレーションによっても再現することができない人生，ビジネス，代理人とクライアントとの関係，倫理的ジレンマその他の多くの物事の現実にも目を向けるようになる。クライアントに対して個人的に責任を負うことによって，ロースクールで学んだ理論やスキルをマスターする

---

50. Harvard Law School Catalog 2004〜2005, 93頁。

ことの重要性を新たに認識する。実務経験は，学生たちの学習習慣にも重大な影響を与えることがある。彼らが学んでいる判例や理論は，書面に記載された抽象的な理論ではなくなり，生きたものとなる。学生は，実務経験後，自分自身の究極的な職業目的について一層明確となった認識をもとに，勉学に励む意思を新たにしてロースクールへ戻ってくる[51]。「今日のロースクールの大半の学生にとって，法律を学ぶことに対する熱意を醸成させるものは，クライアント及び現実の法律問題に直接対峙することである。学生は，早期に現実の法律実務を経験すればするほど，より早く文献に書かれた法の重要性を認識するようになる」[52]。

ハーバード・ロースクールの経験から明らかなように，臨床と実務訓練は，合衆国で徐々に発展し拡大してきたが，その過程で，伝統に固執する教員やロースクール当局からの抵抗に打ち勝たなければならなかった。今では，全てのロースクールに対して，（例えば，臨床又はエクスターンシップを通じて）「実際の依頼人の代理又はその他の実際の実務経験」を提供することがロースクール認定基準の1つとなっている。しかし，この経験を必ずしも全ての学生に提供する必要はない[53]。現に，ハーバード・ロースクールでは，臨床と実務訓練は，強く推薦されているものの，未だに選択科目として位置付けられている。ただ，大多数の学生が少なくとも実務経験を1つ履修しており，なかには，2つ又はそれ以上の実務を経験する者もいる。また，既にみたように，2002年以降に入学した全ての学生は，

---

51. しかしながら，正直にいうと，実務経験を終えてロースクールに戻ってくる学生のなかには，なぜクラスでの学習のために時間を「無駄遣い」しているのか疑問に思っている学生がいることにも注目すべきである。
52. Seligman, 前掲注4, 215頁。
53. 2009−10 ABA Standards for Approval of Law Schools, 前掲注28, Standard 302(b)(1)。

卒業の要件として，ロースクール在籍中に無償の公益活動を少なくとも40時間履修しなければならない。

　最近の重要な法学教育研究の成果として実務関連教育をさらに拡大することが強く提唱されている。例えば，教育の向上を目的としてCarnegie基金の支援を受けて実施された研究では，16校に対する視察が行われた。その結果をまとめた2007年の報告書（Educating Lawyers: Preparation for the Profession of Law）[54]では，カリキュラム全体のなかで，実務スキル教育と法律分析とをより一層統合していくことが提言されている。これらの提言には，ハーバード・ロースクールで既に実施されているものもあるが，これから実行されるべきものも含まれている。この提言は，広く注目を浴びており，いずれリーガルスキル・トレーニングが法学教育に対してさらに大きく貢献するものと思われる。

3) 歴史の教訓

　ハーバード・ロースクールで行われる実務訓練と日本で司法試験合格者が受ける裁判所，検察庁，法律事務所での実務修習とを対比して，次の2点を指摘したい。

　第1点は，ハーバード・ロースクールにおけるリーガルスキル・トレーニングは非常に広範に及ぶことである。臨床やその他の科目のなかには，訴訟志向のスキルのほかに，交渉，インタビュー，カウンセリング及び契約書のドラフティングといったスキルも含まれる。また，インターンシップも多くの異なる環境下で提供されてい

---

54. William M. Sullivan, Anne Colby, Judith Welch Wegner, Lloyd Bond, and Lee S. Shulman, Educating Lawyers: Preparation for the Profession of Law（Carnegie Foundation for the Advancement of Teaching, Stanford, CA: 2007）.

2. その他の教育方法

る(日本において現在選択科目を通じて提供されている範囲よりも広い)。

　第2点は，実務関連経験の時期についてである。合衆国では，ロースクール在学中に実務関連経験の機会が与えられる。早期に実務関連経験を体験することで，ロースクールにおける教育は，多くの点で実りあるものとなる。

　法科大学院は，全ての学生に対して主要な臨床又は実務訓練の機会を与え，実務関連経験を教育プロセスに統合するのがよいと思われる。理想的には，学生に対して2つ以上の実務経験の機会を与える。現に学んでいることが実務の世界と密接な関係を有しているという確かな認識を初期の段階で持つことが重要であり，そのために，入学後の早い段階で実務経験の機会を与える方がより効果が大きいと考えられる。

　合衆国のロースクールでは，夏場の長期間の休みのほかには，極めて短期間の休みがあるにすぎないが，日本の場合には，毎年，夏と冬(春)の2回，それぞれ6週間から8週間にも及ぶ比較的長期の休みを設ける法科大学院が多い。6週間フルタイムで活動できるとすれば，直前の学期で行われた教室での授業と結びついた集中的な臨床経験(例えば，裁判所，検察庁，法律事務所，企業の法務部，公益組織，政府機関，その他の環境における経験)となる。

　もちろん，法科大学院の努力だけでは足りず受入機関の協力が必要不可欠である。これらの機関が，実習において単に学生を受け入れるのみでなく，経験ある実務家の指導のもと，学生たちに有意義な経験やトレーニングを提供することを強く希望する。

■ 第3章

カリキュラム

1. 教育の使命

　ハーバード・ロースクールがその長い歴史のなかで一貫して掲げてきた教育の基本的使命は，卓越した法律家の養成である。卒業生が社会で果たしてきた役割やその職業は時代により変遷があり，カリキュラムはその変遷を反映したものとなった。他方，カリキュラムの進化が法曹の果たすべき役割の拡大を促したとも言える。

　職業の変遷を振り返ると，初期には，多くの卒業生が弁護士，裁判官などの法律専門職か政界へと進んだ。時を経るにつれて多様化し，20世紀初頭以降には行政機関が発達したことに伴って，行政機関に勤務する者が増えた[1]。また，ビジネス界のリーダーとなったり，学問の世界に身を投じたりする卒業生も増えた。第二次世界大戦以降，国際機関，その他公益組織で活躍する卒業生も増加した。最近のデータによると，2008年の卒業生について，卒業後9ヶ月の時点で97.5％が就職し，1％が修士ないし博士課程に進んだ[2]。就職した

---

1. 一例として，1930年から1932年の間に卒業した43人のHarvard Law Reviewの編集者のうち（その当時Harvard Law Reviewのメンバーは，クラスの順位を基に選出されていた。したがって，彼らはクラスにおいてトップの学生であった），28人が連邦政府機関で勤務した。Joel Seligman, The High Citadel: The Influence of Harvard Law School (Boston: Houghton Mifflin Co., 1978), 64頁。
2. ABA-LSAC Official Guide to ABA-Approved Law Schools, 2011 Edition (Searchable edition), 353頁。入手先は，http://officialguide.lsac.org/SearchResults/SchoolPage_PDFs/ABA_LawSchoolData/ABA3457.pdf（最終訪問日2010年6月25日）。

卒業生の内訳をみると，65.9％が法律事務所，19％が裁判所のロークラーク，6.1％が公益職（public interest），4.3％がビジネスと産業界，3.7％が行政機関，そして1％が学問の分野へと進んだ。卒業から10年後，20年後では，キャリアがさらに多様化していく[3]。

合衆国における法律実務の変化も目覚ましい。19世紀初頭における弁護士の主な仕事は訴訟代理のほか，債権の取立て，抵当権実行手続，契約交渉，遺言書の作成，不動産の登記等，幅広いものであった[4]。当時，ほとんどの弁護士は，1人で開業し，いわゆるgeneralistとして，分野を問わず法律問題なら何でも扱った。19世紀半ば頃になると，企業法務系の弁護士事務所がニューヨークで出現し，ビジネス上の取引に関するリーガルサービスを提供するようになった[5]。1872年頃の最大規模の法律事務所には6人の弁護士が所属するのみであった。4人以上の事務所は全国で14しかなかった。その後，弁護士の果たすべき役割が次第に多様化し，ビジネス取引専門の事務所が大幅に増えた（現在，弁護士400人以上の事務所は全国で100に達し，そのうち3000人以上の事務所は2つもある）。20世紀初頭から，企業が社内弁護士を，行政機関も弁護士を採用するようになった。New Deal時代（1930年代）に，行政機関がさらに拡大し，これに伴い弁護士の採用も増えた[6]。 その後，公益組織の発展，国際化，さらなる専門化が進み，最近では，法律問題の全面的解決者（all-purpose

---

3. <u>ABA-LSAC Official Guide to ABA-Approved Law Schools, 2011 Edition</u>，前掲注2，353頁（最終訪問日2010年6月25日）。
4. Anton-Hermann Chroust, <u>The Rise of the Legal Profession in America</u> (Norman, OK: Univ. of Oklahoma Press, 1965), Vol. 2, 15～16頁。
5. Robert T. Swaine, <u>The Cravath Firm and Its Predecessors 1819-1947</u>, Vol. I, 143～156頁 (New York: Ad Lib Press, 1946), reprinted in Dennis R. Nolan, <u>Readings in the History of the American Legal Profession</u> (Indianapolis, New York, Charlottesville, Virginia: The Michie Company and The Bobbs-Merrill Company, 1980), 143頁。

problem solver)が脚光を浴びるようになっている。現在合衆国において，120万人近くの人が法曹資格を有するが，その活動は多岐にわたる。最近の調査によれば，6割弱が法律事務所に勤め，4割強は企業，行政機関，公益組織，裁判所等での法律専門職に加えて，企業経営や金融関係等で活躍しており，法律専門以外の分野に勤める人も少なくないと推察される[7]。

以上のように，卒業生の活躍の場が拡大の一途を辿るなかで，ハーバード・ロースクールは，卓越した法曹及び社会のリーダーとなるべき人物を育てるという教育の使命を根幹に据えつつ，時代の変化に即応したカリキュラムを提供してきた。冒頭で述べたように，ハーバード・ロースクールのカリキュラムは，卒業生の職業や法実務の変遷を反映し，同時に，法律家の職務の性質，職業自体の多様化がカリキュラムの進化を促進してきたということができる。

2. カリキュラムの概要

ハーバード・ロースクール創立後の50年ほどの間，修業年限もカリキュラムも，かなり柔軟なものであった。Langdellは，有能な訴訟代理人を養成するために必要なカリキュラムは何かという観点から，包括的な改革を行った。この考えには，今日の日本の法学教育と似たところがある。彼は，いわゆる「テクニカル」な法律科目

---

6. Legal Education and Professional Development: An Educational Continuum（Report of the Task Force on Law Schools and the Profession: Narrowing the Gap）（Chicago: American Bar Association, Section of Legal Education and Admissions to the Bar, 1992）（いわゆるマクレイト・リポート）29〜30頁及び引用されている資料を参照。
7. ダニエル・H・フット「データでみるアメリカのロースクール教育」ジュリスト1297号 97頁（2005年）参照。

(日本の「実定法」に相当) に重点をおき，国内法を中心とした。同時に，カリキュラムの大部分を全学生を対象とした必修科目とすることで，高度な標準化を図った。この改革は，第2章で述べた彼の教育方法に関する改革と同様に，19世紀終盤から20世紀初頭を通じて，ハーバード・ロースクールのみならず合衆国中の法学教育の基本を形作るものとなり，今なお，その影響が残っている。

しかし，この考え方は，1930年代の終わり頃までに次第に変化し，その後急速に進化を遂げた。その1つの現れとして，20世紀後半になって，ハーバード・ロースクールのカリキュラム (特に第2及び第3学年) が多様性と柔軟性を高めたことがあげられる。ただし，第1学年のカリキュラムだけは，Langdellモデルを踏襲し続けた。最近まで，第1学年のカリキュラムは，法律家を訴訟代理人に見立てて，実定法中心の必修科目から構成されており，しかも，そのほとんどが国内法のみに焦点を当てたものであった。

しかし，第1学年のこのカリキュラムも，大きな変革を遂げた。2006年秋に，教授会は，第1学年のカリキュラムにつき過去130年間で最も包括的な改革を満場一致で採択した。実行段階にあるこの改革は，2006年春に決定された第2及び第3学年のカリキュラム改革を補完するものである。これらの改革に込められた考え方は，Langdellのそれと大きく異なる。法曹が社会において今日果たすべき役割は，広範で多様なものとなっている。2006年の改革は，法律実務界のかかる変化に対応するものであり，学生が将来実務において直面することが予想される多様な職責をこなすために必要な技能や知識をより十分に修得できるように，リーガルトレーニングを充実させようとするものである。この改革は，Langdellのカリキュラム改革が19世紀終盤から20世紀にかけて合衆国の法学教育を形

作ったのと同様に，合衆国の多くのロースクールのカリキュラムに大きな影響を及ぼすことになるであろう。それは同時に，日本にも大いなる教訓を提供している。

3. 修業年限

　ハーバード・ロースクールが創立された1817年当時，卒業のための修業年限は一律ではなかった。法律事務所で実習生として勤務したことがある者は18ヶ月，カレッジの学位を持つ者は3年，学位のない者は5年という基準が設けられていた[8]。当時，ロースクールの学位は，法曹資格の取得条件ではなかったので，学生の関心の対象にはならなかった[9]。ハーバード・ロースクールは，学生を集めるために必死であった。年によって，また季節によって，学生の数が大幅に変動した。最初の12年間で，同時に履修した学生は最高で12人程度で，1828～29学年度には履修生が1～2人にまで減少した[10]。その後も，入学者数も履修生数も流動的であった。このような状況のなか，Langdellが学長になった1870年までの間，学生の確保のために様々な方策が用いられた。修業年限の基準があったにもかかわらず，カレッジの学位の保有者に対して2年間の修業年限をもってLL.B. の学位（現在のJ.D.に該当する）が付与されたのは，このような事情による。1832年には，修業年限の正式の基準も2年に短縮された[11]。その後間もなく，わずか18ヶ月に短縮される

---

8. Arthur E. Sutherland, The Law at Harvard: A History of Ideas and Men, 1817-1967 (Cambridge, MA: The Belknap Press of Harv. University Press, 1967), 60頁。
9. Sutherland, 前掲注8, 63頁。
10. Sutherland, 前掲注8, 62～63, 79頁。
11. Sutherland, 前掲注8, 104頁。

ことになった[12]。

ところが，Langdellの時代になって，彼はそれまでの懐柔策を変更した。その理由は，厳格な基準を打ち立てることによってロースクールの評判が高まり，より多くのより優秀な学生が魅力を感じるという考えにもとづくものであった。変更の第1点は，修業年限であった。彼は，1876年にこれを原則3年間に引き上げた。しかし，この延長は，「通常の学生」については，2年間しかロースクールで修業する必要はなく，3年目を法律事務所で過ごす（その年の最後に最終試験を受けるためだけにロースクールに戻る）というものであった[13]。1899年には全学生を対象に修業年限が3年間に引き上げられた[14]。

それ以降，3年間のまま推移したが，この問題は折に触れて議論の対象となった。例えば，1930年代半ばには修業年限を4年に伸長することが検討された。それは，ロースクール入学前のカレッジにおける修業年限を4年から3年に短縮することとセットになっていた[15]。1930年代後半には，実際に，ハーバード・カレッジからの選り抜きの学生について，このようなシステムを導入した[16]。このプログラムは1950年代まで続いた。廃止されたのは，朝鮮戦争に伴う徴兵制度の関係で応募者が減ったためである[17]。

1960年代と1970年代に，修業年限を3年から2年に短縮するこ

---

12. Charles Warren, <u>History of the Harvard Law School and of Early Legal Conditions in America</u>, Vols. I & II（New York : Da Capo Press, 1970）（1908年にLewis Publishing Co., New Yorkから3巻にわたって出版された), Vol. I, 90頁。
13. Sutherland, 前掲注8, 170頁。
14. Sutherland, 前掲注8, 171頁。
15. Sutherland, 前掲注8, 283頁。
16. Seligman, 前掲注1, 67頁。
17. Seligman, 前掲注1, 140頁。当時の制度において，学部卒業までは徴兵の対象とされなかったが，大学院生は対象とされていた。

とが真剣に議論された。Derek Bokは、1969年、ハーバード・ロースクールの学長としての最初の年間レポートにおいて、①修業年限を3年から2年に短縮すること、②より一層の専門化を推進すること、③より多くのリーガルスキル・トレーニングを導入することを検討すべきだ、と述べた。彼の言葉を借りると、「この3項目の組合せが、法学教育者にとって今後の重大な検討事項となる。1つのロースクールは、勉強に飽きて早く実務に出たい学生……のために2年の学位を提供すると同時に、特定の実務分野を学習したいと考える学生向けの専門化されたプログラムと、ビジネスや政府関係の仕事に就きたい学生向けの分析的なスキルを磨く広範囲のプログラムを提供しうるのである」[18]。

その後間もない1971年にアメリカ・ロースクール協会（Association of American Law Schools：AALS）に提出された報告書では、2年制ロースクールのカリキュラムモデルが提案された[19]。1972年には、当時スタンフォード・ロースクールの学長であったThomas Ehrlichが、同校の教授Herbert Packerと共に2年制ロースクールを提唱した[20]。2年制ロースクールの提案は、2年間のロースクールにおける学術的トレーニングと3年目の専門的な実務トレーニングとを結びつけるものであった[21]（皮肉なことに、それは、2年間のロースクールにおける教育と法律事務所における3年目の教育が結びついていた1876年な

---

18. Seligman、前掲注1、10頁で引用されている。
19. いわゆるCarrington Reportであり、Herbert L. Packer and Thomas Ehrlich, <u>New Directions in Legal Education</u>（New York et al.: McGraw-Hill, 1972）93～328頁で再版されている。
20. Packer and Ehrlich、前掲注19、78～83頁参照。
21. Seligman、前掲注1、147～148頁。

いし1899年におけるハーバード・ロースクールのパターンに類似している)。

　結局, 2年制ロースクールの提案は, ハーバード・ロースクールも米国法曹協会(ABA)の法学教育・法曹資格付与部会(合衆国ロースクールの認定基準を草案する機関)も一蹴した。しかし, ハーバードの現在のカリキュラムが1969年のBokの考え方と似ているのは, 興味深いことである。すなわち, ①大半の学生が参加する広範な臨床トレーニングプログラム, ②いくつかの特定分野に関して, その分野を専門化することに興味を持つ学生向けの発展的な集中連続科目(concentration tracks), そして③他の専門分野や理論的なパースペクティブを学習することができる広範な選択科目, これら3つのプログラムは, Bokの提案に近いものである(後に, これらのプログラムをさらに説明する。ただし, 現在のパターンは, 2年間の学術研究と1年間の実務トレーニングという2分割の方法とは異なり, 学術研究とリーガルスキル・トレーニングをより強く統合させるメリットがある)。

4. コアカリキュラムと必修科目

1) 1817年〜1936年

　ハーバード・ロースクール初期の頃には, 教授の数も, 提供する授業の数も少なかった。カリキュラムは, Blackstone(18世紀に活躍したイギリスの著名な法学者)や他の著名な学者の理論に関する入門的な講義から始まり, Personal Property(人的財産), Maritime and Commercial Law(海事・商法), Real Property(物権法), Equity(衡平法), Criminal Law(刑法), Civil Law(民法), the Law of Nations(国際公法), Constitutional Law(憲法)などの講義へと進んだ。1852年までに, Contracts(契約法), Partnership(パートナーシップ),

Pleading and Evidence（訴答手続と証拠），Insurance（保険法），Wills（遺言），Domestic Relations（家事関係法），Arbitration（仲裁法），及びBankruptcy（破産法）といった科目も加わった[22]。

Langdell時代（1870 – 1895）には，Torts（不法行為法），Trusts（信託法），Mortgages（抵当権）といった科目が追加された[23]。1880年代後半になって初めて，学生の要望に応える形で選択科目が導入された[24]。しかし，Langdellのカリキュラム改革の趣旨は，カリキュラムを拡大することではなく，むしろそれを狭めて，より少ない科目に焦点を絞ることにあった。これは，訓練を積んだ有能な実務家を輩出することに力を注ぐべきだという考え方にもとづく。当時の法律実務は，主に私法の問題を中心とする国内の案件に関するものであり，Langdellのカリキュラムは，そのことを反映している。

Langdell時代には，以前にもまして法理論を重視する傾向が強くなった。1891年の時点では，5つの科目（コモン・ロー下の訴答手続，契約法，不法行為法，財産法，刑法）が第1学年の必修科目とされ[25]，全体のカリキュラムは，これらの科目を含む22科目で構成されていた[26]。これら全ての科目はいわゆる「テクニカル」な分野の法である。Langdell

---

22. Robert Stevens, <u>Law School: Legal Education in America from the 1850s to the 1980s</u>（Chapel Hill and London: The University of North Carolina Press, 1983），48 n. 38。
23. Stevens, 前掲注22, 48 n. 39。
24. Seligman, 前掲注1, 39〜40頁。1871年以降，ハーバード・ロースクールは，「必修」科目に加えて7つの「選択」科目―憲法（Constitutional Law），売買法（Sales），寄託（Bailments），海上保険（Marine Insurance），会社法（Corporations），船舶及び海法（Shipping and Admiralty），抵触法（Conflict of Laws）―を提供した。卒業条件として全ての必修科目に加えて少なくとも7つの選択科目で試験に合格することが求められていたので（Sutherland, 前掲注8, 140頁），必修と選択の違いは，それほど大きなものにはみえない。
25. Sutherland, 前掲注8, 201頁。
26. Stevens, 前掲注22, 41頁。

時代初期から続くHarvard Law School Circular（回覧）によると、カリキュラムは、基本的で、かつ別個独立に分析的な学習と教育を必要とする重要な法分野のみで構成される、とのことであった[27]。法理学や国際法などの「非テクニカル」あるいは「理論的な」分野の科目は、Langdell時代の初期にカリキュラムから外された[28]。そして、新たに追加された選択科目も、商法や財産法の分野における少数の科目に限定された[29]。

　1900年にシカゴ大学がロースクール創立構想を発表した際、同校は、当時のハーバード・ロースクールの学長James Barr Amesと相談し、ハーバードの教授Joseph Bealeを学長として迎えることにした。しかし、シカゴ大学ロースクールが国際法、法理学、憲法及びローマ法[30]を含むカリキュラムを提案し、さらに、合衆国の政治理論の教授として政治学者を任命することを提案すると[31]、BealeとAmesはこれに反対した。Bealeは、「我々（ハーバード）のカリキュラムにはこのような科目がない」[32]と述べ、「もし、学位に必要な授業の9分の2が、政治学部や社会学部で本来取り扱われるべき科目となる場合には」、シカゴ大学ロースクールに参加しないと表明した[33]。また、Amesは、「ロースクールにおいて、純粋な法以外のことを教えることに一致して反対する。……我々は、法律家で法律を教える者以外に、何びとたりともロースクールの教授になるべきではないと考える」と述べた[34]。

---

27. Warren, 前掲注12, Vol.II, 379～380頁。
28. Seligman, 前掲注1, 33頁。
29. Seligman, 前掲注1, 40頁。
30. Stevens, 前掲注22, 40頁。
31. Seligman, 前掲注1, 43頁。
32. Stevens, 前掲注22, 40頁。
33. Seligman, 前掲注1, 43頁。

1910年に，Roscoe Poundがハーバード・ロースクールの教授となった。彼は，1916年から1936年までの間，学長を務めた。Poundは，当時合衆国において類いまれな広い学際的基礎をもつ法学者の1人であった。当初，植物学者として訓練を積み，植物学において学士号と修士号を取得した。法律実務をする傍ら，生まれ故郷ネブラスカ州全土の植物の生態に関する広範な調査を行った。このような経験をもとに，自然科学の視点を自らの法律の学習に取り込んだ。また，Poundは，社会科学にも強い関心を示した。彼は，合衆国におけるSociological Jurisprudence（法社会学）の創始者であるだけでなく，刑事司法などの分野での法社会学的な実態調査において中心的な役割を果たし，法と社会の相互関係を注意深く考察した。ローマ法，法制史，国際法，比較法，法理学その他多くの分野も彼の研究テーマであった。ネブラスカ大学ロースクールの学長を務めた4年間で，Poundは，選択科目をより一層充実させるような改革を推し進めた。そのなかには，国際法，ローマ法，法制史のような「文化的」な科目が多く含まれていた[35]。また彼は，ネブラスカ大学の他の学部の教授をロースクールに登用した[36]。さらに，Poundは，人生の大半を通じて法制度改革活動に深く関わった。実際に，Poundは，ハーバード・ロースクールの学長になる前に，法学の教員がますます「法の修道僧」のようになってしまうのではないかと心配し，「新しい世代の法律家」が将来社会をリードすることができるように，社会学，経済学，政治学のトレーニングを積ませることの重要性を主張した[37]。

---

34. Stevens, 前掲注22, 40頁。
35. Sutherland, 前掲注8, 237頁。
36. N.E.H. Hull, <u>Roscoe Pound and Karl Llewellyn: Searching for an American Jurisprudence</u> (Chicago: University of Chicago Press, 1997) 52～53, 56～57頁。

皮肉なことに，Poundが学長であった20年の間においてさえ，ハーバード・ロースクールは，LangdellやAmesが築き上げた「テクニカル」で，かつ「純粋法」志向のカリキュラムから抜け出すことができなかった。ただし，全く変化がなかったわけではない。例えば，公法の重要性が増すにつれて，「テクニカル」な法分野に，Labor Law（労働法），Taxation（租税法），Trade Regulation（通商規制法）のような新しい科目が加わった[38]。また，「非テクニカル」な分野においても，Poundが学長となる前の1898年に，Edward Henry Strobelが国際法の初めての教授に任命された（この任命は，国際法の教授採用を条件とするGeorge Bemisによる1878年の遺贈によるものであったが，適任者を得るまでに20年もかかった）[39]。Strobelの後継者であるManley Hudson（1918年に講師に任命され，1923年に国際法のGeorge Bemis Professorに任命された）が推進役となって，ハーバード・ロースクールは，国際的な法学研究に広く関与していくこととなった。James Landis（後に学長となった）が1928年に初の立法学の教授として任命されたことも1つの変化である[40]。その他の変化として，1910年に博士課程（S.J.D.）が開設され，その14年後には，修士課程（LL.M.）が開設された。また，法制史，刑法，比較法，国際法の分野で研究所が設立された[41]。さらに，数に限りがあったものの，1920年代初頭にセミナーが始まった[42]。しかし，これらの変化にもかかわらず，カリキュラムの根本は旧態依然のままであった。

1920年代及び1930年代の初頭に，いくつかの他のロースクー

37. Stevens, 前掲注22, 134頁。
38. Stevens, 前掲注22, 159〜160頁。
39. Sutherland, 前掲注8, 186頁。
40. Sutherland, 前掲注8, 326頁。
41. Stevens, 前掲注22, 147 n. 50。
42. Sutherland, 前掲注8, 340頁。

ル，特にコロンビア，エール，ジョンズ・ホプキンズ等が，法学教育と社会科学を結びつけたり，法学教育に経験的手法を導入したり，「法社会学」を創設する等の努力をした。これら全てがPound自身の研究と関心に深く共通するテーマであった。しかし，Poundは，これらの努力に抵抗しただけでなく，次のように断言するに至った。「大半の学生にとって，法理学，法哲学，比較法，立法論，行政法あるいは刑事学の科目は，メッキのようなもの(pretentious)であろう」[43]。Poundは，将来性のある学生は，ロースクールに入学する前に関連分野の学習を受けるべきだと考えていた。1907年(当時，Poundは，まだネブラスカ大学ロースクールの学長であった)に，彼は，次のように述べている。「学生は，カレッジにおいて歴史，経済，政治，社会学の基礎を身につけてからロースクールに入学すべきである」[44]。そして，彼は，後に，少数の選り抜きの学生については，ロースクール卒業後においても，その他の関連分野の学習が奨励されるべきであるという見解を表明した。しかし，Poundの考えによれば，ロースクールの目的は，「十分に訓練を積んだ有能な実務家を輩出すること」[45]であり，その限りでは，ロースクールにおける3年間で，上記少数の学生を除く一般の学生は，コアカリキュラムの修得に専念すべきだとした。Stevensの言葉を借りれば，「LL.B.(現在のJ.D.に当たる学位)用のカリキュラムは，極めて神聖なものとみられた」[46]。このようにして，Poundが学長を務めた最後の年である1936年に至るまで，ハーバード・ロースクールは，私法と法理論の学習に重点をおいたカリキュラムを崩さなかった。そのため，カリキュラムは，全学

---

43. Seligman, 前掲注1, 63頁。
44. Hull, 前掲注36, 53頁参照。
45. Seligman, 前掲注1, 62頁。
46. Stevens, 前掲注22, 137頁。

生向けの高度に統一的な必修科目から構成され続けることとなった。

2) 1936年〜2006年
（1）1936年〜1960年代前半：緩やかな変化

　Poundの学長在任中の終盤に，法学教育の構造について包括的な検討を求める教員と学生の声が強くなった。そこで，1935年に教授会が自己調査を実施し，広範な項目について学生の意見を聴取した。学生たちは，第2及び第3学年におけるソクラティック・メソッドに満足しておらず，そのことが，ほとんどの学生にリーガルリサーチの機会が与えられていないことに対する不満と結びついていた。第2章で述べたように，この不満に応えて，第3学年に論文作成が必修となり，リーガルリサーチの機会が設けられた。1936年以降には，第3学年向けに，Legal History（法制史），Government Litigation（行政訴訟法），Regulation of Business Enterprises（ビジネス事業に関する規制）のセミナーが導入された[47]。1930年代の後半になると，School of Public Administration, School of Business Administration, Graduate School of Arts and Sciences, Medical Schoolなど他の大学院との連携プログラムや連携セミナー，その他の協同作業がとり入れられた[48]。また，ニューディール政策下で，公法の重要性が増し，政府機関の役割が増したので，公法分野における様々な新しい科目が誕生した。その後も，時代の変化に対応して新たな科目が提供されるようになった。例えば，第二次世界大戦が終わると，合衆国と他国との密接なつながりが認識されるように

---

47. Seligman, 前掲注1, 66〜67頁。
48. Seligman, 前掲注1, 66〜67頁。

なり，国際法の科目が増加した。

しかし，概して言えば，1930年代の教授会と学生の懸念にもかかわらず，ハーバード・ロースクールの法学教育の基本的な構造は，従来のものと変わりなかった。カリキュラムは，主に基本的な必修科目で構成されており，そのほとんどが「テクニカル」な法分野を中心としていた。1946〜47学年度の時点で，第1及び第2学年のカリキュラムは全て必修科目で構成されており，第3学年においてさえ，選択できる科目数はわずか15に留まっていた。

1950年代半ばに，教授会がカリキュラム改革に着手し，多くの革新的なアイデアが提起されたが，大きな変化を伴う提案は合意に至らず，全体的に穏やかなものに留まった。具体的には，第1学年のカリキュラムは改正されなかった。第2及び第3学年については，行政法，憲法，租税法が必修科目とされた。また，第2学年において，比較法，法制史，法理学，立法学のなかから1科目をとることが必修となった。さらに，必修科目が2, 3減少し，選択科目がその分だけ拡大した[49]。

それに続く10年間で最も注目すべき変化は，選択科目の数の増加である。1965年までに，第2及び第3学年の学生には100以上にも及ぶ選択科目が提供された。そのなかには，イスラム法，環境法，精神病患者の法的地位（Legal Status of the Mentally Ill）のような科目が含まれていた[50]。

（2）選択科目数の増加：教育哲学の変遷

---

49. Seligman, 前掲注1, 81頁。
50. Seligman, 前掲注1, 81頁。

第3章　カリキュラム

　1960年代半ばのカリキュラムは，批判的な立場の人の目からみれば，Langdell又はPoundの時代の教育哲学と本質的に同じ哲学を反映するものであった。すなわち，彼らにとって，選択科目数の増加という最も顕著な変化は，単なる穏やかな変化にすぎず，研究対象に沿ったテーマについて教授が選択科目を提供しているという程度にすぎなかった[51]。しかし，Stevensが合衆国ロースクール史のなかで述べているように，一見穏やかなようにみえるこの変化のなかに，カリキュラムに関する考え方や合衆国の法学教育の本質における根本的な変化が覆い隠されていた。以下では，その変化の内容と経緯について詳述する。

　Stevensの説明にあるとおり，Langdellは，法は「科学」であり，上級審の見解を注意深く学習することによってマスターしうる「ある原則・法理（certain principles and doctrines）」から成り立っている，という哲学を持っていた。法というシステムのもとでは，注意深い分析と論理的な演繹を通じて，「それだけで完結している，価値観に拘束されない，一貫した，それゆえ，個々の新しい事例に適用されうる原則・法理」[52]が得られるという考え方である。さらに，彼は，これらの原則・法理は限定されたものであるから，ロースクールの在籍3年間もあれば全ての法システムをマスターできると考えていた。

　この哲学は，法学教育に対するLangdellの姿勢に反映されている。例えば，彼は，基本的な原則・法理が上級審の見解に現れているという考え方のもとに，判例を使用した。原則・法理は，それだ

---

51. Seligman, 前掲注1, 81頁。
52. Stevens, 前掲注22, 52～53頁。

けで完結していて他の価値観に拘束されず一貫しているという考え方のもと,「十分に訓練を積んだ有能な実務家」の養成のためには,これらの原則・法理を全ての学生にマスターさせることが不可欠であると考え,全学生統一のカリキュラムを策定するとともに,法の「テクニカル」な側面を強調して,比較法のような「非テクニカル」(あるいは,理論的又は思索的)な分野を排除した。そして,基本的な原則・法理は数が限られているという考え方のもと,全学生が比較的短期間にあらゆる本質的な事項をマスターできると信じていた。

　以上のようなLangdellの教育姿勢は,後に非難を受けることになった。第2章で述べたとおり,1880年という早い時期からHolmesは,①上級審の判例への過度の依拠,②その他の視点の排除,及び③法は一貫しているから価値観に左右されないという考え方とともに,④法は秩序を有する科学であって,そこでは,論理的な演繹を通じて答が導かれるというLangdellの哲学そのものを激しく論難した[53]。Poundも,法とその他の学問との相互関係を強調した。1920年代から1930年代にかけて盛んになったリーガル・リアリズム学派の学者は,上述したLangdellの哲学の基礎を成す本質的要素のほとんど全てに異議を唱えた。

　これらの批判にもかかわらず,Langdellの哲学の大部分は,Pound時代が終わった1936年まで維持され続けた。そして,表面的には,カリキュラムへのアプローチは,少なくとも1960年代半ばまで,あまり変化がないようにみえた。

　しかし,実際には,1886年に既にある重大な変化が始まってい

---

53. Oliver Wendell Holmes, Jr., Book Notice, 14 Am. U. L. Rev. 233 (1880) (reviewing Christopher Columbus Langdell, A Selection of Cases on the Law of Contracts (1871)) 参照。

た。それは選択科目の導入である。つまり，その年にLangdellのカリキュラム改革以降初となる正規の選択科目が導入されたことは，基礎的な法分野がLangdellの想定していたものに限定されず，したがって，必ずしも全ての学生がロースクール在籍の3年間にあらゆる本質的な事項をマスターできるわけではないという暗黙の認識を反映していた。また，1920年代にセミナーを導入したことは，全ての関連事項をコアカリキュラムでカバーできるわけではないという，もう1つの暗黙の認識を反映していた。実際に，1930年代にロースクールの修業年限を3年から4年に推し進める原動力となったのは，3年という期間があらゆる本質的なテーマをカバーするのにもはや十分ではないという見方であったようである。租税法，行政法等，制定法を中心とした分野の発展により，法律家のマスターしなければならない「基本」が多くなったという認識が一般化し，ロースクールがコアカリキュラムをさらに拡大するためには，4年の期間が必要と考えられたのである。

　しかし，セミナーと4年制ロースクールの提案は，法の基本的な原則・法理が，Langdellが想定していたよりも遥かに膨大であるという認識を単に表すに留まらなかった。法制史のような「非テクニカル」な科目を含むセミナーと，経済，ビジネス，政策，医療のような分野におけるさらに進んだトレーニングの提案と結びついた4年制ロースクール構想は，法律が単純にそれだけで充足されるもの（自己充足）ではなく，理論的で学際的な視点が将来の実務家教育においても重要であるという考え方を象徴するものであった。

　このような考え方にみられるように，第二次世界大戦後における選択科目の増加とそれに対応するコアカリキュラム偏重姿勢との乖離は，決して，自らの研究対象に関係する専門的な科目を教え

たいという教授の欲求を満たすためのものだけではなかった。むしろ，それは，上述したLangdell哲学の根底を成す考え方の1つひとつが暗黙のうちに変化していることを表していた。法は，もはや「自己充足された」ものと捉えられることはなかった。反対に，法は，経済，政治，社会学，心理学を含む法律以外の広範な分野に影響を与え，そして，逆に，それらの分野から多大な影響を受けるものであると認識されるようになった。リーガル・リアリストの批判の波にさらされ，法は，もはや「価値観に拘束されない」ものではなく，また，単に論理的な演繹の過程を経るのみで新しい事例に適用されうる「一貫した原則」から成り立つものとしても観念されなくなった。むしろ，法は，価値判断を内在しており，価値観を前提とした選択を反映するもので，法をより良く理解するためには，政治学及び法社会学等の視点からの考慮，別のアプローチ（比較法の学習によってもたらされる代替アプローチを含む）からの考察，そして政策的な側面からの考慮が必要なのである。そして，「基本的」な原則・法理の集合を理解するには，3年の2倍の6年という期間があっても，全てカバーすることはできない。それどころか，基本的な原則・法理は，新しい制定法が成立したり，先例が変更されたり，さらには，最近の例を挙げれば，インターネット関連法のような新しい分野が出現することにより，拡大し進化し続けるのである。法律の学習期間を延長することによってあらゆる発展に追いつこうとすることは，非現実的であるのみならず無意味でもある。ましてや，専門性が重視されている今日において，新しく法律家となる者全員が同じ方法で訓練を積む必要性はない。大多数の科目を必修科目とするコアカリキュラムから広範な選択科目を有する柔軟なカリキュラムへの移行は，教育哲学における基本的な変化を反映していた。そし

て，その移行は，その後の40年間でより一層際立つものとなった。

(3) 1960年代後半〜2006年

1960年代後半から2006年までの間，第1学年のカリキュラムと上級学年のカリキュラムは，両方とも緩やかに発展を遂げた。しかし，その変化は，大部分において，1960年代半ばまでに形作られたカリキュラム・パターンが次第に進化してきていることを表すものであった。

1940年代後半に無単位で提供される毎週のチュートリアルとして始まったリーガルスキル教育が，徐々に第1学年の"First-Year Lawyering Program"（3単位の必修科目で，リーガルリサーチ，文書作法及び口頭での弁論術を育成する科目）に組み込まれる形で拡大していった。加えて，1970年代を皮切りに，第1学年の学生は，自由に1つの選択科目を履修することができるようになった（当初，第1学年の学生のみを対象とする選択科目からしか選択できなかったが，その後，上級学年のほとんど全ての選択科目から選択できるようになった）。しかし，そのことを除けば，最近の改革に至るまで，第1学年のカリキュラムは，依然として5つの伝統的な必修科目，すなわち，民事訴訟法，契約法，不法行為法，財産法，刑事法を中心に構成されていた。

既にみたように，第2及び第3学年の学生は，1960年代半ばまでに，広範な選択科目のリストのなかから多くの授業を選択することができるようになり，この傾向は，その後の40年をかけてより一層強いものとなった。1960年半ばの時点では，未だ第2又は第3学年の学生向けの3つの必修科目―行政法，憲法，租税法―が用意され，さらに，学生は，豊富な「パースペクティブ」科目のなかから1つを履修しなければならなかった。しかし，1970年代までに，この

ような条件さえも廃止され，第2及び第3学年の学生は，自由に授業を選択できるようになった。

　卒業の条件について検討すると，卒業するためには，第1に卒業論文（第2章で取り上げたリサーチ・ペーパーのこと）を書き上げ，第2にProfessional Responsibility（法曹の責任）の科目を修了しなければならない。さらに，2002年以降に入学した学生は，卒業前に少なくとも40時間のプロボノ活動を履修することを要求される。しかし，これら3つの条件を除けば，第2及び第3学年は，完全に選択ベースで行われており，選択科目数も確実に増加し続け，現在では優に200以上に及ぶ。

（4）最近の大改革以前のカリキュラム
　最近の大改革に入る前に，以下で，それまでのカリキュラム（2004～05学年度のLaw School Catalog に基づく）を要約し，それとLangdell時代のカリキュラムとを比較する。

ア．第1学年
　2004～05学年度をみると，必修科目は，卒業に必要な84単位のうちわずか29単位であった。これら必修科目は全て第1学年に配置されるもので，全部で6つの科目があった。第1学年において，これらの必修科目以外に，学生が3単位の選択科目を自由に選ぶことができた。
　第1学年の必修科目の1つFirst-Year Lawyering Program（4単位）は，Langdell時代にはなかった。Langdell時代には第1学年の学生が選択科目を1つ履修することも考えられなかった。しかし，表面上は，2004～05学年度の第1学年カリキュラムの残りは，100年以

上も前のLangdell時代のそれと極めて類似していた。すなわち，その他の5つの必修科目（契約法，不法行為法，財産法，民事訴訟法，刑事法；各5単位ずつ）は，（Common Law PleadingがCivil Procedureに変わったことを除けば）1891年当時と同じ科目名のままであった。

　しかし，名称は変わらずとも，これらの科目の内容は，1世紀前から大きく変わった。実際に，2004〜05学年度という1年間においてでさえ，これらの科目の内容は，担当教員によって大きく異なっていた。5つの必修科目の各々について，7つのセクション（組分け）があった。それぞれのセクションをそれぞれ別の教員が担当していたが，どの教授も独自の教え方にもとづいて自由に異なる教科書を用いた。取り上げる題材，紹介する視点及び教育スタイルも，教授によって異なりバラエティーに富むものであった。もっとも，このようにセクションごとに大きな違いがあったにもかかわらず，第1学年カリキュラムの核となるこれらの5つの科目は，主に国内の私法に焦点を当て，法律家を訴訟代理人とするイメージに強く傾斜していた。その限りにおいて，2004〜05学年度の第1学年カリキュラムは，おおよそLangdell時代のそれとパラレルなものであったと言ってよい。

イ．第2及び第3学年

　第1学年のカリキュラムとは対照的に，2004〜05学年度の上級学年のカリキュラムは，Langdell時代のものとは著しく異なるものであった。既にみたように，Langdell時代には，第1学年と同様，第2及び第3学年においても，事実上全てが「テクニカル」な科目で必修科目として構成されていた。2004〜05学年度では，学生は，第2及び第3学年の間に学生は，全部で52単位を取得することになっていた。

このうち、必修の論文作成（リサーチペーパー）、必修のProfessional Responsibility（法曹倫理）及び必修のプロボノ活動を除き、第2及び第3学年のカリキュラムは、完全に選択科目を基本にしたものであり、実に魅力的な多くの選択科目から構成されていた。学生は、2004〜05学年度の時点において、多様な分野にわたる225にも及ぶ科目とセミナーのなかから履修科目を選択することができた。

　第2章でみたように、選択科目のなかには、リサーチやリーガルスキルに焦点を当てたものもあった。これら以外のカテゴリーに属する選択科目を逐一列挙はしないが、以下では、4つのカテゴリーについて述べる。

(a)「コア」カリキュラムタイプの選択科目

　第2及び第3学年がほぼ全て選択科目となっていたとはいえ、全ての学生向けに「強く推奨すべき」科目のリストが設けられていた。2004〜05学年度のLaw School Catalogには、次のような記載がある。「第2及び第3学年は完全に選択制である。しかし、会計学、憲法、会社法と租税法は、多くの上級の授業を履修するための先行必要科目となっているので、教授会は、これらの科目を第2学年において履修することを強く推奨する」。そして、「主要な臨床経験を含む1つ又はそれ以上の科目を第2ないし第3学年において履修することを強く推奨する」[54]。2004〜05学年度の時点で、国際法・比較法に関する科目の履修も推奨されていた。これらの強く推奨される科目の単位数を合計すると、20〜31単位となる（履修するクリニック科目と国際法・比較法科目の比重により、単位数が異なる）。

---

54. Harvard Law School Catalog, 2004〜05, 24頁。

これらの科目のうち憲法と会社法は，日本において中核となる必修科目である。多くの日本の読者は，ハーバード・ロースクールでこれらの科目が必修とされていないことに驚くかもしれないが，実際には，その科目が必修であるかどうかによって大きな違いは生じない。ほとんどの学生が，これらの科目を第2学年において履修するからである。同様に，行政法は，「強く推奨する科目」ではなかったが，多くの学生は行政法あるいは行政と深く関連する科目を履修する。

それ以上に注目すべきことは，他の3つの高度に推奨すべき科目である。第2章でみたように，ハーバード・ロースクールでは，少なくとも1つの臨床科目を履修することが推薦されているが，それは，これらの科目が学生にとって広い範囲のスキルや理解の修得のために有益であるという考え方を反映したものである。これはまた，過去30年にわたるハーバード・ロースクールの教育哲学の重要な変化を反映している。会計学と租税法を推薦することは，これら2つの科目が大半の法曹の実務に影響を及ぼすことを意味している。職種や専門分野にかかわらず，税や会計の基本的な知識と原則に精通していることは，法曹にとって不可欠であると考えられている。

(b) 国際法・比較法

歴史的にみて，ハーバード・ロースクールは，国際法・比較法と関係が深い。創立16年目の1833年にハーバード・ロースクールの歴史上初めて，ローマ法，スペイン法及びフランス法に関する個人のコレクションが遺贈された[55]。つぎに，1878年にGeorge Bemis

---

55. Sutherland, 前掲注8, 118頁。

の遺贈による国際法の講座が開設されたことは既に述べた。1898年に最初のGeorge Bemis ProfessorとしてEdward Henry Strobelが任命されて以来，ハーバード・ロースクールは，フルタイムの国際法の教授を1人以上確保してきた。Strobelの後継者であったManley Hudsonは，1920年代に国際法に関する主要な研究プロジェクトを立ち上げた。他の分野の専門家とともにハーバード・カレッジや他の大学の学者を含む50人近いメンバーがそのプロジェクトに動員されたことは，特筆に値する[56]。

第二次世界大戦を契機として，国際的な法学研究が急速に成長し始めた。1946年には，Lon Fuller教授が，アメリカ人の法律家のための国際法・比較法に関する養成プログラム及び外国人の法律家のためのアメリカ法に関する養成プログラムから構成される，Institute of International Legal Studies（国際法研究所）の創設を提案した[57]。ハーバード・ロースクールは，それ以後，国際法・比較法の教授を多数採用するなど，この法分野を大きく発展させようと努力してきた。1950〜51学年度の時点で，国際法関係の科目とセミナーが合計7つあったところ，5年後には，それが3倍の21に増加した[58]。ハーバード・ロースクールでは国際法・比較法を専門とする教員が国際法・比較法以外の科目をも教えた。例えば，1955〜56学年度において，国際法・比較法分野の科目を教える11人の教授のうち，8人が国内法に関する科目をも教えた[59]。

国際法・比較法の分野で特に注目すべきは，International

---

56. Sutherland, 前掲注8, 275〜276頁。
57. Sutherland, 前掲注8, 333頁。
58. Sutherland, 前掲注8, 333〜334頁。
59. Sutherland, 前掲注8, 334頁。

Tax Program（1952年設立），International Legal Studies Library, Program on International Financial Systems（1986年設立），Institute for Global Law and Policy（前European Law Research Center）（1991年設立），Islamic Legal Studies Program（1991年設立），そしてEast Asian Legal Studies（1965年設立）である。

2004〜05学年度に，ハーバード・ロースクールは，50もの国際法・比較法を中心とした科目やセミナーを提供した[60]。そのため，これらの科目は選択科目のカテゴリーとして重要な位置を占めるようになった。

(c) パースペクティブ科目

選択科目群の第3のカテゴリーは，いわゆる「パースペクティブ」科目である。比較法科目もパースペクティブ科目の1類型である。法理学や法制史もパースペクティブ科目の系統に属する。前述したように，これらの科目はLangdell時代には軽視されていたが（一時期，カリキュラムからも落とされた），比較法や法理学，法制史はハーバード・ロースクールの初期の頃まで遡る。

最近の50年間に，比較法や法理学，法制史以外の学際的な科目が劇的に増加した。Langdell時代からPound時代に至るまでは，法律の学習と社会科学や他の科目の学習とを結びつける努力をしなかったが，これとは対照的に，1960年代以降，教授や博士課程・修士課程の学生に学際的なリサーチを行うように奨励するようになっただけではなく，J.D.の学生向けの学際的な科目をも積極的に取り

---

60. Harvard Law School Catalog, 前掲注54, 63〜64頁に載っている科目リストに基づく。

入れるようになった。今や、学際的な科目は、Law and Economics（法と経済）, Law and Society（法と社会）, Law and Medicine（法と医学）, Law and Psychology（法と心理学）, Law and Literature（法と文学）, Critical Legal Studies（批判的法学研究）, Gender Theory（ジェンダー論）, Critical Race Theory（批判的人種論）等の視点を取り入れる科目は数多くある。さらに、これらの学際的なパースペクティブは上級選択科目に限られず、多くの教授が学際的な視点を第1学年の必修科目に取り入れている。

1950年代から1960年代の間、ハーバード・ロースクールは、第2学年に法理学、法制史、比較法及び立法学のような科目のなかから1つのパースペクティブ科目を履修するよう求めていた[61]。2004〜05学年度のLaw School Catalogには、パースペクティブ科目の履修は望ましい、との指摘が載っていたが、必修にはなっていなかった。しかし、必修ではなくても、学際的な視点はすでにカリキュラム全体に深く根づいていた。

(d) 政策志向の科目

20世紀初頭から、多くの教授が公益活動や法改正活動に携わるようになった。多くの選択科目は法改正の観点を含んだ政策問題に重点をおく。例えば、「立法」や「法と政治過程」、「バイオテクノロジー：学問、政府、産業の相互作用と緊張」、「社会的・経済的権利のための集団行動」などである[62]。政策との密接な関係を重視するこの姿勢は、このような科目に限らず、カリキュラム全体を貫いて

---

61. Seligman, 前掲注1, 80〜81頁。
62. Harvard Law School Catalog, 前掲注54に載っている科目リストに基づく。

おり，そこでは法律改正や法制度改革を実現するために考えられる代替策（立法，行政，司法）の方向性を明示的に考察している。

3）最近の大改革
（1）既存のカリキュラムに関する懸念
ア．第1学年のカリキュラムに対する批判

　第1学年のカリキュラムと上級学年のカリキュラムは，いずれも長い間批判にさらされてきた。第1学年のカリキュラムに対しては，それが法律実務の古いイメージにもとづくもので，現状を十分に反映していない，ということであった。今日の法律実務において，行政関係，立法活動，交渉，ビジネスや戦略に関するアドバイスを伴うものが多くなってきたにもかかわらず，第1学年のカリキュラムは，主に訴訟を前提とした法律実務を念頭においてきた。また，今日の合衆国の法律は，公法，制定法をベースとしたものや，行政中心のものが多くなってきているが，依然として第1学年のカリキュラムは，コモン・ローの判例をベースにした伝統が根強く残る私法の分野に重点をおき続けており，この点も批判の対象となってきた。さらに，上級審の判例（上級審は，法律問題のみを取り上げ，事実認定を行わない）と法理論を注意深く検証するものの，他方で，第1審と事実認定を無視してきた，と厳しく批判された。その他，国内法を重視し，国際法的，比較法的な要素を無視していること，個人に重きをおいて集団や組織が果たす役割に十分な注意を払っていないこと，そして学際的又は理論的な視点を十分取り入れなかったこと，等が批判されてきた。

　これらの批判は古くからあった。上述したように，コロンビアやエールのロースクールは，1930年代から，法学教育と社会科学を結

びつける等のカリキュラム改革を行った[63]。この改革は，第1学年のカリキュラムというよりもむしろ，上級学年のカリキュラムに焦点を当てたものであったが，その後，第1学年のカリキュラムについても同様の改革が提案された。例えば，1971年に，アメリカロースクール協会（AALS）のために用意された研究レポート（いわゆるCarrington Report）[64]が第1学年のカリキュラムの再構成を提言した。そこでは，法理論に関する伝統的な学習を削減し，学生がより広い観点から法律や法的プロセスを学ぶようにと提言された。この提言では，他の分野からの知識や，法を取り巻く社会的，経済的，政治的環境の考察等を第1学年に取り入れることを求めている。また，公法及び行政的な視点を第1学年に取り入れるために，判例法をベースにした私法分野中心の伝統的な第1学年科目に加えて，憲法理論，行政法，会社法及び租税法を織り込むことも推薦した[65]。提言されたカリキュラムを全体的に受け入れたロースクールは1校もなかったが，1970年代までに，多くのロースクールは，第1学年の必修科目に憲法を含めるようになった。行政法，労働法，その他の公法科目を第1学年のカリキュラムに導入するようになったロースクールもある。1990年代までに，多くのロースクールが第1学年のカリキュラムについて広範な改革に着手するようになった。

　ハーバード・ロースクールでは，1970年以降に初めて，第1学年に選択科目を1つ履修することができるようになった。当初第1学年のみを対象とする選択科目群には公法系のものや比較法があり，従来の国内私法中心の第1学年カリキュラムをある程度広げるのみ

---

63. Seligman, 前掲注1, 50〜53頁参照。
64. Carrington Report, 前掲注19。
65. Seligman, 前掲注1, 141頁。

であった。First-Year Lawyeringを除き，残りの第1学年の必修カリキュラムは，依然として5つの伝統的な科目で構成されていた。

　伝統的な第1学年カリキュラムに固執し続けた理由の1つは，教育哲学にあった。教授のなかには，これら5つの伝統的な科目が上級学年における学習の必要不可欠な基盤となっているという理解に強く固執し続ける者がいた。彼らにとって，これらの科目は，法律知識の必須のコアを成すものであり，ソクラティック・メソッドを利用するこれらの科目を通じて初めて，"think like a lawyer"，すなわち，「法律家の如く考える」ことができるようになると考えられていた。

　伝統的なカリキュラムに固執し続けたもう1つの理由は，教員自身の利益に関連する現実的な側面にある。新しい科目をカリキュラムに追加するためには，既存のカリキュラムのなかから削減してもよい部分を選び出す作業が必要となる。フットがワシントン大学ロースクールにおける戦略プランニング委員会の議長を務めた経験から述べると，カリキュラムに新たな科目を追加することのほうが，何らかの科目を削減することよりも遥かに教授会のコンセンサスを得やすい。教授会のメンバーは，提案される新しい科目の価値についてすぐに賛同する。また，ほとんどのメンバーが，新しい科目を追加するために既存のカリキュラムを削減する必要が生じうるという一般論には異議を唱えない。しかし，検討が個別具体的に進むにつれて，自らが担当している科目は絶対に必要不可欠であると主張して譲らない。ほとんどの教授は，自分が担当している科目に割り当てられる単位はさらに増加されるべきであり，科目全体を削除することはいうまでもなく，単位数を減らすことすらも考えられない，と主張する。このような現実的な側面を考えると，第1学年

イ．上級学年のカリキュラムに対する批判

　上級学年のカリキュラムに対する批判は，選択科目の過剰さと第2及び第3学年の学習の構造的な欠陥に集中していた。非常に広範な選択科目を揃え，学習スケジュールについて学生に広範な裁量を認めることは，他方で，何を学ぶべきかという点についてのガイダンスが不十分であることを意味する，との批判である。バランスを欠く科目選択をすることで，本来履修すべき科目をとらないままに卒業してしまう学生が増えるのではないか，との懸念を示すものであった。

　上級学年のカリキュラムに対する批判も最近のものではない。例えば，Joel Seligmanは，選択科目が大幅に増えた1950年代と1960年代の初頭を振り返って，そのプロセスを，「カリキュラムを改革したというよりは，降参した」と述べ，選択科目の増加が「何ら知的な骨組みを伴わない。むしろ，教授の個人的な研究テーマに沿った選択科目の寄せ集め」にすぎないと批判した[66]。

　この批判には真実がある。ハーバード・ロースクールは，「強く推奨する」科目のリストを提示したものの，その他の選択科目群は非常に広範であり，科目の選択について学生にほとんど完全な裁量が与えられていた。ハーバード・ロースクールと同様に，上級学年での科目の選択の際に，学生に相当程度の裁量を認めているロースクールは多数ある。しかし，なかには，いわゆるdistribution requirementsを設けることによって，科目を体系的に整理する努

---

66. Seligman, 前掲注1, 81頁。

力をしているロースクールもある。そこでは，選択科目をいくつかのカテゴリーに分類し，それぞれのカテゴリーから選定された一定の単位分の選択科目を履修するように決められる[67]。ハーバード・ロースクールは，折に触れ，このようなdistribution requirementsの導入を検討した。しかし，逆に，1960年代以降の改革は，学生の裁量を拡大させる方向で進んできた。

このことは，いくつかの基本的な考え方を反映している。まず第1に，法学教育の本質（全学生に要求されるコア）は，実際にはそれほど広範なものではないという考え方，すなわち，コアは，1年（あるいは，必修科目と共に「強く推奨する」科目を含めた場合には1年半）で十分にカバーされうるという考え方，第2に，機会さえ与えられれば，学生は，自らの履修科目を，自らの責任のもとに選択することができるという考え方，第3に，履修科目に幅を持たせることで，学生が自らの関心を深め，力を伸ばすことになり，それによって，より有能な法曹が育つという考え方である。

確かに，第1学年のカリキュラムについてと同様に，上級学年のカリキュラムへのアプローチもまた，教授自身の利益をある程度反映するものであったことは否めない。Seligmanが指摘したように，上級学年の選択科目は，その大部分が教授の個人的な研究領域に沿うものであった。豊富な選択科目は，綿密に計画されたカリキュラム案を反映するというよりもむしろ，個々の教授の希望を認めた結果であった。第1学年のカリキュラムについてと同様に，上級学年のカリキュラム改革は，このような問題を含んでいたため常に困

---

67. 例えば，American Bar Association, Section of Legal Education and Admissions to the Bar, Curriculum Committee, A Survey of Law School Curricula, 1992〜2002 (Chicago, IL: American Bar Association, 2004) 19頁参照。

（2）2006年の改革

　2003年にElena Kaganがハーバード・ロースクールの学長に就任して間もなく，彼女は，カリキュラム改革を精力的に推進した。Kaganは，9人の教授から成る委員会を組織し（彼女自身も参加した），カリキュラムの調査に取りかかった。委員会の議長には，Harvard Graduate School of Educationの修士号を有し，全体的なカリキュラム改革を熱心に進めてきたMartha Minow教授[68]を抜擢した。カリキュラム調査は，3年間にわたり広範囲に実施された。その間，法学教育改革における他の試みや他のプロフェッショナルスクール（ビジネススクール，メディカルスクールやパブリックポリシースクールなど；なかでも，メディカルスクールのカリキュラム改革が特に参考になった，とMinowが述べている[69]）のカリキュラムを研究し，ハーバードや他のロースクールの学者，実務家，裁判官，立法者，非営利団体の弁護士や法学生など多くの人から見解を聴取した。2006年の春，教授会は，委員会の提言にもとづき上級学年のカリキュラム改革を満場一致で採択し，それに続く2006年の秋には，第1学年のカリキュラムの改革を満場一致で採択した。以下では，上級学年のカリキュラム改革よりも遥かに包括的な第1学年のカリキュラム改革をまず検討し，その後，上級学年のカリキュラム改革に関する検討に移るこ

---

[68]. Elena Kaganは，Obama政権下でSolicitor Generalになるため，ハーバード・ロースクールを離れ，2009年7月にMinow教授が新学長に就任した。なお，Kaganは，2010年8月に合衆国最高裁判所の判事に任命された。

[69]. Martha Minow, "Legal Education: Past, Present and Future,"（ハーバード・ロースクール・コミュニティへの演説，2010年4月5日），18頁，本文の入手先はhttp://www.law.harvard.edu/news/spotlight/classroom/related/legal-education-past-present-and-future1.pdf（最終訪問日2010年6月25日）。

ア．第1学年のカリキュラム改革

　第1学年のカリキュラム改革により，第1学年の5つの伝統的な科目に割り当てられる単位数は，25単位から20単位に減らされた（各科目が5単位から4単位に）。その代わり，新しい3つの必修科目が追加された。その1は，国際法・比較法の科目群のなかから1科目（3又は4単位）の履修が求められる。その2は，「立法と規制」（Legislation and Regulation）と題する必修科目である。その3は，「案件解決ワークショップ」（Problem Solving Workshop：当初はProblems and Theoriesと呼ばれていた）と題する革新的な必修科目である（その他に，より小さな変更として，First-Year Lawyering ProgramがThe First-Year Legal Research and Writing Programという呼称に変わり，その内容もある程度変わったが，通年4単位で単位数が変わらなかった。また，依然として，学生が第1学年に2～4単位の選択科目を履修しなければならない）。

　Kaganが説明するように，国際法・比較法科目の必修化は，「いかなる学生も合衆国以外の法に触れることなくロースクールを卒業するべきではない」という立論を反映している。Kaganによれば，「この必修は，第1学年におかれるべきである。学生は，世界的な法の構図を組み立てながら，合衆国法を国際的な文脈に位置付けなければならない」[70]。この必修は，2007～08学年度から導入され，最初の年は選択の対象となる5つの科目が用意された（いずれも新設）。それは，Public International Law（国際公法），Law and the International Economy（法と国際経済），The Constitution and the

---

70. Jeri Zeder, "At Home in the World," Harvard Law Bulletin (Winter 2008) の32～33頁に引用されているとおりである。

International Order（憲法と国際体制）及び比較法に属する2つの科目（1つは中国法に，もう1つは世界中の私法システムと理論の発達に焦点を当てたもの）であった。

　同じく2007～08学年度から導入された「立法と規制」（Legislation and Regulation）は，現代の行政国家における立法と規制について学ぶための導入的な科目である。科目案内によれば，これは，「議会と行政機関が法（それぞれ，法律，規則）という拘束力あるルールを採用する方法及び執行機関（裁判所及び行政機関）がこれらの法を解釈・適用する方法を検討する。特に近代的な規則の正当性，現代の行政国家の構造，様々なアクターの行動に影響を及ぼすインセンティブ，並びに，議会と行政機関と裁判所との間の相互関係を構築する手助けとなる法的ルールを検討する」。この必修は，「立法と規制」の科目の1セクションを担当するMark Tushnet教授が述べるように，「今日及び将来の法律家が制定法と行政規則に立脚する世界で活動する」にもかかわらず[71]，伝統的な第1学年のカリキュラムが立法と規制のプロセスに十分な注意を払ってこなかったことへの反省に基づき，導入されたものである。Minow学長によると，「立法と規制」がすでに「多くの学生にとって中軸のような授業（pivotal course）となっている。行政国家に関する考え方のみならず，法的考え方自体を方向付けるものとなっている」[72]。

　3つの新しい必修科目のなかで，「案件解決ワークショップ」（Problem Solving Workshop）は，これまでの法学教育で前例をみない斬新な科目である。この科目は，100年以上続いてきた訴訟をにら

---

71. Elaine McArdle, "A Curriculum of New Realities," <u>Harvard Law Bulletin,</u> Winter 2008の18, 23頁から引用。
72. Minow, 前掲注69, 20頁（最終訪問日2010年6月25日）。

んだ実定法科目中心の第1学年の法学教育を根本的に改めるもので、今後、合衆国のみならず世界各国の法学教育に大きな影響を及ぼすものと予想される。そこで、ここでは、この科目について項を改めてより詳しく紹介する。

イ. 案件解決ワークショップ（Problem Solving Workshop）

「案件解決ワークショップ」（「ワークショップ」とは、参加者が専門家の助言を得ながら問題解決のために行う授業のこと）は、学問と実務との架橋を目指す中核的な科目である。学生は、クライアントが抱える問題に実務家と同じように取り組まなければならない。具体的には、案件の依頼を受けた段階、すなわち、未だ事実関係で不明な点も多くクライアントの目的も明らかでないような段階から始めて順次進行し、その過程で、学生は、問題の本質を見抜き、関連する法律を検討して、解決のための知的枠組みを構築し、クラアイントにとって最善と思われる実務的な判断を下さねばならない。この過程を経ることで、法の許容する範囲でクライアントの目的を達成するよう、法知識と実務的判断とを統合する能力を身につけることとなる[73]。

ワークショップでは、学生が共同して作業を行うことを重要な要素の1つとしている。共同で作業を行い、グループとしてその結果

---

73. Harvard Law School News & Events, "HLS faculty unanimously approves first-year curricular reform"（2006年10月6日）。入手先は、http://www.law.harvard.edu/news/2006/10/06_curriculum.html（最終訪問日2010年6月25日）。初年度の「案件解決ワークショップ」に関する報道として、例えば、Jenny Paul, "Problem-solving workshop heats up Harvard 1Ls' winter," Harvard Law Record (Feb. 11, 2010), 入手先は、http://www.hlrecord.org/news/problem-solving-workshop-heats-up-harvard-1ls-winter-1.1125541（最終訪問日2010年6月25日）; "An innovative new course teaches students to solve problems right from the start," Harvard Law School, News & Events (Feb. 23, 2010), 入手先は、http://www.law.harvard.edu/news/spotlight/classroom/problem_solving.html（最終訪問日2010年6月25日）。

を提出することが求められる。作業の結果は,弁護士が日常的に作成するようなメモ,分析,助言等であるが,この点も実務を意識したものである。また,実務ではクライアントの抱える問題に早急に対応することが求められるので,ワークショップでも,実務と同様に,作業成果の提出期限が短いことが多い。教員の指導のもと,このような形で,仲間との共同作業により法律実務の日常的な側面を経験することによって,学生は,斬新かつ刺激的なアプローチで法を学ぶことができる。

　この科目は,さきに述べたように,これまでの伝統的な必修科目とは全く異なる斬新な教育を第1学年のカリキュラムに取り入れようとするものである。取り上げるテーマや教育方法もこれまでの科目とは全く異なる。まさにゼロからのスタートであり,周到な準備が必要であった。そのため,この科目は,他の2つの新しい必修科目より2年遅れで,2009〜10学年度から導入された。導入前の2年間に,第2及び第3学年(上級学年)向けの少人数ワークショップの形で試行錯誤が繰り返され,その過程でテーマ,教材,教育方法等が考案,改良された。準備段階初期の2008年春に,フットがこの科目の中心的計画者の一人であるTodd Rakoff教授にインタビューした際,同教授は,上級学年の学生向けに少人数ベースでうまく授業を展開できたとしても,第1学年の560人の学生全員に同じような科目を提供することは気が遠くなるような至難の業である,と述べた。また,テーマ・教材・教育方法を無事に準備できたとしても,担当する教員を確保し,そのスキルアップを図ることは特に難しい課題である,との懸念をも表明した。

　このワークショップは,このような苦悩の時を経て当初の予定どおり,2009〜10学年度より導入された。より具体的なイメージを抱

くことができるように，以下では，初年度の授業の進め方や実際に取り上げられたテーマを見ていくことにする。なお，初年度の結果を踏まえてこの科目が今後さらに改良されていくことはいうまでもない。

1970年代の後半から，ハーバード・ロースクールでは，上級学年の学生向けに，第1学期と第2学期の間に冬学期と呼ばれる3週間の期間を設け，連日の集中的な授業に充ててきたが，今回のカリキュラム改正により，このワークショップが冬学期に実施されることとなった。

まず，ワークショップでは，第1学年の伝統的な必修の5科目と同じように，学生が7つのセクション（80人程度ずつ）に組み分けされる。このワークショップは実務志向の強い科目であるにもかかわらず，担当教員は実務家教員ではなく，研究者教員中心に構成されている。2009〜10学年度では，7つのセクションのうち，研究者教員が6つを担当し，法律事務所のパートナーが1つを担当した。担当した研究者教員の専門分野も様々で，行政法と契約法，金融規制と国際金融，財産法と抵触法，インターネット法，法と経済学と紛争解決制度，法曹制度と法曹倫理のそれぞれの専門家が担当した。そのうち5人が副学長あるいはセンターやプログラムのディレクター等を務める中堅教授であった。第6章で紹介するように，研究者教員の大多数が少なくとも1〜2年の実務経験を有するが，平均して実務家教員に比べて実務経験が少ないのはいうまでもない。そのため，この種の科目を研究者教員が担当することは意外に思われるかもしれない。しかし，あえてこのような教員構成にこだわったことには重要な意味がある。合衆国のロースクールでは，一般的にいって研究者教員のプレスティージ（そして多くの場合，給料及び雇用保障）

が高い。学生の間でも，研究者教員の担当する科目が重要視される傾向がある。このように，ハーバード・ロースクールが実定法分野において学者として定評のある研究者教員中心の教員構成にこだわったのは，「案件解決ワークショップ」を極めて重要視していることについて強いメッセージを発信するためであろう。

　クライアントから実際に依頼を受けた相談案件に基づいてテーマを選定する必要があることから，授業で取り扱う「案件」(problems)は，臨床家の協力のもとに作成された。これらの案件では，クライアントが特定され，その時点で判明している事実関係が提示される。そして，案件ごとに，学生に役割（role）と作業課題（task）とが提示される。学生は4〜5人ずつのチームに分けられ，各チームが一体となって作業に取り組む。

　先に述べたとおり，このワークショップは3週間という期間で集中的に行われたが，初年度の2009〜10学年度では，この期間中に7つの案件が取り上げられた。各案件に割り当てられる時間は大よそ3日間であり，1つの案件が終わると次の案件に移るという形で授業が進められた。初日の授業の2時間目に，案件の簡単な説明とともに，関連する法令・判例のリストや論文等の文献が学生に配布された。与えられた作業の提出期限は，原則として同日の夕方とされていたため，授業が終わるや否や各チームが作業に取りかかり，夕方まで一生懸命に作業を行った。翌日午前中の2時間の授業は，前日に与えられた作業及び案件全体の検討・議論に充てられた。その後，前日の作業に続く作業が行われ，あるいは補足の事実関係等を得たうえでの新たな作業が行われた。2日目も，夕方までに同じ案件に関する第2回のメモを提出しなければならなかった。3日目の授業の1時間目は，その案件の最後の検討に充てられた。これ

をもって1つの案件が完結したこととなる。3日目の2時間目に次の案件が始まった。このような3日間のサイクルの繰り返しで，3週間のうちに7つの案件全部が取り上げられた。

　次に，実際に取り扱われた案件の内容をみよう。

　初日のテーマは，「鉛のおもちゃ」(Lead Toys)に関する案件であった。学生チームは，鉛を含有することが判明したおもちゃを輸入・販売している企業の法務部に勤務する弁護士の役割で，作業課題としてプレスリリースを作成するよう命じられた。

　次は，「賃貸人のディレンマ」(Landlord's Dilemma)と題するテーマに関する案件であった。学生の役割は，アパートを所有する賃貸人の代理人（個人開業弁護士又は数人だけの小さな事務所に勤務する弁護士）であった。案件の具体的内容は，賃貸人が，そのアパートの3階に住む賃借人（ハーバード・ロースクールの女子学生）から，1階に住む賃借人（この賃借人は大家の甥）より性的嫌がらせを受けているためその賃借人を追い出してほしい等の要求を受けたというものである。学生は，まず事実関係で不明な点やクライアントである賃貸人が望んでいる結果等について検討したうえで，クライアントに対するインタビューを行った。次の日に，インタビューの結果を踏まえてクライアントに適切なアドバイスを与えることを求められた。

　その他の案件では，解雇された従業員の代理人として競業避止義務に関する特約について交渉を行うこと，低所得者のための住宅プログラムのための申請書に虚偽の記載をしたシングルマザーに対して，検察官として，起訴，起訴猶予(defer prosecution)又は不起訴のいずれを選択すべきかを検討したメモを作成すること，医療器具の発明家と製造事業者との間の契約問題の取扱いにつき検討すること，そして，多国籍企業の法務部門の統括弁護士(general counsel）として，海外の下請企業における児童労働に関する企業方針（corporate policy）を決定すること等の作業が課された。

　7つ目として最後に与えられたテーマは，別の賃貸借案件に絡むものであった。この案件では，低所得者である賃借人が家賃を毎月必ず支払っているにもかかわらず，賃貸人がローンの返済を怠っていたため，銀行が賃借人の住むアパートに設定された抵当権を実行し，賃借人（及び同じアパートに住む他の賃借人）を追い出そうとしたことが問題となった。この案件では，公設事務所に勤務する弁護士の役割を課せられた学生が，まず賃借人に対するインタビューを行い，そのうえで適切な戦略を立てることが求められた。この案件で配布された資料には，現行の法律を基準にすると，設定された事実状況では賃借人の権利が弱く相当不利であることが記載されていた。そこで，検討すべき戦略として，交渉や訴訟に加えて，マスメディアを通じた世論の喚起やロビー活動等による法改正運動への参加も挙げられていた。また，戦略の選定にあたり倫理問題を検討することも要求された。このテーマでは，最後に，それぞれのチームが，別々にボストン周辺の法律事務所を訪問した。そこで学生たちが実際に弁護士と面会し，学生が作成した戦略案を説明したうえで，弁護士と議論をし，学生の見逃していた点や他に考えられる戦略等に関して弁護士よりフィードバックを受けた。112組のチームが2回に分かれて訪問したが，この案件のために70人もの弁護士の協力を必要とした。また，他の案件における授業で多数の弁護士がクライアント・インタビューを実演したり，実務上のスキルを説明するなどをした。これだけ多くの有能な弁護士が準備や学生との相談のために時間を惜しまずに協力したことからみても，実務家がこの科目に大きな期待を寄せていることがわかる。

この科目では、理論と実務の統合、複数の法分野間の架橋、法律問題が生じる広範な社会的環境についての考察、倫理的ディレンマに関する考察、そして複雑な現実の世界で生じる問題に対するチームとしての対応が要求される。第3学年の学生であっても相当に厳しいと思われる科目を僅か1学期しか法学教育を受けていない第1学年の学生に必修科目として要求することは、これまでの法学教育の常識を根本から覆す試みである。学生は、これを履修することで、法律問題に影響を及ぼす多くの要素やその相互関係に敏感になる。

案件解決ワークショップに対する評価はきわめて高い。学生は、実務家と触れ合う機会を得たことに加えて、チームとして案件に取り組むことや学問と実務を架橋すること等の側面を高く評価した。「素晴らしい経験であった」といったコメントが多く、学生は大いに満足したようである。担当した教員も高く評価した。ワークショップの1セクションを担当したDavid Wilkins教授は次のように手放しに褒めた。「過去長年遡ってみても、ハーバード・ロースクールのみならず、どのロースクールでも、これほど刺激的なことをしたことはないと思われる。……これはLangdell以来の革新的な改革である。ケースメソッドと同じように、法学教育を変革する影響力を持つであろう」[74]。この科目に協力した実務家からも、全く関係していなかった実務家からも、肯定的なコメントが極めて多く出された。そして、この高い評価を何よりも端的に物語るのは、他のロースクールの関心の高さである。ハーバード・ロースクールは、他の多くのロースクールから、この科目に関する問合せや教材利用許

---

74. "An innovative new course," 前掲注73, で引用されている（最終訪問日2010年6月25日）。

可の依頼を受けている。既に同じような科目の取り入れを検討しているロースクールもある。逆に，これまで第1学年で伝統的な基本科目に割り当てられてきた単位数を大幅に減らして，代わりにワークショップその他の新しい必修カリキュラムを開設するという，改革の根本的な方針に対する批判は皆無に等しい，とのことである。Rakoff教授によると，他の一部の教授から，「もっと大胆にやればよかった」や「このようにすればさらに良いものとなるのではないか」という建設的なコメントを受けたが，批判の声は全く聞こえてこない，という。

　ハーバード・ロースクールは，社会のニーズを敏感に汲み取り，実務を見据えた斬新な改革を断行し，見事に成功させた。合衆国において，この改革と同じような動きが見られることも注目に値する。定期的に専門職教育をテーマとしてきたCarnegie財団が，ハーバード・ロースクールが2003年にカリキュラム改革に着手した後に，ロースクール教育に関する新たな調査を開始した。ロースクール16校の実態調査が行われ，その調査結果及びそれに基づく提言が，Educating Lawyersという題名で2007年に発表された[75]。同じく2007年に，別の研究者グループが，様々な提言を盛り込んだ法学教育のための"Best Practices"を発表した[76]。いずれも，ハーバード・ロースクールの改革と同様に，学生がチームとして取り組むシ

---

[75]. William M. Sullivan, Anne Colby, Judith Welch Wegner, Lloyd Bond, and Lee S. Shulman, Educating Lawyers: Preparation for the Profession of Law (Carnegie Foundation for the Advancement of Teaching, Stanford, CA: 2007).

[76]. Roy Stuckey and Others, Best Practices for Legal Education: A Vision and a Road Map (Clinical Legal Education Association: 2007)。この文献は，インターネットより入手可能である。入手先は，http://law.sc.edu/faculty/stuckey/best_practices/best_practices-full.pdf（最終訪問日2010年6月25日）。

ミュレーション等の利用により、学問教育と実務教育の統合の重要性を指摘する。

　なかでも、Educating Lawyersが合衆国のロースクールで相当話題を呼んだ。ハーバード・ロースクールの改革の基本的な考え方に共鳴する点が多い。同報告書は、法学教育の3大要素として、①法的分析能力（legal analysis）、②実務家にとって必要な技能（practical skill）、そして③法曹としての自覚（professional identity；これには法曹倫理及び専門職責任が含まれる）を挙げた。ソクラティック・メソッドは、分析能力の養成のために重要であるが、他の2つの要素の修得には向いていない、と述べた。また、②の実務教育も③の法曹倫理教育も、個別に行われ、相互に他の要素を十分に取り入れないことが多い、と指摘した。そのうえで、Educating Lawyersが上記3大要素のそれぞれを密接に統合する教育（integrated model）を行うことの必要性を唱えた。そして、その統合が上級学年のみならず第1学年から行うことが特に重要である、とも述べている。第1学年から3大要素すべてを統合することにより、学生は、早い段階から原則・法理の修得と分析能力の熟達は最終目的ではなく、強い倫理観のある法曹として、具体的な案件を扱うための1要素にすぎない、と認識するようになる。同時に、他の要素の重要性、そしてそれぞれの要素が密接に関連し、不可分であることにも敏感になるはずである、と結論付けた[77]。

　ハーバード・ロースクールの改革とEducating Lawyersの報告書とのもう1つの共通点として、いずれもメディカルスクールのカリキュラム改革が特に参考になる、との指摘がある。メディカルス

---

77. Sullivan et al., 前掲注75, 191〜192頁。

クールは，以前，第1学年において講義方式中心で自然科学等，基本知識の修得のみを重視し，上級学年ではじめて患者と接触する機会を提供していた。しかし，1980年代以降メディカルスクールの教育が大きく変わり，今では，模擬患者等も取り入れたシミュレーションや学生のチームが取り組むプロブレム等を利用して，第1学年から学問と実務，そして医師としての自覚を養うため，統合した教育を取り入れている，とのことである[78]。

　ハーバードの最近の大改革がまさに，第1学年からこの理念を実現している。そして合衆国の各ロースクールがハーバード・ロースクールのこの改革を参考にし，追随する動きをみせていることからすれば，ハーバードの改革は，そう遠くない将来に，合衆国全土の法学教育の在り方に大きな影響を及ぼし，合衆国の法学教育の歴史を塗り替えることになるであろう。

　他方，日本の法学教育は，未だに社会のニーズを満たすことなく，学問偏重の姿勢の殻から抜け出せないでいる。学部での3年間の法学教育に加えて法科大学院での2年間に及ぶ体系的な法学教育を要求する日本の既習者教育は，屋上屋を架すものであり，早期に見直されるべきである。未修者教育も，法学の基本的な知識の修得のための体系的な学習に重点をおきすぎている。中央教育審議会大学分科会法科大学院特別委員会は，平成21年4月17日，「法科大学院教育の質の向上のための改善方策について（報告）」と題する報告書（以下「中教審報告書」）を公表した。そこでは，「法学未修者1年次における法律基本科目の基礎的な学習を確保するため，各法

---

78. Minow, 前掲注69, 18頁；Sullivan et al., 前掲注75, 192〜193頁。

科大学院が法律基本科目の単位数を6単位程度増加させ，これを1年次に配当することを可能にする必要がある。……履修登録単位数の上限を36単位とするこれまでの考え方を原則として維持しながら，……これを最大42単位とすることを認める弾力的な取扱いが必要である」(14頁)として，法律基本科目の修得が強調されている。また，「法学未修者1年次においては，基礎的知識が十分でない状態で双方向・多方向型の授業を行うと，授業の進捗が遅れ，教育負担も大きくなることから，法学の基礎的知識を定着させるためには講義方式の授業の方が優れているとの指摘」が紹介され，法学部でよくみられるような講義方式による法学の体系的学習への回帰が暗示されている(15頁)。中教審報告書のこのような記載は，ハーバード・ロースクールで導入された第1学年カリキュラム改革とは全く逆の方向性を志向するものである。体系的な学習をあまりに重視しすぎると，法と社会との接点に関する意識が薄れ，実務と理論との架橋が困難となる。このような教育方法では，有能な実務家を多数輩出することは困難であり，社会のニーズに十分応えることはできない。日本の今後の法科大学院での教育方法を検討するにあたり，ハーバード・ロースクールの今回の改革は，非常に重要な道標となるであろう。

　今回の改革においてもう1つ注目すべき点がある。政策と法制度改革の問題は，これまでしばしば伝統的な第1学年の科目で議論され，さらに，今でも多くの上級学年の科目において重点がおかれている。「案件解決ワークショップ」(Problem Solving Workshop)並びに「立法と規制」(Legislation and Regulation)は，ハーバード・ロースクールのカリキュラムが政策の問題をこれまでよりも更に重視している

ことを表している。多くの卒業生は，法と政策の形成に重要な役割を果たしている。関与の形態は，立法官，行政官，裁判官としての立場で重要な役割を果たす者もいれば，弁論，ロビー活動その他法律家としての活動もしくは学術的な活動を通じて，又は諮問委員会その他の法制度改革活動に奉仕することを通じて関与する者など様々である。この現状を踏まえ，学生がロースクール1年次から政策形成の局面で重要な役割を果たし続けるという認識と期待のもとに，自らが勉強している問題に内在する政策問題を認識させるような教育を提供しようとしている。

ウ．上級学年のカリキュラム

　以上の第1学年のカリキュラム改革に先立つ2006年春に，教授会は，満場一致で上級学年（第2及び第3学年）のカリキュラム改革を採択した。この改革の目的は，学生が学習計画を策定する際により充実したガイダンスを提供することによって学生が将来進路とする専門分野に適したカリキュラム（当該専門分野に偏りすぎないように配慮した計画）を組めるようにすることにあった。実際，この改革はいくつかの点で学生が自らのスケジュールをより柔軟に策定することを可能にした。

　これまでと同様に，学生は，論文作成（リサーチ・ペーパー），法曹の責任，プロボノ活動等の必修課程を修了しなければならないが，これらを完了する仕方については，多くの選択肢が用意されている。ハーバード・ロースクールはまた，学生に主要な臨床科目を履修するよう強く推奨し，「パースペクティブ」科目の重要性を強調し続けている。学生向けのマニュアルには，以下のように書かれている。「ロースクールは，法に関する様々な考え方や方法論を探究す

るよう推奨している。そのため，学生が法システムについての特別のパースペクティブ又は法についてのはっきりした考え方を提供する科目を少なくとも1つ履修することを検討すべきである。例えば，法制史，法と経済学又は法理学が挙げられる」[79]。

しかし，さらなる柔軟化のため，今では「強く推奨する」科目のリストはなくなった。The Handbook of Academic Policies 2007－08には，以下の記載があるのみである。「ロースクール第1学年の必修科目を修了した後に，全てのJ.D.学生は，上級学年で52単位を取得しなければならない」。推奨する科目のリストはなくなったけれども，大多数の学生は，そこにリストされた科目のうちの3つ—憲法，会社法及び租税法—を履修し続けている。なお，かつての「強く推奨する」科目の1つ「会計学」が全科目のカタログから姿を消した。その代わりに，より広い範囲を扱う「法律家のための分析手法」（Analytical Methods for Lawyers）という科目が，法と経済学，統計分析，ゲーム理論等のその他のテーマとともに「会計」をカバーしている。

学生にすべて自由な裁量を認めるとバランスを失した科目選択をしてしまうことが懸念される。そうならないようにするため，Handbookには，52単位のうち36単位は教室での講義で履修しなければならないこと，クリニックで取得できる単位は12単位まで，論文作成で取得できる単位は12単位まで，そして他のスクールとの相互登録で取得できる単位は10単位まで，と記載されている。これらの制限は，学習スケジュールの計画にあたり学生に広範な裁量

---

79. Harvard Law School, Courses and Academic Programs, Programs of Study, 入手先は，http://www.law.harvard.edu/academics/degrees/jd/pos/（最終訪問日2010年6月23日）。

4. コアカリキュラムと必修科目

が与えられていることを示すものである。他のスクールとの相互登録を通じて履修する単位は，特に注目に値する。学際的な研究の重要性を示すものとして，ハーバード・ロースクールは，「ハーバード大学の他の学部等が提供する科目を履修して自らの法学教育を強化すること」を奨励している[80]。学生は，ハーバードの文理学部（Faculty of Arts and Sciences）と8つの他の大学院（ビジネススクール，メディカルスクール等）のほか，MIT（マサチューセッツ工科大学）及びTufts大学のFletcher School of Law & Diplomacyに相互登録することができる。また，特定の外国のロースクールにおける留学プログラムに参加する形で単位を取得することも認めている[81]。

さらに，最近の改革には，上級学年での学習計画の策定にあたって，学生がより多くのガイダンスを受けられるようにするものが含まれている。ハーバード・ロースクールは，全ての学生を決まったカリキュラムに押し込もうとするのではなく，柔軟性が高いカリキュラムを維持しつつ，従来よりもある程度しっかりした骨組みを提供しようとしている。マニュアルに記載されているように，「ロースクールのカリキュラムの範囲は，その最も貴重な資産の1つである一方で，それはまたいくらか気力をくじくものともなりうる。全ての学生は，特有の興味と視点を持ってロースクールにやってくる。あらゆる学生にとっての挑戦は，科目とその他の学習経験を通じて自らの興味を形作り拡大していくことである」[82]。

今回の改革は，2つの方法で学生に，より多くのガイダンスを提

---

[80]. Harvard Law（guide for students），2007～08年版，27頁参照。
[81]. 2008年の冬学期に，当プログラムで初めてハーバード・ロースクールの学生が東京大学に留学した。
[82]. Harvard Law, 前掲注80, 29頁。

供しようとした。第1に，カリキュラムを理解するための基本的な枠組みを提供するため，全ての科目とセミナーは，Constitutional Law and Civil Rights（憲法と市民権），Employment and Labor Law（雇用と労働法），Intellectual Property（知的財産権），Cyberlaw and Technology（知的財産，サイバー法及び技術）など，18のカテゴリーに分類された。第2に，ロースクールは，Upper-Level Programs of Study（上級レベルの学習プログラム）を確立した。このプログラムは，特定の分野に興味を持つ学生に対して，学習の順序，すなわち，基本的な科目から始まり，中級，上級そして到達点（capstone）の授業及びセミナーへと続いていくステップについてのある程度のガイダンスとともに，当該科目や自らが探究すべき他の教育経験についてのアドバイスを提供している。2009〜10学年度の時点で準備された学習プログラムは，Law and Government（法と政府），Law and Business（法とビジネス），International and Comparative Law（国際法と比較法），Law, Science and Technology（法・科学・技術），Law and Social Change（法と社会変化）の5つである。2010〜11学年度から，6つ目のプログラムとして，Criminal Law and Justice（刑事法と正義）がはじまる。これらのプログラムは，典型的には，基本科目，上級科目及びセミナー，関連するクリニック体験，関連分野，ハーバード大学内の他の学部・大学院で提供されている関連科目並びに関連のフェローシップに関する情報を含んでいる。さらに，当該分野を専門とする学者を目指す学生向けのアドバイスもある。

　もっとも，この学習プログラムの範囲は広く，しかも，非常に多くのカリキュラムが用意されているため，アドバイスの内容も相当程度柔軟なものにならざるを得ない。そのため，一定の科目のメニューを特定するよりもむしろ，関連する様々な科目を記述し，科

目選択の際に考慮すべきいくつかの事項を説明し，より限定した分野に興味を持つ学生（例えば，法とビジネスの学習プログラムの範囲内で租税に興味を持つ学生や，国際法・比較法の学習プログラムの範囲内で国際人権に興味を持つ学生）が選択するであろう科目のいくつかの例を提供し，学生の相談相手として適していると思われる教授を特定する。

このように，ハーバード・ロースクールは，今なお，最終的な科目選択を学生の判断に完全に委ねている。学生用マニュアルに記載されているように，「学生は，いかなるプログラムに参加することを求められることもないし，特定のプログラムに従うよう求められることもない」。要するに，学習プログラムは，学生の判断に資する情報を提供するよう設計されているものの，学生が自分が抱く興味と将来の展望に従って，科目を選択することを期待しているのである。

4）歴史の教訓

法科大学院のカリキュラム編成には，一定の基準はあるものの全ての点で統一されているわけではない。臨床プログラムを大きく取りいれている大学院もあれば，広範なパースペクティブ科目を展開する大学院，さらに，国際法や比較法に重点をおく大学院もある。また大学院によって重点をおく分野がそれぞれ異なるけれども，全体を見渡すと，ビジネスに関する法や知的財産法から環境法，福祉に関する法にまで広範な分野に及ぶことがわかる。

しかし，支配的な考え方は，多くの点において，1870年のLangdellに始まり第二次世界大戦後まで続いた時代のハーバード・ロースクールのそれと似ている。100年近く続いたハーバード・ロースクールのカリキュラムと同様に，日本の法科大学院のカリキュラムには多くの必修科目があり，それは卒業に必要な単位の75％以上

を占めている。さらに，それらの科目は主に，Langdell時代の「テクニカル」な科目に相当する実定法科目で構成されている。

　法科大学院のカリキュラムの在り方は，設置認可基準で定められており，そのなかで実定法を中心とする（卒業に必要な93単位のうち）おおよそ60単位分の特定の科目が定められている。しかも，ほとんどの法科大学院は，それに加えて必修科目を定めている。多くの法科大学院は，司法試験のプレッシャーにより，学生に対する教育内容が司法試験に出題される実定法科目に重点をおいたものにならざるを得ないと感じている。しかし，1940年代以前のハーバード・ロースクールとの類似性は，決して設置認可基準と司法試験のみの産物ではない。むしろ，法科大学院のカリキュラム，設置認可基準及び司法試験の内容は，法学教育の基本的な哲学が表面化したものであると考えられる。それは，Langdell時代のハーバード・ロースクールの教育哲学と極めて類似したもので，Stevensの言葉を借りると，法は「科学」であり，「ある原則・法理」から成り立っているという考え方であると思われる。そこでは，Langdellの考え方と同様に，これらの基本的な原則・法理はマスターしうるものであることが所与の前提とされている。もっとも，大陸法を基礎とした日本の法体系では，Langdellのケース・メソッドの中核にあった上級審の判例ではなく，憲法，制定法，学説及び判例を注意深く研究することで原則・法理を修得することが基本となる。そして，かかるアプローチによれば，Langdellの考え方と同じく，注意深い分析と論理的な演繹を通じて，「新しい事件が生じた場合にそのまま適用されうる，一定の，それ自体で充足性のある，価値観に拘束されない，一貫した原則・法理」[83]が提供されることになろう。

　もう1つの前提は，Langdellの考え方と同様に，法システムは多

岐にわたりかつ広範であるとしても，それらに共通する基本的な原則・法理には限りがある。それゆえ全ての学生は，卒業するまでにそれをマスターすべきだということである。しかし，3年という期間があらゆる基本的な原則・法理をマスターするのに十分か，という点については，疑問の余地がある。1930年代にハーバード・ロースクールで修業年限を4年に伸張する議論がなされた。これと同様に，日本でも基本的な原則・法理をマスターするためには3年では足りないとする意見がある。学生たちに対して，法学部における2～3年間の法律の学習，続く法科大学院における2～3年間の法律の学習に加えて，さらに司法研修所における1年間の研修を要求することについて，法曹関係者以外の人々が疑問を抱く一方で，法曹関係者のなかには，このような長期にわたる集中的な学習期間を，法律をマスターするための不可欠の期間とみる意見が多い。それでも足りないという意見さえある。

　法学教育に関するLangdell主義者の考え方との共通点がもう1つある。原則・法理は一定であり価値観に拘束されず一貫しているという考えにもとづいて，全ての「十分に訓練を積んだ有能な法律家」(Poundの発言から引用)はこれらの原則・法理をマスターすべきであり，コアカリキュラムは全学生にとって統一的なものであるべきだ，と信じていることである。もちろん，全ての点においてLangdell主義者の考え方と一致しているわけではない。例えば，法科大学院は，基礎法学のような「非テクニカル」(あるいは理論的)な分野を学習することや，社会科学や他の学際的なパースペクティブを追究することが「メッキのようなものである」というLangdell主

---

83. Stevens, 前掲注22, 52～53頁。

義者の考え方を必ずしも共有していない。しかし，第二次世界大戦前のハーバード・ロースクールのように，法科大学院の役割は実力のある法曹を養成することだという考え方に基づき，実定法を重視する一方，基礎法学や学際的なパースペクティブを軽視しているのではないか。多くの法科大学院は，臨床的教育の価値を認識しつつも，身につけるべき理論があまりに広範でその学習に割く時間が限定されていることから，臨床的教育に十分な時間を割り当てていない。臨床的教育はいわば贅沢品であるというのが共通認識ではないだろうか。

これらの理由により，法科大学院のカリキュラムは，Langdellの時代のハーバード・ロースクールと同様に，必修科目を中心とした全学生統一のものとして構成されており，私法や学説の学習に重点がおかれたものとなっているように見える。

しかし，ハーバード・ロースクールは，1930年代から1960年代までに，次第にそのようなアプローチから離れていった。なかでも，1960年代以降に行われたカリキュラム及びその根底にある基本的な哲学の変遷は，かなり劇的なものであった。そして，最近の改革はこの変遷をより確固たるものにした。ハーバード・ロースクールは，今もなおあらゆる学生が基本的な原則・法理をマスターすべきであるという信念を持っている。しかし，真に「基本的」なことは何かという点に関する考え方が変わってきている。1930年代という早い時期に，公法やその他の法分野の成長と法のさらなる複雑化に伴い，ロースクールを4年制あるいは5年制に伸張したとしても，あらゆる主要な分野の全ての主要な原則・法理をカバーすることは不可能であるということが明らかになった。それに代わり，真に基本的な原則・法理——全ての学生がマスターすべき本質的なこと——

は，もっと限定されたものであり，1年あるいは2年間でカバーしうるという共通認識ができた（このような認識は，1960年代終盤及び1970年代初頭の提案の原動力となった。それには，当時の学長Derek Bokによるロースクール2年化提案も含まれる）。同時に，卓越した法曹を養成するためには，法理論や法原則を超えた多くの要素を具現化するとともに，学際的なパースペクティブが必要であり，その結果，法の歴史的，社会的，経済的な背景，法制度改革，臨床教育のような事柄について理解することが可能になるとの認識がますます強くなった。

これとの関係で，現在進行中のハーバード・ロースクールの最近のカリキュラム改革は，注目に値する。全体的にみれば，この改革は，分析手法，問題解決のための技術，原則・法理及び法システムに関するパースペクティブ，対人能力及びチームワークを重視する教育，そして，初級から中級，さらには上級の経験へと続くステップの必要性についての広範な共通認識を反映するとともに，既存のカリキュラムが様々な点で不十分であるという認識に端を発するものである。

このような考え方に基づき，この改革は，以下のような方向性を持っている。①訴訟と裁判にばかり目を向けるのではなく，立法，行政，交渉のような事柄に一層の関心を向ける，②国際法・比較法をさらに重視する，③個人にのみ重点をおくのではなく，集団や組織にも重点をおく，④関連する理論的なアプローチに触れさせる，⑤複雑な状況に対処するために，より体系化された教育を行うことで，様々な作戦を練って問題を解決する能力を育てる，⑥導入部から入ってより進んだ部分へと順序よく進んでいくことができるような道筋を確立する。

伝統的な第1学年のカリキュラムに割り当てられていた単位数の

20％の削減，その代わりに追加された3つの新しい必修科目，そして上級学年における学習プログラムの改革を中心とする，最近のカリキュラムの大改革に，これらのテーマは顕著に現れている。要するに，この改革により，ハーバード・ロースクールは，Langdell時代の私法や法理に比較的狭い焦点を当てていた状態から解放され，今日の法曹に必要とされる，様々な能力や知識及びこれらの修得にますます重点をおくようになった。そして，Langdellの改革が20世紀を通じて合衆国の法学教育の形成を促進したことと同様に，最近の改革は，21世紀の法学教育に重大な影響を及ぼすことになると見込まれる。その影響は，合衆国に限らない。実際に，カリキュラム改革委員会の議長を務めたMinow教授（現学長）によれば，彼女は，諸外国のロースクールからも，改革に関する問合せを受けているという[84]。

　ハーバード・ロースクールにおける教育哲学の変遷は，日本においても大いに参考とすべきことであると思われる。日本であれ合衆国であれ，法学者は，自分自身が担当する分野を必要不可欠なものと捉え，学生がその分野の細かな法知識や複雑な事象を全てマスターしなければならないと固執しがちである。この傾向は，包括的なカリキュラム改革の達成を困難なものにする。しかし，ハーバード・ロースクールの経験から明らかなように，全ての学生がマスターすべき真に本質的な知識，原則・法理は，一般に考えられているよりも遥かに限られたものである。他方，法曹が修得すべき他の知識・能力・資質は，一般に考えられているよりも遥かに広範である。法科大学院は，設置認可基準によって定められた必修科目の多

---

84. McArdle, 前掲注71, 23頁参照。

さによって，カリキュラムの選択という点において制限を受けている。この基準は見直されるべきであろう。それは，一方で特定の分野又は類型の学習に重点をおきすぎており，他方で法曹が身につけるべきその他の知識や能力に十分な比重をおいていないからである。しかし，あらゆる改革を短期間で実行することは不可能である。そこで，法科大学院は，当面，歴史的，理論的，比較法的な視点，法曹倫理に関する考察，そして問題解決や対人関係の処理能力を身につけるリーガルスキル教育を，カリキュラム全体に織り込むべきであると考えられる。

■ 第4章

試験と成績評価

　本章では，学生に対する評価の歴史を振り返り，続いて，試験など，評価の現状と在り方について考える。日本のそれと著しく異なることに注目して頂きたい。

1. 初期の成績評価

　ハーバード・ロースクールの創立後最初の10年間をみると，学生に対する評価は厳格なものであった。学生は，1つのテーマに関する授業が終わったときだけでなく，毎週1回，口頭か筆記による試験を受け，さらに，科目の終了時に論文方式の試験を受けなければならなかった[1]。この厳格な評価が唯一の原因ではないが，期待したほどには学生が集まらず，入学者が12名を超えることはめったになかった。1829年には，国全体が不況に陥る一方，ハーバード大学の宗教的リベラリズムに世論の批判が集まり，そのため学生はわずか1～2人にまで落ち込んだ，と伝えられている[2]。

　最初の2人の教授(Isaac ParkerとAsahel Stearns)が1829年に何らかの圧力を受けて「辞職」し，教授団が再編成された。Joseph Story

---

1. Steve Sheppard, "An Informal History of How Law Schools Evaluate Students, with a Predictable Emphasis on Law School Final Exams," 65 UMKC L. Rev. 657, 666頁 (1997) 参照。
2. Arthur E. Sutherland, The Law at Harvard: A History of Ideas and Men, 1817-1967 (Cambridge, MA: The Belknap Press of Harvard University Press, 1967), 63, 79～80頁。

判事とJohn Hooker Ashmunが後を継いだが,両教授は,学生を集めるためかどうかは定かでないものの,それまでの評価基準を緩和した。彼らは,授業中に学生に質問することはあったが,それは「試験」と言えるほどのものではなく,試験は,卒業のための条件とされなかった[3]。出席自体も任意であった。1847年には,校則が改正され期末試験に合格しなければ卒業できないことになった。しかし,実際には,授業中の質問が試験に相当するものとみなされ,正式な試験は実施されなかった[4]。

2. Langdellによる改革:1870年以降

1870年に学長に就任したLangdellは,その後間もなく厳格な試験制度を導入した。卒業の条件として試験を課すとともに,進級するには,第1学年の終了時に筆記試験に合格しなければならないことになった(最低履修期間が2年から3年に伸長された後,毎年度終了時に試験に合格しなければならない)。

1)試験手続

ハーバードなど一流のロースクールにおける定期試験の手続は,20世紀初頭までに比較的標準化されたものとなっていた。各科目の試験時間は,通常3〜4時間で,資料の持込みが禁止され(closed book),監督員の厳格な監視下で実施された。

Langdellの学生評価に対する改革でもう1つ注目に値するもの

---

3. Sheppard,前掲注1,666頁。
4. Sutherland,前掲注2,154〜156頁。当時,多くの他の大学の関連ロースクールにおいて,ハーバード・ロースクールとは対照的に,筆記及び口述による相当厳格な試験システムが採用されていたことは,注目に値する。Sheppard,前掲注1,666〜671頁参照。

がある。それは，試験が匿名で実施されるようになったことである。ソクラティック・メソッド方式の授業は，口頭でのやりとりの能力及び口頭での弁論術に重点をおく一方で，成績評価は，1回だけの最終筆記試験の結果に基づくものであった。裕福な家庭の出ではなかったLangdellは，唯一の評価方法として匿名形式で評価される筆記試験を採用することで，社会的地位の影響を抑え，学術成果のみがハーバード・ロースクールにおける成功の決定的な鍵となるようにした。

2) 試験の内容

Langdellが作成した試験問題は，当初，法的基準とその概念の体系的な説明を求める典型的な論文形式のもので，例えば，1871年におけるLangdellの契約法の試験問題は次のようなものであった。「契約は，契約違反の前後で同じ方法で終了できるか。仮にそうでないとした場合，違反の前後で契約を終了するには，それぞれのようにすればよいか」。同じ年に，Oliver Wendell Holmes, Jr. の会社法の試験では，次のような問題が出された。「会社の一般的な定義を簡潔に述べなさい」[5]。

その2年後，James Barr Amesは，新しいタイプの論文方式の問題を導入した[6]。それは，これまでの問題と以下の3点において異なっていた。①（たとえ仮定のものであったとしても）具体的な事実が用いられた，②関連する法的基準に照らして事実を分析することを要求した，③一方の当事者にアドバイスする弁護士の視点に立った解答を求めた。例えば，1878年にAmesは，不法行為法に関して，次

---

5. Sheppard, 前掲注1, 705頁に転写されている。
6. Sheppard, 前掲注1, 673頁参照。

のような問題を出した(以下の例では,代理人の立場から回答するという上記3番目の特徴は,暗に示されているにすぎないが,その後,この種の問題では,回答者の立場を明示するようになった)。

* * * * *

　Mは,今後3年間毎年11月1日から5月1日までの間,BostonのA宅でお手伝いとして働く契約をし,同様に,同じ3年間,5月1日から11月1日までの間,NewportのB宅でお手伝いとして働く契約をした。最初の年の12月に,彼女は,Xにそそのかされて,翌6月にお手伝いを退職せざるを得なくなった。A又はBは,Xに対して訴えを提起する権利を有するか否か。それはなぜか。もし,訴えを提起することができるとすれば,いつから時効が進行するか,またその理由は何か。

* * * * *

　このタイプの問題は,ハーバード・ロースクールが実施してきた模擬裁判の問題と類似している。模擬裁判で,学生は,一方の当事者とその相手方をそれぞれ代理して問題の事例につき弁論した。Amesの問題は,模擬裁判の問題と同様,実務志向のもので,弁護士が日常直面する依頼人からの相談への対処を検討させるようなものであった。この問題形式を発展させたAmesがハーバード・ロースクールの歴史のなかで実務経験のない最初の教授であったことは,皮肉というべきか。

　約10年後,政策に関する事柄について論ずるよう求める別のタイプの論文方式の問題が登場した。例えば,James Bradley Thayerが1887年に憲法の試験で出題した問題は次のようなものであった。

*　*　*　*　*

　合衆国連邦議会は，マサチューセッツ州で営業をする一般運送業者が肌の色を理由として乗客を差別することを禁止できるとして，どの程度禁止できるか。また，それはなぜか[7]。

*　*　*　*　*

その後，この2つのタイプの問題（関連する法的基準を具体的な事実状況に適用することを求める問題と政策に関する問題）は，一流のロースクールにおける支配的な試験問題のパターンとなり，事実に法律を適用することを求める問題における事実設定が一層複雑になった。学生が関連のある事実と関連のない事実を区別することができるか確認するため，教授は関連のない事実を問題に含めるようになったからである。この種の問題は，"issue-spotters"と呼ばれるようになった。その名称からわかるように，仮想の事実設定のなかに，多くの問題点が含まれ，それらの問題点（issues）を識別する（spot）ことが期待された。問題点を重要度で分けると，①主要な問題点，②準主要な問題点，③比較的マイナーな問題点，の3つが含まれていた。1つの試験問題には，主要及び準主要な問題点が大抵3つから5つほど含まれている。これらの問題点を識別したうえ，適切に分析することが期待された。3番目のマイナーな問題点はさらに多く，10以上のマイナーな点が含まれることも珍しくなかった。これらのマイナーな点の全てを識別して，分析することは，時間的に無理がある。しかし，マイナーな問題点の大半を特定して，「さらに検討を要

---

7. Sheppard, 前掲注1, 707頁に転写されている。

する」程度のコメントを付けることが期待された。

　政策に関する問題（policy questions）も発展し，仮想の制定法や規則を提示して，その評価を求める問題が出現した。そこにイデオロギーや学際的な視点を含めることもより多くなった。

　両タイプの問題の結合版も現れた。それは，法律を事実に適用することを求める問題のうち，従来の法基準の改正・変更を検討するように求めることにより，政策的な観点を取り入れる問題である。両タイプの問題において学生に求められる役割は，徐々に拡大していった。学生に当事者を代理する弁護士の立場又は当事者自身の立場から事実及び法律を分析するよう求めるのみならず，裁判官，これを補佐するロークラーク，行政官，連邦議会や州議会の議員，その補佐官等の立場から解答するよう求める問題が多くなった。

　試験問題集が公刊されるようになったことも注目に値する。1899年には，ノースウェスタン大学の教授John Henry Wigmore（1887年にハーバード・ロースクールを卒業後，1889年に慶應義塾大学で英米法の教授として教授人生のスタートを切った）は，主要なロースクールの試験問題を集めて公刊した。公刊の目的は，学生に学習の方向を示すことにあった。つまり，法は暗記するものではなく，特定の状況においてどのように適用されるかが重要であることを理解させようと考えたのである。Wigmoreは，問題集のはしがきで，「法学生の学習，その知識の適用及び将来のクライアントに対する健全なリーガルアドバイスを提供する能力を試すための，最も公平かつ実用的なテストは，具体的な仮想事例の形式をとった実務的な問題を包含する試験である」[8]と述べている。20世紀初頭までに，何

---

8. Sheppard, 前掲注1, 673頁で引用されている。

校かの一流ロースクールが試験問題を毎年公刊するようになった。1940年代の後半以降，ハーバード・ロースクールは，いわゆる"Red Book"（「赤本」）で毎年試験問題を出版し，学生と教員に多くの法学図書館や一般の購読者にも，送付するようになった[9]。

　ロースクールの教員のなかには，試験問題を作成する際にこれらの試験問題集を調べ，ときには問題の着想を得るため，公にされた試験問題を使い，多少の修正を加えただけで出題する教授もいたようである。1979年，フットがハーバード・ロースクールの第1学年の年，ある教授は，何年か前にハーバードの他の教授が出題した，2頁にわたる複雑なissue-spotterタイプの問題と極めて類似した問題を出した。さらに不運なことに，その試験は，8時間に及ぶ試験で，完全にopen book形式で実施された。つまり，学生は，市販されている参考書（"outline"）（学生の間で人気が高い）を含むあらゆる資料を自由に参照することが許されていた。後に判明したことであるが，当時最も人気のあった市販のoutlineの1つにその問題がサンプル解答と共に掲載されていた。多くの学生は，そのoutlineを参照した。フットはその1人ではなく，答案を提出した後にそのことを知った。それが幸運であったかどうかは議論の余地のあるところであるが，出題した教授は，その問題に対する解答を成績評価に含めることを決めた際に，「市販のoutlineのサンプル解答は，それほど良い出来のものではなかった」と述べた。その教授の言葉からすれば，フットは，他人の考えた「正しい解答」に惑わされることなく解答できた点で幸運だったのかもしれない。

---

9. Sheppard, 前掲注1, 681〜682頁。

3. その後の進展：1970年代終盤の成績評価

　1970年代の終わり頃までに、学生の評価基準は1回きりの匿名の期末試験によるという従来のパターンが、いくつかの点で修正された。1970年代から拡大をみせたクリニックは、コース全体の活動実績をもとに学生を評価した。当時、セミナーも増えていたが、その大半は、レポートとプレゼンテーションをもとに評価した。1930年代以降卒業の条件となっていた研究論文に加えて、指導教授のもとで作成する「独立研究プロジェクト」（independent study project）も増加した。これらのクリニック、セミナー、研究論文及び独立研究プロジェクトに対する評価は、匿名形式によるものではなかった。

　クリニック、セミナー等が増えたにもかかわらず、多くの授業は、依然として教室において行われる双方向的なものであった。それらの科目では、学生の評価と試験も、その手続と内容の両側面において、以前のパターンと非常に似ていた。成績は、専ら匿名形式で実施される1回だけの期末試験を基礎にして決定された（9つのランクで計算された：A+/A/A−/B+/B/B−/C/D/F/）。多くの試験は、3, 4時間かけて、教室で監視のもとに実施された。タイプライターの使用は許可されていた（タイプする学生のために、監督付きの別の教室が用意された）。少数の教授（約10人に1人）は、学生が希望する場所で受験できる"take-home"試験とした（take-homeの名称にもかかわらず、家まで歩く時間を節約するため、多くの学生は、空き教室か図書館で受験した）。大抵のtake-home試験は8時間のものであったが、72時間又は2週間のものもあった。

　以前の時代と比較したその他の相違点としては、closed book方式（参考資料を使ってはいけないもの）の試験はもはや圧倒的に標準とし

ての地位を失ったことが挙げられる。約半数の教授は，教科書，法令集及び学生自身の作成したノート又は学生たちがグループの一員として作成したノートの利用を認めた（いわゆるopen book方式）。大抵のtake-home試験及び少数の教室試験では，市販の参考書を含む，希望する全ての文献を参照することができた（これは，学生がパソコンを所有し又はインターネットへアクセスできるようになる前の話であり，オンライン資料の使用が話題とならなかった頃の話である）。Take-home形式の試験でも，ほとんどの教授は，ページ制限を設けていなかった。

　内容の点についてみると，1970年代終盤の期末試験は，それ以前のものと類似していた。大抵の試験は，論文方式の問題で，典型的には，issue-spottersと政策に関する問題の組合せ（あるいは両方の視点を含む問題）で構成されていた。

4. 現在の成績評価と試験

　前節までに述べた傾向は，最近の30年間に一層際立ち，クリニック等のスキル関連科目は，一段と充実してきた。これらの科目における評価は，通常，当該科目の履修課程全体を通して得た学生の成果を総合的に勘案して行われる。筆記のレポートや口頭のプレゼンテーションが求められるセミナーや，独立研究プロジェクトも増加した。しかし，ほとんど全ての第1学年のカリキュラム及び大半の上級学年のカリキュラムは，依然として，伝統的なスタイルの科目のままである。これらの科目は，ときに「レクチャー・コース」（講義科目）と呼ばれるが，第2章で述べたように，ほぼ全ての科目において，双方向的・多方向的なディスカッションを通じた学生の積極的な参加が求められている。それにもかかわらず，これらの科目の

多くにおいて，評価は，未だに匿名形式で行われる1回だけの筆記試験による。最近の改革により，伝統的な9ランク（A+からFまで）の評価制度から，4ランク（Honors, Pass, Low Pass, Fail）の評価制度に変わった[10]。

　1996年に，ハーバード・ロースクールは，毎年の試験問題集の出版をやめ，オンラインの文書（アーカイブ）に置き換えた。アーカイブはパスワードによって保護されているが，著者らは，研究目的のためにアクセスを許可された。以下の記述は，本章執筆時点において入手可能な最新の2006〜07学年度のアーカイブに含まれる全ての試験問題に関する調査をもとにしたものである。試験数は全部で120，そのうち第1学年が30，上級学年が90となっている。

1）試験の手続

　試験の手続は，最近の30年間でかなり進化した。まず，参考資料を利用できる範囲が大幅に広がった。2006〜07学年度に行われた120の試験を調べたところ，closed book方式の試験は2科目だけであった。この方式の試験の1つは第1学年向け刑事法の1つのセクションで3時間の試験。もう1つは，第1学年向け契約法の1つのセクションで，最初の1時間は短答式の問題。短答式の問題では参考資料の利用が禁止されたが，その他の論文式の7時間の部分については，参考資料の利用が認められた。残りの118の試験の全てはopen book方式で，参考資料の利用が認められた。

　118の全ての試験では，法令集やテキストブックはもちろんのこと，学生自身が作ったノート及び学生が共同で作ったノートも参

---

10. 第7章において，この改革をより詳細に取り上げる。ただし，2010年6月の時点で，成績制度が再度検討されている。

考資料として認められた。89の試験では市販の参考書を含むあらゆる文献の参照が認められ，84の試験では自分のコンピュータに保存したファイルの参照も認められた。45の試験では，試験の最中にインターネットにアクセスして検索することまでもが許可された。数名の教授は，学生が外部のソースを参照したのであれば適切な引用を残すようにと条件をつけていた。また，以下のような指示をした教授もいた。「追加のリサーチは禁止されないが，要求されるものでも期待されるものでもない。また，それにより何らかの恩恵を受けることができると期待してはならない」。3つの試験で，学生は，自分自身が解答に最終的責任を持つ限り，他の人と自由に協議してもよい，とされた。

　その他の変化としては，教室で監督員の監視下で実施される試験が衰退傾向にあり，今では，take-home方式の試験が主流となったことが挙げられる。教室での試験は120のうち，52だけであった（100分から4時間まで試験時間は様々であるが，3時間のものが最も標準的である）。さらに4つは，混合式の試験で，教室で実施される試験の部分（1時間から3時間）とtake-home方式の論文形式の部分とに分かれていた。他の64の試験は，take-home方式の試験であった。Take-home方式のなかでも，64のうち50は，"Day-long"の試験で，8時間で試験を終えなければならない（試験問題を8時30分に手渡されて，解答を16時30分までに提出しなければならない）。Day-longかつtake-home方式の試験のほとんどは，同じ日に全受験生を対象に実施された。しかし，50のうち8つは，いわゆる"any day take-home"方式で，学生は，2週間の試験期間内のいずれかの日を自ら選択して受験することができた（全ての学生が受験するまで問題を他人に知らせてはならないという明示的な条件又は当然の理解のもと）。3つの試験は，3日間

のtake-home方式であった。9つの科目では，問題が授業の最終日に配布され，試験期間の最終日までに提出すればよいとされた（つまり，2週間以上の期間内に試験を終えればよいこととなる）。さらに2つは，試験という標題が付されているものの，自由課題の論文問題から構成されており，1ヶ月以上の期間を与えられていた。

おそらくtake-home方式の試験数の急激な増加によるものと推察されるが，半数以上の試験でページ数に制限が課されていた。制限ページ数はまちまちで，3から25頁。全てダブルスペースのページをもとに計算され，形式，サイズ及び余白について標準的なフォーマットが設定されていた。このことからもわかるように，ほとんど全ての学生は，現在，ノートパソコンで解答を作成している。そして，解答を印刷すらせず，むしろ，CDやUSBメモリーに記録して提出している（最近，試験手続がさらに改正された。Take-home方式の試験の場合，試験問題の手渡しに代えて，試験当日の8時30分に学生が試験問題をウェブサイトからダウンロードすることになった。そして全ての試験について，解答を提出する代わりに，期限内に解答をウェブサイトにアップロードすることになった）。

試験手続は，科目ごとに大きく異なるのみならず，科目のセクションごとでもかなり異なる。2006〜07学年度に，5つの第1学年の科目（刑事法，民事訴訟法，契約法，不法行為法及び財産法）のそれぞれに7つの異なるセクションがあり，上級学年のいくつかの科目（例えば，行政法，憲法，会社法）には，5つ以上のセクションがあった。ほとんど全ての場合，セクションごとに担当教授が異なっていた。同一の科目でも，それぞれの担当教授は，異なるケースブックを用い，異なるトピックスに重点をおき，様々な理論やパースペクティブを紹介し，異なる教育スタイルを用いる。試験問題が異なってい

ても，驚くに値しない。第1学年の契約法を例にとると，7つのセクションのうち，3つのセクションでは教室での3時間の試験が，2つのセクションでは同一日に8時間のtake-home方式の試験が，残りの2つのセクションでは混合式，すなわち，教室での1時間の短答式試験（1つのセクションではopen book, もう1つのセクションではclosed book）とそれに続く7時間のtake-homeの論文方式の試験が実施された。

2) 試験の内容

　ハーバード・ロースクールで行われている試験の類型と試験の多様性について具体的な感覚を持っていただくため，ここで，2006～07学年度に出題された，いくつかの問題例を検討する[11]。

(1) 短答式試験

　およそ10％の試験では，論文方式の問題と短答式の問題とが併用されていた。以下では，実際に出題された短答式問題をいくつか紹介する。

　第1学年の契約法の試験（Elizabeth Warren教授）では，短答式問題の部分（60分以内に12問解答する）はclosed book方式で，教科書，ノート，参考書類等の利用は一切許されなかった（短答式問題の部分のほかに，take-home, open book方式で，3問から成る論文式問題の7時間の部分もあった）。短答式問題では，法的基準を比較的簡単な事実状況に適用することである。試験には次のような指示が付されていた。「はい／

---

11. これらの問題例の利用について，ハーバード・ロースクール及び各教授より許可を得たものである。なお，著作権はハーバード大学にあり，転写するためには，ハーバード大学，ハーバード・ロースクール，そして各教授の許可が必要である。

いいえ又はこれらと同様という解答があり,かつ,根拠となる法原則,裁判例,UCCの規定又はその他の根拠に言及されている場合に,満点が与えられる。根拠を伴わない解答に対して点は与えられない」。さらに指示は続く。「これらの問題は短答式の問題であって,小論文ではない。個々の問題に対して,15語以内で解答可能である。解答に当たり,完全な文章や詳細にわたる説明をする必要はない。1つの解答につき15語以上は読まないことにする」。試験の短答式部分に出題された第6問は次のとおりである。

＊　＊　＊　＊　＊

(6) David Lee医師は,地方のYMCAで,2年間,2万5000ドル,期間終了時支払の条件で,Cardio-Pulmonary Resuscitation(心肺蘇生法)を教える旨の契約を締結した。Leeは,初年度の終了時に他の都市に引っ越すこととなったので,これ以上科目を担当することができない旨をYMCAに説明した。当事者がそれぞれ相手方を訴えた場合,結果はどうなるか。その理由も挙げよ。

＊　＊　＊　＊　＊

次の2つの問題は,別の契約法の試験(第1学年,John C. Coates教授)の短答式問題の例である(12問あり,60分以内に8問に解答しなければならない)。この試験はopen book方式で,何の制限もなく文献を自由に参照することができた(短答式問題の部分のほかに,take-home, open book方式で,2問から成る論文式問題の7時間の部分もあった)。これらの質問のなかには,表面上,ルール及び法的基準に関する体系的な説明を求める初期のLangdellの問題に類似するようにみえるものがあ

る。しかし、よくみると、これらの問題は、単にルールの定立を求めるに留まらず、それらのルールの評価やコースで取り上げた様々な概念の相互関連性に関する理解を試している。この試験の短答式問題の多くはまた、政策に関する事項をも伴うものであった。試験の短答式部分に出題された第3問と第8問は次のとおりである。

＊　＊　＊　＊　＊

（3）(a) Promissory fraudを簡潔に定義せよ。
　　(b) Promissory fraud と parol evidence ruleとの関連性を簡潔に説明せよ。
（8）本学期に読んだ判例のうち誤った判断が下されたと考える重要な判例を1つ挙げて、なぜそのように考えるのか簡潔に説明せよ。

＊　＊　＊　＊　＊

(2) 論文式試験

　多くの試験は、論文式の問題のみで構成されていた。大抵は、2題から4題ほどあり、典型的には、1つ又は2つのissue-spottersと1つ又は2つの政策関連の問題との混合であった。

ア．Issue-spotters

　いわゆるissue-spottersは、1870年代初頭にAmesが初めて導入した仮想の事実設定を基礎とする問題の発展版であり、今日でも、最初に導入されたときと同様に、次の3つの際立った特徴をもっている。①具体的な事実設定のもとに、②関連する法的基準に照らした事実の分析を求め、③特定の視点（典型的には当該事案を扱っている弁護士の立場、ときに当事者自身、裁判官、ロークラーク等、異なる立場）からの検討を求める。

いわゆるissue-spottersと呼ばれるもののなかには，比較的短い事実設定のものがあり，そこでは，扱われる法律問題の数は限られ，容易に発見できる。なかには，相当長い事実関係を示して，これに関連する数項目の質問をするものもある。しかし，最も一般的な形は，具体的な事実状況に潜む法律問題を識別する能力を試すものである。典型的なissue-spottersは，長い事実（シングルスペースで3頁以上に及ぶこともある）を含み，しばしば3，4の決定的に重要な問題点，3，4の比較的重要な問題点，そして数多くの比較的マイナーな問題点が潜んでいる。また，法律問題の決め手となる条文や基準の解釈が分かれたり，あるいはその事例の分析にとって重要な判例が複数あり，それぞれの結論が異なったりする場合や事実における比較的小さな違いが異なる結論を導く可能性のある場合が頻繁に登場する（次の事例では，City Bankの差押えが不可抗力に当たるかどうかが問題となる事例で，微妙な事実の違いによって結論が異なってくる問題である）。

さらに，学生は，重要そうにみえるが法律的にはほとんど意味のない事実が多く含まれているような問題にうまく対処し，関係のない事実と関係のある事実，重要な問題点とそれほど重要でない問題点を区別する能力を駆使し，問題点を正確に分析しなければならない。加えて，学生は，自らに課された役割を認識し，例えば，クライアントに直接アドバイスをするようにと求められている問題と当該法律事務所のシニアパートナーに提出するメモを書くようにと求められている問題とでは，同じ事実を前提としながらも異なった形の応答が要求される。

次の問題は，契約法の試験（第1学年，Gerald E. Frug教授）で出題されたissue-spottersの一例である。最近の出来事を一部参考にしたことがわかるこの問題には，学生自身が容易に想像できる事実が混

4. 現在の成績評価と試験

在している。8時間のopen book方式の試験の2題のうちの1題である（もう1題も同じ長さであった）。答は、4ページに制限。

* * * * *

第1問

　Brett Snowは、第1学年のロースクール生で、2006年2月15日、大手法律事務所のBank Tweed & Malloyでインタビューを受けた（Brettのロースクールでは、サマー・クラークの仕事を探している第1学年のロースクール生のためのインタビュー期間を2月中にスケジュールしている）。Brettは、Bank Tweedが次の夏に勤務したい法律事務所であったため、インタビュー前から緊張していた。Bank Tweedは、1週間の給料が2200ドル（他の事務所よりも100ドル高い）であるのみならず、その周辺で最も権威のある事務所であった。Brettは、野心のある学生で、最高の事務所で働きたいと考えていたが、Bank Tweedについて1つだけ懸念していることがあった。彼は、大手法律事務所では弁護士が解雇されることがあると聞いたことがあり、職を失う心配がないか確認しておきたいと考えていた。

　Brettのインタビューは順調に進んだ。彼は、当該事務所に建築工事に関するリーエン（mechanic's lien）の分野（Bank Tweedの専門分野であった）で働くことを切望している旨伝え、当該事務所のインタビュー担当者であるHarrison Paulも彼の成績証明書に感銘を受けていた。インタビューの際に、Brettは、Paul氏に対し、大型事務所の解雇について質問し、以下のような会話が交わされた。

Brett：この周辺の大型法律事務所での解雇について教えていた

だけませんか。

Paul：Brettさん，心配する必要はないですよ。Bank Tweedは，この周辺で最高の法律事務所です。そして，我々の主要な顧客であるCity Bankは，Gibraltarの岩と同じくらい頑丈な会社です。Bank Tweedを信頼していただいて大丈夫です。

Brett：つまり，Bank Tweedでの職が確保されているというご趣旨ですか。

Paul：Brettさん，君は，第1学年の契約法を履修されたでしょう。法律事務所の全ての夏季の従業員（summer employees）は，アソシエイトでさえも，任意終了型（at will）の雇用形態です。特に驚くべきことではないでしょう。

Brett：（いくらか神経質になって）すみません，Paulさん。契約法は，得意でしたよ。

Paul：いえいえ，それでは，もっとおもしろい話題に移りましょう。例えば，建築工事に関するリーエンのような。

　2006年3月1日，Brettは，良い知らせを受けた。Bank TweedのHarrison Paulから電話があり，1週間につき2200ドルの給料で10週間のサマー・アソシエイトの仕事をオファーされたのだ。Paulは，会話のなかで，「興味深く学ぶべきことが多い夏を過ごす準備をして下さい。」「あなたが10週間，私共の事務所に来てくれることを大変喜んでいます。」と述べた。Brettは，直ちにそのオファーを受諾し，他の法律事務所からの1週間2100ドルのオファーを断った。しかし，初春の頃，Bank Tweedは，深刻な経済的な逆境に立たされるようになった。他の全ての法律事務所と同じように，予期していたよりも遥かに深刻な景気の後退に

4. 現在の成績評価と試験

よる打撃を受けたのだ。しかし，最も驚くべきことは，City Bankが経済的に不安定になったことであった。2006年4月15日，連邦調査官は，City Bankが破綻した多くの不良債権を抱えていることを理由に，その資産を差し押さえた。かかる差押えの結果，Bank Tweedは，City Bankのビジネスのほとんど全てを失うに至った。

　2006年5月3日，Brettは，以下のような手紙を受け取った。

Brett様　　　　　　　　　　　　　　　　　　2006年5月1日
　大変申し訳ないが，私共の事務所は，あなたへのサマー・ジョブのオファーを撤回する必要が生じましたので，この旨お伝えしなければなりません。私共は，45名のサマー・クラークの雇用を決めていましたが，今般，15名のみ雇用する運びとなりました。ご理解いただきたい点として，今回の決定は，あなたの能力に関する私共の高い評価が変わったわけではなく，そしていずれ何らかの形で一緒に働くことができれば（英語の原文はきわめて曖昧な"might work out something"と表現されていた），という私共の希望が変わったわけでもないということです。私共は，単に，今夏のサマー・プログラムに最適な規模及び形式を作り上げようとしているだけです。

　来年再び気軽にインタビューに来てくだされればと願っています。またお会いできるのを楽しみにしております。何よりも，私共は，あなたが法曹として輝かしい経歴を送られることを期待しております。

　　　　　　　　　　　　　　　　　　　　　　　　　　　敬具
　　　　Bank Tweed & Malloy　　　Harrison Paul

第4章　試験と成績評価

　Brettは，5月中，サマー・ジョブを躍起になって探した。彼が希望していた法律事務所の仕事は，全て採用が決まっており，みつけることができた法律事務所は，小規模の名の知れていない事務所で，給与も1週間1500ドルしか支払われないようなところであった。彼は，その事務所で働くよりも，1週間1000ドルで母親の投資銀行で「見習い」として働く方が良いと考えた。法律事務所で働かなければ将来の就職活動がより厳しくなるという懸念はあったが，二流か三流の法律事務所で働いても，結局，将来の就職活動がより一層厳しくなるであろうと考えたからである。

　夏の間，母親のもとで働きながら，Brettは，Bank Tweedのせいでこのような扱いになったことに怒りがこみ上げてきた。そこで，彼は，Bank Tweedに対する契約違反を理由に請求が可能かどうか，仮に可能だとすればその救済方法は何かについて，あなたにアドバイスを求めに来た。彼の法律上の権利についてBrettにアドバイスするためのメモを書きなさい。その際，Bank Tweedが防御する場合の主張に関する評価をもかならずメモに書きなさい。

＊　＊　＊　＊　＊

この問題は，学生を弁護士に見立てる最も一般的なものである。しかし，issue-spottersは，「弁護士」に対し，様々な役割を果たすよう求める。この例のように，「弁護士」に対して，クライアントへのアドバイスを求めるものや，「アソシエイト」として，同じ事務所のパートナーにメモを用意するよう求めるもの，裁判官に対する書面の作成を求めるもの又は訴訟のために戦略を準備するよう求める

ものもある。

　次の問題は，別の契約法の試験（第1学年，Todd D. Rakoff教授，第3問）からの出題であり，学生に弁護士の立場からの解答を求めるものであるが，通常とは大分異なる文脈，すなわち2人の隣人が関わっている紛争の解決を依頼された弁護士の問題である。この問題は，学生に「当事者の法律上の権利」ではなく「公平な結果」は何かを決めて，当該結果がほかに考えうる結果とどのように違うのかを説明するよう求める意外な工夫をこらしたものである。この問題は，最近弁護士が訴訟代理だけでなく，調停員・ミディエータの役割を果たすことが多くなってきていることを反映している。学生は，この問題に解答するにあたり，「公平な結果」が現存する法的基準と異なるかどうか，仮に異なるとすればどのように異なるかについて検討しなければならない。この問題は，政策に関する事項—現存する法的基準に関する評価—を"issue-spotters"のフォーマットに取り込んだものである（この問題は，3時間15分のopen book方式の試験のなかの3つのissue-spotters問題のうちの1題である）。

＊　＊　＊　＊　＊

第3問

　あなたの隣人の1人（Aさんと呼ぶこととする）が迷子の犬をみつけた。その犬の首輪にはRexという名前が縫いこまれていた。市の条例によると，Rexの首輪には飼い主の氏名を記したタグが付いていなければならなかったが，Rexの首輪には付いていなかった。しかし，Rexは一見して飼い主に大事にされている犬で，迷子になってからそれほど長い時間が経っていないように思われたので，AさんはRexを家に入れた。幸運なことに，Aさんは飼

い主の留守中に犬の世話をするビジネスを行っており，犬の世話に慣れていた。また，Rexがみつかった日に彼女の犬舎は満杯ではなかったが，結果的に，その後Rexの世話をするために1週間他の犬の世話の依頼を断らなければならないこととなった。

　Aさんは，Rexの写真入りのポスターを近所の電柱に貼り付けた。ポスターには，彼女がRexをみつけたので，Rexがどこの犬か知っている人は彼女に電話してほしい旨が記載されていた。その8日後，Aさんのもとに，友人から電話があった。友人によれば，Rexは，Bさんの裏庭でみた犬と似ているということであった。

　Bさんは，老年の女性でAさんの家から数ブロック離れたところに住んでいる。互いに面識がない。Bさんは，身体的に移動が難しく，Rexを散歩に連れて行けず，家の中かフェンスで囲まれた裏庭で飼育していた。彼女は，Rexがフェンスを飛び越えて出て行ってしまった日から悲痛で耐え難い日々を送っていたが，実際のところ，Rexを探すためにどうしたらいいかわからなかった。Rexが高級な犬であるわけではない。Bさんは，大してお金を持っていないし，年金生活を送っており，一目みて雑種とわかるRexを動物保護シェルターから無料で譲り受けたのである。しかし，Rexは彼女にとって唯一の気の知れた友のような存在であった。

　Aさんが革ひもにつないでRexと共にBさん宅を訪問したとき，Bさんは大変喜んだ。Rexも同じであった。Rexは，喜んで飛び跳ね家の中へ走っていった。それから，AさんがBさんに対してRexの世話にかかった費用を支払ってもらえるかどうか尋ねたところ，Bさんは支払う旨答えた。Bさんは，Rexを外に預

けたことがなかったため，1日数ドル程度の費用で済むであろうと考えていた。そのため，AさんがBさんに対してRexの世話のために費やした1日30ドル（通常犬の世話を受ける際にAさんが受け取っている料金に等しい），9日間合計270ドルの支払を求めた際，Bさんは不満であった。実際のところ，ちょっとした口論になった。Bさんは支払うことができるのは最大でも1日5ドルが限界だと述べたが，その地域のあらゆるペットシッターの料金が1日25ドルから30ドルであることを知っているAさんは，Bさんの申入れを一種の侮辱と考えた。

　幸いにも，2人は何とか落ち着きを取り戻した。Rexは，Bさんのもとに戻ることとなり（これについて実際に何ら異論はなかったが），お金に関する争いは，あなたに委ねられることとなった。

　あなたは弁護士である。AさんとBさんのいずれもあなたと特段親友関係にはないものの，それぞれと近所付き合いがある。だからこそ，彼らは，紛争解決をあなたに委ねたのである。彼らに依頼されたとき，あなたは以下の3つの質問を彼らにした。第1に，事実関係が上記のとおりであることを認めるのか。彼らの回答はイエスであった。第2に，彼らがあなたの決定に完全に従うのかどうか。彼らの回答はこれについてもイエスであった。最後に，彼らが自分自身の法律上の権利を決めてほしいと考えているのか，それとも公平な結果を決めてほしいのか。彼らは，あなたが公平であると考える結果を決めてほしいと回答した。以上の回答をもとに，あなたは，彼らのために紛争を解決することに同意した。

　公平な結果としてどのような判断を下すか。他の考えうる結果ではなくそのような結果を選んだ理由は何か。

＊　＊　＊　＊　＊

　他のissue-spottersは，学生を弁護士以外の役割に見立てる。なかでも，事例について判断を下す裁判官や裁判官を補佐するロークラークの立場に立つことを求める問題が多い。学生をロークラークと見立てた問題の例として，前述と同じ契約法の試験（第1学年，Todd D. Rakoff教授，第2問）で出題された問題が挙げられる。その問題文は，以下のような指示で始まる。

　「あなたは，Ames州（これは，ハーバード・ロースクールの試験で通常使われる架空の州である）のとても有能な事実審の判事であるWonnell（この名字は，「1年生」という意味の「One-L」をかけたものである）が下す以下の判決を完成させるように頼まれた。完成された判決には，仮にあなたの最終的な判示にとって単なる傍論（dictum）にすぎないものであるとしても，それぞれの当事者の代理人が設定事実について主張するであろうとあなたが考える論点を取り上げなければならない」。それから，その問題は，仮想の判事であるWonnell判事が準備した当該事案に関するシングルスペース3頁に及ぶ事実を挙げ，さらに次のような短いフレーズへと続く。「検討すべき第1の論点は，……」。学生は，判決の残りを完成させることを求められた。要するに，この問題は，自らを「とても有能な事実審の判事」の立場におくこと，設定された複雑な事実状況において両当事者の弁護士が主張するであろう論点を予想すること及び判決という形でこれらの論点を分析することを学生に求めている。

　ところで，契約法は，ハーバード・ロースクールで第1学年の科目として用意されている。2006〜07学年度に，7つのセクションのうちの4つが第1学期に開かれ，残りの3つが第2学期に開かれた。

先に引用あるいは要約した3つのissue-spottersは，全て第1学期のセクションの試験で出題された問題である。合衆国では，原則としてロースクールの全ての学生がいわゆる「未修者」であるので，これは，すなわち，これまで法律を学習したことのない学生が，1学期の法律学習を経ただけでこれほど複雑な問題に解答することができることを期待されている，ということを意味している。

イ．政策に関する問題（Policy Questions）

　上記ア．で述べた例が示すように，issue-spottersのなかに政策に関する要素が含まれていることは珍しくない。特に，裁判官（又は裁判官を補佐するロークラーク）の立場に立った解答を求めるissue-spottersでは，学生がこれまでの法的基準の解釈を評価し，従来の解釈を変更するよう勧める余地を与える問題が少なからずある。

　しかし，仮想の事実に言及することなく，政策に関して論じるよう求める問題も多い。契約法の試験（第1学年，John C. Coates教授，論文式問題第1問）に出題された次の問題は，法的基準の根本的な目的は何であるか，そしてその目的を達成するために現存する法的基準が妥当であるかどうか，を検討させることを目指している。

　　　　　　　　＊　　＊　　＊　　＊　　＊

　　　　　　　　論文式問題　　　　第1問

　以下の記述を検討せよ。

　約定された賠償額（liquidated damages）に関する契約法の扱いは，期待利益の賠償（expectation measure of damages）という概念が，契約法において強行法規の例として稀であることを例証するも

ので，当事者に不測の事態をもたらすおそれがあり，それゆえ不公平である。契約法の第一次的な目的は，私的な秩序維持を容易にすることにあるのだから，約定された賠償額に関する契約法の扱いは，当事者をして自らが希望する救済策を定め，かかる救済策を実行することができるように修正すべきである。かかる修正は，自立と公平を促進し，裁判所による運営を容易にするであろう。確かに，効率的な契約違反を妨げることにより効率性が阻害されることになろうが，自立と公平は，単なる繁栄（welfare）よりも重要である。

　上記記述の説得性を評価せよ。解答にあたっては，少なくとも，UCCの2つの条文，Restatement (Second) of Contractsの2つの条文及び2つの判例を引用すること。解答は，5枚以内とする。

＊　＊　＊　＊　＊

Issue-spottersは，たいていの場合，学生に弁護士の立場での解答を求めるが，政策に関する問題は，より広範な役割を求めることが多い。それらの質問のなかには，学生に裁判官やロークラークの役割を与え，例えば，先例を覆すことや現在の解釈を変更することの含みを検討するよう求めるものもある。そのほかにも，学生に立法官又は立法補佐官の役割を与えて，新法の制定や既存の法の改正を検討させるもの，行政官又は行政補佐官の役割を割り当て，新しい規則の制定，既存の規則の改正，新しい政策の策定を検討させるもの，公益団体，ビジネス団体，株主団体等のアドバイザーの役割を割り当てるものがある。次の2問中の最初の例は，「刑事法」の試験（第1学年，Carol Steiker教授，第2問）で出題された8時間のopen book方式の問題であり，学生を立法補佐官に見立てている。2番目の例は，「医療に関する政治経済」(The Political Economy of Health Care)の試験(上級学年，Daniel Philip Kessler教授，第2問)で出題された8時間のopen book方式の問題であり，学生をビジネス団体のアドバイザーに位置付けている。

＊　＊　＊　＊　＊
第2問
(評価の25%)

　あなたは，州の議員のスタッフ・メンバーです。その議員が，州の刑法の改正を検討する委員会の委員となることが決まりました。これまでの刑法は，コモン・ローのみから成り立っています。様々な政治的理由により，刑法改正に対して強い抵抗があります。あなたは，上司である議員から，仮に模範刑法典(Model Penal Code)から１つだけ何らかの法理を採用することが可能な場合，州の刑法にどの法理を取り入れることが最も有意義かという点についてのメモを作成するよう求められました。解答にあたっては，あなたが選択した模範刑法典の法理が現在のコモン・ローのルールとどのように異なるのか，また，それを採用することがなぜ最も重要なのか説明しなさい。また，その法理により影響を受けるであろういくつかの事例を挙げなさい。

＊　＊　＊　＊　＊
第2問

　最近，あなたは，Business Roundtableのアドバイザーとして雇われました(Business Roundtableは，3M, American Express, Sara Lee,

Procter and Gamble, Verizonのような合衆国の巨大な企業のCEOの団体である)。あなたは，Roundtableが促進していくことを検討すべき2つの医療政策に関する改革を提案するよう求められました。以下の3つのファクターを考慮して，その2つの改革を選んでほしい，とのことです。その3つのファクターとは，改革が株主の利益に与える影響，改革が従業員の福利厚生(well-being)に与える影響，改革の政治的な実行可能性です。あなたはどのような改革を提案しますか，またそれはなぜですか。

＊　＊　＊　＊　＊

以上の例からわかるように，政策に関する問題は，典型的に，問題となっている原則・法理の歴史的背景に関する知識，当該原則・法理の影響に関する理解，当該原則・法理に関する議論の理解，当該原則・法理に関連する理論的又は学際的なパースペクティブの理解，当該原則・法理を変更することの複雑さ及び現実的な困難の理解並びに当該原則・法理の変更により生じうる影響に関する理解を駆使することを求めている。政策に関する問題は，典型的にissue-spottersの問題よりも遥かに短いが，解答することは容易ではない。

5. 試験に関する考察

これまで述べてきた問題類型を踏まえて，ここでは，「求められる資質・能力」と「ハーバード・ロースクールではどのように不正行為を防止しているか」という2点について検討する。

1) 求められる資質・能力：暗記は無意味

　試験の手続及び内容の検討を通じて，ハーバード・ロースクールが学生に求める資質・能力がみえてくる。試験手続だけに着目すると，ハーバード・ロースクールでは法的基本知識が重視されないようにみえる。Open book方式の試験（ノートパソコンの利用さえ許される）が圧倒的で，しかも8時間（又はそれ以上）のtake-home試験の割合が高い。日本の大学の状況とは著しく異なる。ハーバード・ロースクールの試験では暗記が要求されない。学生は，全ての試験で，自由に教科書やノート（又はさらに広範囲の資料）を参照することが許され，多くの試験で，調査のために数時間割くことが可能である。そのため，必死になって全ての情報を記憶に詰め込む必要がない。

　しかしこのことは，基本的法知識や暗記が無関係であることを意味するものでは決してない。試験問題の長さと複雑さを考えると，8時間でさえあっという間に経過する。Issue-spottersに関して言えば，学生は，重要な原則・法理を修得していなければならない。しかし，issue-spottersで良い成績を残すためには，単に原則・法理を学ぶだけでは十分ではなく，主要な原則・法理を自分のものとし，その結果，新しい複雑な事実設定を読んだ際に直ちに事実を適切に分類し，問題となる主要な法律問題を認識し，当該問題に関連するその他の考慮すべき重要な事項と共に攻撃防御のために必要な要素を識別し，重要な原則・法理や基準に照らして事実を分析しなければならない。暗記と原則・法理の吸収は，issue-spottersで良い成績を収めるために重要な要素であるが，それらは究極の目的を遂げるための単なる道具にすぎない。究極の目的とは，問題となっている事実に対して原則・法理を適正に適用することにほかならない。

もっとも，基本的法知識の範囲に関して，ハーバード・ロースクールにおける考え方と日本の法学教育における考え方とでは，相当の差異があるように思われる。ハーバード・ロースクールにおいて，学生は，主要な概念，原則・法理を自らのものとすることが求められているが，判決文，制定法の条文，学者の議論等の詳細を記憶することまで求められているわけではない。そのような詳細について，参考文献で調査することができる。つまり，貴重な学習時間を細かな点の丸暗記に割く必要はない。むしろ，法知識の暗記よりも，issue-spottersも政策に関する問題も次のような資質・能力を求めている。つまり，当該分野の全体的な構造，主要な原則・法理やそれらの相互関係，当該分野を形成してきた歴史的背景，当該分野を取り巻く社会的，経済的，政治的環境，当該分野一般及びその分野の主要な原則・法理に関係する重要な理論的議論，当該分野に関連する重要な政策論争といった事項である。そのほかに，issue-spottersも政策に関する問題も，法曹の果たす多様な役割の認識，法律改善のための法曹の責任の認識，問題解決策を構想する能力等を求める。政策に関する問題は，立法活動，行政への働きかけ等，法改正活動との関連が明白であるが，そのような問題の狙いはそれに留まらない。そのような問題は，依頼人の個別の問題解決のための戦略構築能力の養成にもつながるものであり，一般の弁護士の養成にとっても重要であると考えられている。

　両タイプの問題のもう1つの特徴は，唯一の正解がないことである。Issue-spottersにしても，政策に関する問題にしても，優れた答はいく通りもありうる。学生が「正しい答」を知っているかどうかではなくて，分析能力，論理的に主張を展開する能力，与えられた立場に即した対応を考え出す能力，文書作成能力等が求められてい

る。Open book方式の試験のもう1つの利点として，周到な準備と学生によるチームワークを促しているということも挙げられる。多くの学生は，試験準備として，書面の形であれコンピュータファイルの形であれ，原則・法理，判例，議論，理論等の詳細について，広範囲の参考資料を集めて，試験の際にすぐ探せるように整理する。グループの一員として作成したノートの利用を認めるということは，チームワークを奨励していることにほかならない。市販の参考書を参照できる試験であるとしても，殆どの学生は，自分が履修した教授及び科目を直接の対象とするノートの方が参考書よりも遥かに価値があることを知っている。そのため，何ら制限のないopen book方式の試験であっても，数人のstudy groupを組んで議論しながら，グループでノートを準備することも珍しくない。また，open book方式の試験は，主要な問題は何かということや正確な情報を入手するためにどこを調べるべきかを知ることのほうが，弁護士にとってその詳細そのものを全て暗記することよりも遥かに重要なスキルであるという感覚を養う手助けともなる。

2) 不正行為の防止策：The Honor Code

前述したように，ハーバード・ロースクールの試験は，監督員のいないtake-home方式で実施されることが多い。監督員付きの試験の場合でも，幅広い参考資料の利用が認められ，ほとんどの解答はノートパソコンで作成される。そして，2006～07学年の時点では，ノートパソコンには，学生が事前に準備した資料やインターネットからダウンロードした資料を使用することを防止する特別な監視ソフトウェアも備え付けられていなかった（最近の試験手続の改正により，学生が試験用のソフトウェア・プログラムをパソコンにインストールすること

となった。そのソフトに以下の4つのモードがある。①Closed Modeでは、パソコンはワープロとしての機能しかなく、他のファイルへのアクセスは一切できない。②Open Modeでは、パソコンの他のアプリケーション及びファイルへ自由にアクセスできるが、他のファイルからのカット・ペースト及びインターネットへのアクセスはできない。③Open + Network Modeでは、他のアプリケーション及びファイルに加えて、インターネットへのアクセスもできるが、他のファイルからのカット・ペーストはできない。④Takehome Modeでは、他のアプリケーション、ファイル、インターネットへのアクセスも、他のファイルからのカット・ペーストもできる。多くの試験はOpen Modeで実施されているようである)。これらの状況をみると、ハーバード・ロースクールは、どのようにして不正行為を防いでいるのかという疑問が生じる。

　その答は、一部、問題そのものの性質に内在している。先に挙げた例が示すように、issue-spottersは、典型的に、複雑で想像性に富んだ事実設定を含んでおり、学生がその内容を事前に予測することは不可能である。また、当該事実設定は、通常、その科目のいくつかの異なるセッションで取り上げた問題を提起するようになっている。政策に関する問題は、当然に授業で取り上げた話題に関連するが、ときに、一度も直接の議論の対象とはならなかった新しい政策問題に応用することを求め、又は仮想の法案や仮想の規則案を利用することがある。そして、issue-spottersも政策に関する問題も、典型的に、弁護士、裁判官又は立法補佐官のような特定の立場から解答することを求める。問題を正確に予測し、適切な解答を用意することは、極めて困難である。

　不正行為に対するもう1つの防衛策は、いわゆるHonor Codeと呼ばれるものである。これは、学生の行動を規律する規則集で、学生は、敬意をもってそれに従う義務を負っている。多くのロース

クールやカレッジでは，この規則は，正式に"Honor Code"と呼ばれる文書のなかで定められている。例えば，ワシントン大学ロースクールのHonor Codeは，次のような前文で始まるが，そこには，Honor Codeの基本的な理念が具体的に書かれている。

　「法律家は，米国法曹協会（ABA）や州法によって定められたスキルや行動の模範に恥じないように行動することが期待されている。したがって，法律家になるための訓練にあたり，法学生もまた同様の模範に恥じない行動をすることが期待されているといえよう。法学生は，法律家にとって必要なのはスキルだけではないということを理解しなければならない。法律家になるにあたって，尊厳と高潔さも重要な要素である。Honor Codeは，成熟し責任を果たせる法学生が相互の信用と信頼の環境のもとに活動する手助けをするための手段である。その哲学は，信頼と個人の尊厳こそ，これを模範として生活すると法学生が認めてきた行動パターンの基礎である，というものである」[12]。

同様の行動準則は，他のロースクールや大学でも，"Code of Academic Integrity"又は"Code of Academic Honesty"等の名称で広く普及している。ハーバード・ロースクールでは，教授も学生も共通して"Honor Code"と呼んでいる。しかし，ハーバード・ロースクールには，Honor Codeという名称の文書は存在しない。むしろ，上記の原則・法理は，"Rules Relating to Law School Studies"とい

---

[12]. University of Washington School of Law, Law School Honor Code 入手先は，http://www.law.washington.edu/Students/Academics/honorcode.aspx（最終訪問日2010年6月23日）。

う名称の文書で定められており、それは、Academic Policiesに関するハンドブックに記載されている。試験に関する規定は、Academic Honestyに関する規則の第5節に、単に次のような記載があるのみである。「試験規則に違反し、又は試験において不正があった場合、学生は、懲戒処分の対象となる」[13]。同第13節には、懲戒に関する詳細な規定が定められている。懲戒の厳格さについて、次のとおり規定されている。「ハーバード・ロースクールでは、ロースクールの規則に違反した学生に課せられる懲戒として、譴責、停学、退学、除名の4つのカテゴリーが設けられている」[14]。どのような違反行為がどのレベルの処分に該当するのかという点が記載されていないが、ほとんどの学生は、そこまで深く考えたことすらないと言って良さそうである。

現実問題として、大半の学生にとってより効き目のある制裁は、その数行後にある以下のような記載である。「譴責、停学、退学又は除名は、学生のロースクールファイルの一部となり、学生の成績証明書にも記載される。また、Bar Exam委員会から適切な問合せがあった場合には、それを報告することになる」[15]。合衆国の全州は、Bar Examの志願者に対し、Bar Examに合格すること又は法律実務を行うに十分な能力を有していることを証明することを求めるのみならず、法曹資格授与の条件として、道徳心を備えた人格(good

---

13. Harvard Law School, Handbook of Academic Policies 2008-09, Rules Relating to Law School Studies, Chapter V (A) 入手先は、http://www.law.harvard.edu/academics/registrar/hap/VAcademicHonesty.php（最終訪問日2010年6月23日）。
14. Harvard Law School, 前掲注13, Chapter XIII (A), 入手先は、http://www.law.harvard.edu/academics/registrar/hap/XIIIAdministrativeBoard.php（最終訪問日2010年6月23日）。
15. Harvard Law School, 前掲注13, Chapter XIII (A). なお、強調は、筆者らによるものである。

moral character) をも求めている[16]。学業上の不正行為は，法曹資格の授与を妨げかねない極めて重大な過ちとみなされる。そのため，州は，恒常的に，志願者に対して，ロースクールと在籍した他の教育機関から，academic honestyに関する証明書を求めている。したがって，学業上1回でも不正行為があった場合には，法曹資格の取得を妨げ，深刻かつ致命的な結果をもたらすことになりかねない。

6. 歴史の教訓

　試験の手続と内容の両面で，法科大学院はハーバード・ロースクールから学ぶべきことが多い。

　手続に関していえば，8時間のtake-home試験を日本でも取り入れる必要はないと思う。しかし，参考資料の利用が許されるopen book方式は大いに参考になる。法科大学院では，基礎法学系科目や実務科目，特殊分野を対象とする先端科目等の一部でopen book方式の試験を課すことがある。しかし，実定法科目において，六法以外の参考資料の利用が許されることは少ない。制限の1つの理由は，不正行為に対する懸念にある。制限のもう1つの大きな理由は，法的基本知識をマスターするためにそれらを暗記しなければならない，という根強い考え方にあるように思われる。

　試験に絡む不正を行わないという，学生の意識を高めるため，法科大学院はHonor Codeを制定して，学生に周知徹底させるべきだ

---

16. 例えば，National Conference of Bar Examiners and American Bar Association Section of Legal Education and Admissions to the Bar, Comprehensive Guide to Bar Admission Requirements 2010, vii 頁参照。入手先は，http://www.ncbex.org/fileadmin/mediafiles/downloads/Comp_Guide/CompGuide_2010.pdf（最終訪問日2010年6月25日）。

と考える。同時に，それを厳しく守らせるため，重大な違反に対して，法曹資格取得の障害となるような，強力な制裁を加えるべきである。

　ハーバード・ロースクールにおけるopen book方式に反映される，学習に関する基本的な考え方では，基本知識よりも，その知識を適用する能力が重要視される。また，学生自身が作成したノートやグループの一員として作成したノートの利用を許すことは，学生による復習及びグループによる再検討を促す教育効果がある。あらゆる参考資料の利用許可は行きすぎとしても，学生が作成したノートの利用を許可することは，日本においても検討すべきであると思う。

　試験の内容に目を向けると，法科大学院の試験において，具体的な事実に法を当てはめることを求める問題が多いようである。それは，ハーバード・ロースクールで課された当初のissue-spotters問題に似ている。つまり，比較的短い事例を設定したうえで，いくつかの法的問題を特定して，解答者の立場を指定しないで，その問題の分析を求める。ハーバード・ロースクールで発展した（現在も使われている）典型的なissue-spottersは，法科大学院で使われている典型的な問題と，次の2点で大きく異なる。まず，ハーバード・ロースクールの問題の長い事例には様々な法的問題が含まれているが，たいていの場合，問題が特定されていないため，学生が自分で何が問題かを識別しなければならない。またハーバード・ロースクールの試験は必ず解答者の立場（弁護士，裁判官，ロークラーク等）及び目的（クライアントへのアドバイス，パートナーへのメモ，判決の素案等）を特定する。この2つの特徴は，法律実務の観点からみると，現実的である。ハーバード・ロースクールの例に倣って，法科大学院においてもこのような工夫をすれば，試験問題がより現実的になるはずである。

ハーバード・ロースクールで使われる，もう1つの典型的な論文式の政策に関する問題は，立法府や行政府を目指す学生ならともかく，大多数を占める弁護士志望の学生にはほとんど意味がないと，日本で考えられるかもしれない。しかし，ハーバード・ロースクールではそのように思われていない。政策に関する問題を通じて，その分野の総合的な理解，歴史的・社会的背景，問題解決に欠かせない想像力等，幅広い知識と能力が試される。このような知識と能力は，法改正に携わる人のみならず，一般の法律家にとっても重要である。日本においても，政策に関する問題を採り入れることがよいと思われる。

　最後に，定期試験以外の学生評価の方法も見逃してはならない。ハーバード・ロースクールにおいて，クリニック，セミナー等では，パフォーマンスに関する評価，リポート，発表，チームワーク等，試験以外に様々な評価方法が利用されている。日本の状況をみると，通常の授業では，未だに，1回の期末試験だけで評価することが一般的である。そのような授業においても，期末試験のほかに，リポート等の研究課題を通じて，学生に対する定期的なフィードバックをすることも重要であると思われる。

■第5章
法曹資格の取得
——Bar Examとロースクールの卒業

　本章では、まず、合衆国における法曹資格の取得要件とその歴史を振り返り、次に、Bar Examの現状とBar Examがハーバード・ロースクールの教育に及ぼした影響、最後に、それとは全く異なる今日の日本の状況と問題点を検討する。

1. 法曹資格の取得要件

　合衆国の法曹資格の取得要件は、徐々に厳格なものとなってきた。当初はほとんど無きに等しかった。

1) Bar Exam

　法曹資格の付与は、かつてマサチューセッツ州のように郡ごとに行われる州もあったが、今日では全て、州ごとに行われ、授与の要件も州ごとに異なる。ハーバード・ロースクール創立の頃、筆記試験を課す州は1つもなかった。当時、ほとんどの州では、法律事務所において一定期間の実習を終えるか、実習とともに法学に関する講義を受講すること[1]のみが要件とされていた。その後、インフォーマルな形で実施される口述試験に合格することが必要とされるようになった。アンチ・エリート主義のもとでジャクソニアン・デモクラ

---

1. Robert Stevens, <u>Law School: Legal Education in America from the 1850s to the 1980s</u> (Chapel Hill and London: The University of North Carolina Press, 1983), 25頁。

第5章 法曹資格の取得——Bar Examとロースクールの卒業

シィの影響を受け、多くの州では、その後の40年間にこれらの要件さえさらに緩和された。1860年の状況をみると、39の管轄区域のうち学習期間や実習期間を設けていた区域は9つに留まっていた。2つの州ではBar Examすらなかった。その他の州でも、試験は、依然としてインフォーマルな形の口述試験のみであり、試験委員会のような組織を備えた管轄区域は、9つだけであった[2]。

1870年に、マサチューセッツ州のいくつかの郡が初めて筆記試験を課すようになったと言われている[3]。1876年、ニューハンプシャー州は、常置の試験委員会を設けた[4]。翌年には、ニューヨーク州が州として初めて筆記のBar Examを導入するに至った[5]。

1878年に法曹の質の向上を目的とした米国法曹協会（ABA）が設立されたが、その後まもなく、ABAは法曹資格要件を厳しくするためのキャンペーンを始めた[6]。その影響を受けて、筆記試験を行うことと試験委員会[7]の常置というパターンが徐々に広まっていった。1917年までに、49の管轄区域のうち37で、州レベルの試験管理委員会が設置された[8]。1928年までに、1つの州を除く全ての管轄区域において必修の試験が導入されるようになった[9,10]。

---

2. Stevens, 前掲注1, 25頁。
3. Stevens, 前掲注1, 94頁。
4. Stevens, 前掲注1, 94～95頁。
5. Stevens, 前掲注1, 94頁。
6. Stevens, 前掲注1, 92～93頁。
7. 一般的には州や地域の弁護士会によって統括されていた。これにより弁護士会が基本的な試験組織として州の最高裁判所に取って代わるようになった。Stevens, 前掲注1, 94～95頁。
8. Stevens, 前掲注1, 99頁。
9. Stevens, 前掲注1, 174頁。
10. もっとも、1965年の時点でさえ、4つの州は、いわゆる"diploma privilege"を維持しており、特定のロースクールを卒業した学生は、自動的にその州の法曹資格を得ることが認められていた。Stevens, 前掲注1, 99頁。

2）ロースクールの卒業

　19世紀には，法律事務所における「実習」（ときに名ばかりのものであった）が，法曹になるための通常のルートとなっていた。全ての州で，卒業はおろか，ロースクールに在籍していたことさえ資格取得の要件とされていなかった。なかには，高校卒業さえ求めない州もあった[11]。

　ABAは，1890年代に，法曹の質を確保するためロースクールの在籍を重視するようになり[12]，1900年には，ロースクール教育の向上と質の確保を目的とする機関として，アメリカロースクール協会（AALS）の設立を支援した[13]。しかし，1927年の時点で，ロースクールに在籍したことを求める州は1つもなかった[14]。

　その後，状況は徐々に変わり，1930年までに，4つの管轄区域が一定期間ロースクールに在籍したことを要件とするようになった。そのうち2つの州では，1年間の出席のみを要件とした[15]。同年，4つの管轄区域が依然として法律事務所での一定期間の実習を要求し続けていたが，他の全ての41区域では，ロースクール又は法律事務所のいずれかでの学習，とされていた[16]。

　1947年までに，15の州が実習ルートを廃止し，Bar Examの受験資格としてロースクールでの学習を求めるようになった[17]。しかし，ロースクールの卒業が法曹資格取得のための標準的な要件となっ

---

11. Stevens, 前掲注1, 95～96頁。
12. Stevens, 前掲注1, 95頁。
13. Stevens, 前掲注1, 96～97頁。
14. 49の管轄区域のうち11の管轄区域は，高校レベルの卒業しか要求していなかった。Stevens, 前掲注1, 174頁。
15. Stevens, 前掲注1, 174頁。
16. Stevens, 前掲注1, 174頁。
17. Stevens, 前掲注1, 217頁 n.9。

たのは、20世紀後半以降である。1950年代までに、ロースクールでの学習は、実習制度に取って代わった。それとともに、法曹資格の取得要件も、他のいくつかの点で厳格化された。多くの州において、Bar Examの受験資格として、ロースクールに在籍したことのみではなく卒業したことも要求されるようになった。また、ロースクールがABAの認定を得ていることも必要とされた。さらに、多くの州は、ロースクール入学前の学部段階での学習に関して、最低要件を課すようになった[18]。その結果、1960年代後半までに、法曹資格を取得するための新しいモデルが確立された。それは、少なくとも3年間の学部教育を修了した後に、ABAの認定を受けたロースクールを卒業して、筆記によるBar Examに合格するというものである[19]（なお今日でも、25の州では、認定を受けていないロースクールを卒業した場合であっても、あるいは法律事務所での実習又はそれに相当する学習の要件を満たせば、特別の条件の下でBar Examを受験することが許される[20]）。

要約すると、合衆国で初めての筆記によるBar Examが導入されたのは、ハーバード・ロースクールが1817年に創立されてから50年以上も経た後のことであった。その後、筆記によるBar Examが合衆国中のほとんど全ての州に拡大するまでに、さらに60年もの時間を要した。そして、1950年代になって初めて、ほとんどの州がBar Examの受験資格として、ロースクールの卒業を要求するようになった。これにより、Bar Examとロースクールの卒業という2つ

---

18. Stevens, 前掲注1, 217頁n.9。
19. Stevens, 前掲注1, 209頁。
20. National Conference of Bar Examiners and American Bar Association Section of Legal Education and Admissions to the Bar, Comprehensive Guide to Bar Admission Requirements 2010, 10〜13頁参照。入手先は、http://www.ncbex.org/fileadmin/mediafiles/downloads/Comp_Guide/CompGuide_2010.pdf（最終訪問日2010年6月25日）。

の大きな要件が法曹資格の取得要件として確立された。

2. Bar Examの現状

1) Bar Examの概要

　Bar Examは州ごとに行われるため、州によって、試験問題のみならず、試験範囲、問題の形式、時間配分等に差異がある。通常、試験は2日間にわたって実施されるが、カリフォルニア州などいくつかの州では3日間にわたる。その他の点では共通するところが多い。2つの州では、受験者が少ないため年1回(7月)しか行われないが、残りの48州では、年2回の同じ時期(7月と2月)に行われる。全ての州で、短答式部分と論文式部分があり、多くの州の試験には、リーガルスキルを試す、いわゆるパフォーマンス試験が含まれている。その他、ほとんどの州で、受験者は、別途実施される法曹倫理試験に合格しなければならない。

　司法試験管理委員会(Board of Bar Examiners又はBoard of Law Examinersなど)が州ごとに設置されている。委員会は、多くの州において州最高裁判所の監督下にあり、その州に住む弁護士が委員を務める。委員会は試験の運営を行い、多くの州では、論文式問題や州独自の短答式問題の作成と採点まで行う。

　州ごとの委員会に加えて、Bar Examの質の向上、Bar Examに関する情報の交換等を目的として1931年に設立された司法試験委員全国協議会(National Conference of Bar Examiners, 以下「全国協議会」)が重要な役割を果たしている。ほとんどの州では、複数の州共通の択一式試験であるMultistate Bar Exam (MBE)が行われる。これは全国的に共通性が高い基本分野についての短答式試験であ

る。同様に、法曹倫理について、複数の州共通の択一式試験であるMultistate Professional Responsibility Exam（MPRE）が行われる。さらに、多くの州で、リーガルスキル式試験として、複数の州共通の択一式試験であるMultistate Performance Test（MPT）が行われる。MBE, MPRE及びMPTのいずれも、全国協議会が作成し、採点する。そのほかに、18州で使われる論文式試験のMultistate Essay Examも、全国協議会が作成し、採点している[21]。

いずれの州のBar Examでも、参考資料の利用が禁止されている。しかし、多くの州では、ハード・ディスクにあるファイル・プログラム・インターネットへのアクセスを防止するフィルター用ソフトウェアを備えていれば、ノートパソコンを使用してもよい。

以下では、短答式試験、論文式試験、パフォーマンス（リーガルスキル）式試験、及び法曹倫理試験について順次述べる。

（1）短答式試験

ワシントン州とルイジアナ州（ルイジアナ州は合衆国で唯一の大陸法型法制度を持つ）以外の48州すべてで、MBEに丸1日を費やす[22]。この試験は、共通性が高い6つの基本分野、すなわち契約法、不法行為法、財産法（property）、合衆国憲法、刑事法及び証拠法を対象とする。民事訴訟法は、各州で差異があり、州共通の単一試験には向かず州ごとの独自の問題には必ず含まれる。

MBEは、出題される各分野から30〜35問、合計200問で、午前

---

21. 司法試験委員全国協議会の組織及び活動について、次のウェブサイトhttp://www.ncbex.org/ 参照（最終訪問日2010年6月23日）。
22. MBEについて、http://www.ncbex.org/multistate-tests/mbe/参照（最終訪問日2010年6月23日）。

と午後の3時間,合計6時間の試験である。多項目選択式で,比較的短い質問文に続く4つの選択肢のなかから1つの正解を選ぶ,という方式である。典型的な問題は,短い事実関係を述べて,その事実に当てはまる法的基準について尋ねるものである。そのほかに,代理人の立場からのアドバイスを求めるパターンの問題や取引関連の相談ないしドラフティングに関する問題もある。以下に,MBEのホームページに掲載されたサンプル問題を紹介する。

*　*　*　*　*

　高校の食堂で,上級ロシア語を受けている学生2人が口論になった。他の学生が居る場所で,ロシア語で,AさんがBさんに向かって,BさんはAさんのロッカーからお金を盗んだ,と責めた。
　Bさんは,名誉を毀損されたとして,Aさんを訴えた。
　Bさんが勝訴するだろうか。
　①はい。Slander per se(実害の証明なしに成立する名誉毀損)にあたるから。
　②はい。中傷的陳述が第三者の前で行われたから。
　③発言をした際,Aさんが嘘であると知っていた場合,又は嘘であるかどうかについて全く注意を怠っていた場合を除けば,いいえ。
　④他の学生の1人以上がロシア語を理解できる場合を除けば,いいえ。

*　*　*　*　*

短答式問題は,MBE(及び州の独自の短答式問題とMPRE)のように

基本知識を試す問題が多い。参考資料の使用が許されないので、詰め込み勉強が必要となる。しかし、上の事例からわかるように、MBE等の短答式問題に求められる知識の範囲は、基本的かつ一般的な概念、要件、基準などが中心で、特定の判例に関する問題等、細かい知識を求める問題は出題されない。

(2)論文式試験

多くの州では、半日ないし1日の論文式試験が行われる。対象分野はかなり広範囲にわたる。ニューヨーク州を例にとると、論文式試験は、MBEが対象とする6つの分野に加えて、ビジネス関係法(会社法、パートナシップ法、代理権等)、conflict of laws(法の抵触)、刑事訴訟法、民事訴訟法(連邦及び州)、ニューヨーク州憲法、remedies(救済)、法曹倫理、家族法、相続法、統一商事法等の16の分野である[23]。しかし、この全ての分野が毎年出題されるわけではない。ニューヨーク州では、約45分ずつで、計5つの論文式問題が出題される。複数の分野にまたがる、いわゆる総合問題が中心である。しかも、日本の新司法試験と異なり、民事系内の総合問題、刑事系内の総合問題、そして公法系内の総合問題のみならず、様々な分野にまたがる問題も出る。例えば、2008年2月の論文式問題(第1問)は、契約法、会社法、統一商事法、証拠法にまたがる総合問題であった。法曹倫理を取り込む問題も珍しくない。

歴史的にみて、Bar Examで出題される論文式問題は、ハーバード・ロースクール等の一流ロースクールで使われた試験問題をモ

---

[23]. ニューヨーク州のBar Examについて、http://www.nybarexam.org/参照(最終訪問日2010年6月23日)。

デルにしていることがあり，第4章で紹介したissue-spottersタイプの問題に近いものが多い。つまり，具体的な事実を設定し，受験者に，そこに潜む法律問題を識別して，関連する法的基準に照らして事実を分析することを求める問題である。ただし，ハーバード・ロースクールの典型的なissue-spottersの問題ほど長くないし，回答者の立場及び目的を特定しない場合が多い。

(3)パフォーマンス(リーガルスキル)試験

1960年代以降，合衆国のロースクールでは，クリニックなどのリーガルスキル教育が次第に増えた。この流れに沿ってカリフォルニア州は，1983年に，ドラフティングその他のリーガルスキルを試す「パフォーマンス試験」(performance test)を導入した[24]。その後，2～3の州が同様の試験を導入したが，1990年代の前半までは，受験者の多い試験においてリーガルスキルを試すことは難しい，と考えられてきた。しかし，ABAは，元会長のRobert MacCrate委員長の下で法曹養成制度の抜本的な検討を行った。1992年に公表された最終報告書(いわゆるマクレイト・リポート)は，全ての州がリーガルスキルを試す問題をBar Examへ導入することを検討するよう提言した[25]。これを受けて，全国協議会が複数の州共通のパフォーマンス試験の開発作業を行い，1997年からMultistate Performance Test (MPT)が導入されることになった。

---

24. カリフォルニア州のBar Examの歴史について，http://www.calbar.ca.gov/calbar/pdfs/admissions/Bar-Exam-Info-History.pdf参照(最終訪問日2009年12月12日)。
25. Legal Education and Professional Development: An Educational Continuum (Report of the Task Force on Law Schools and the Profession: Narrowing the Gap) (Chicago: American Bar Association, Section of Legal Education and Admissions to the Bar, (1992)334頁。

カリフォルニア州など一部の州は，今も，独自のパフォーマンス試験を行っている。カリフォルニア州の場合，3日間にわたって実施される計18時間のBar Examのうち，パフォーマンス試験は3時間ずつの2問で，計6時間分である。最も広く使われているパフォーマンス試験は，50州のうち31州でMPT（2010年度の時点のデータ）が用いられている。以下にMPTの概要を紹介する[26]。

MPTは，90分ずつの2問からなる（ただし，2問の州と1問だけの州がある）。事件に関するFileとLibrary（参考文献）が受験者に渡される。

Fileには事実関係に関する様々な書類が含まれている。典型的には，面談，供述，審理等の記録や準備書面，書簡，事件に関するメモ等である。事例の性質によって，契約書，新聞記事，警察記録，健康診断書等が含まれる。これらの資料には，関係の強いもの，関係の弱いもの，あるいはほとんど関係のないものが雑多に綴じられている。そのなかには，曖昧なものや矛盾するものもあり，また，信頼できないものもある。さらに，実際のケースと同様に，重要だと思われる情報がFileのどこにも見当たらないこともある。矛盾しているものや不足しているものを指摘して，不足しているものについてどこを探せばよいか，と尋ねることが受験者の課題の1つである。

Libraryのなかには，判例，法令，規則，基準等，様々な参考文献がある。稀に，現行の法令が使われるが，ほとんどの場合，当該問題のために創作されたもので，架空の州に設定され，実在しない判例，法令等が与えられる。関係のないものが含まれていることが多い。

Fileのなかで特に重要な書類は，法律事務所の上司からのアサ

---

26. MPTについて，http://www.ncbex.org/multistate-tests/mpt/参照（最終訪問日2010年6月23日）。

インメントである。アサインメントには様々なパターンがある。上司へのメモ，クライアントへの書簡，裁判所に提出する準備書面又は趣意書の作成を求めるアサインメントや，契約書，遺言，交渉案，最終弁論のドラフトを求めるアサインメント等が，その例である。どのようなアサインメントが出るか事前に知らされていないが，ともかく与えられたアサインメントに従って解答することが求められる。

架空の事実と資料とを中心に作成されていることからわかるように，MPTの狙いは法的知識を試すものではない。その狙いは，①関係のない事実を見極め，複雑な事実関係を整理する能力，②具体的な事実関係に沿って，法令，判例，規則等を正確に調査する能力，③クライアントが抱える問題を解決するため，事実に法を的確に当てはめる能力，④倫理問題がある場合には，その問題を見分けて適切に解決する能力，⑤文書で物事を適切に伝達する能力，及び⑥与えられた時間内に弁護士としての仕事を成し遂げる能力，を試すことである。

(4)法曹倫理試験

パフォーマンス試験もそうであったが，カリフォルニア州は，1975年に他の州に先駆けて2時間の法曹倫理試験を導入した。5年後の1980年に，カリフォルニア州の試験をモデルとして，全国協議会が複数の州共通の法曹倫理試験として，MPREを導入した[27]。MPREは，60問からなる2時間5分の短答式（多項選択式）の試験である。年3回，Bar Examの他の部分と別の時期に行われる。2010

---

27. MPREについて，http://www.ncbex.org/multistate-tests/mpre/参照（最終訪問日2010年6月23日）。

第5章 法曹資格の取得——Bar Examとロースクールの卒業

年現在, 50州のうちで47州でMPREが利用されている。現在, カリフォルニア州やニューヨーク州など, 多くの州において, MPREに加えて, 論文式試験にも総合問題として倫理問題が取り入れられている。

2) Bar Examの合格率

どの州もBar Examの合格者の人数を制限していない。法曹として必要な資質・能力を備え, 高い道徳心を持つ者 (good moral character) であれば全員合格させる。そのため合格率は高い。

Bar Examは州ごとに実施されるので, 合格率も州によって大きく異なる。カリフォルニア州では, ABAが認定していないロースクールの卒業生でなくても比較的緩やかな条件で受験できるため, 合格率はかなり低い。とはいえ2004年に44％にまで低下したとき, 全国的な話題となった (その後2007年に49％に上昇した[28])。逆に, 同じく2004年に, ユタ州の87％を筆頭に, 5つの州では合格率が80％を超えていた[29]。

学校によっても合格率は異なる。ABAは, 卒業生の受験1回目の合格率の統計を発表しているが, 2006年7月及び2007年2月の統計で, ABAの認定がある194校 (合衆国の領域であるPuerto RicoでABAの認定を受けた3校を除く) のうち, ハーバード・ロースクールなど47校で合格率が90％を超えていた。さらに93校で合格率が80％を超えていた。逆に, 50％以下の合格率は2校だけであった (そのう

---

28. National Conference of Bar Examiners, "2007 Statistics." 入手先は, http://www.ncbex.org/fileadmin/mediafiles/downloads/Bar_Admissions/2007stats.pdf (最終訪問日2010年6月23日)。
29. "Ten Year Summary of Bar Passage Rates, 1997-2006," The Bar Examiner (2007年5月) 15～17頁参照。入手先は, http://www.ncbex.org/fileadmin/mediafiles/downloads/Bar_Admissions/2006stats.pdf (最終訪問日2009年12月12日)。

ち，1校は47%。26%と最も低かった残りの1校は，その前年に初めて暫定的にABAの認定を受けたロースクールであった）[30]。

　1回目の受験の合格率の統計を発表していること自体も注目に値する。合衆国では，学部段階の法学部はほとんどない。そのため，合衆国ロースクールの学生は，入学以前に法律を勉強したことのない「法学未修者」である。それでも，ロースクールの3年間で真面目に法律の勉学に専念し，卒業直後の約2ヶ月の間に受験に向けた詰め込み勉強をすれば，1回目の受験で合格できる，と考えられている。実際，多くの卒業生が初回受験で合格している。例年1回目の受験の合格率は，全国平均で75〜80%である（2007年は79%）[31]。1回目で合格できない人は，怠けたか，法律にあまり向いていない，と考えられる。そのため，2回目以降のいわゆるリピーターの合格率はかなり下がる（2007年のリピーターの全国平均合格率は34%）[32]。それでも，ほとんどの州において試験が年2回行われるうえ，受験回数に制限がないため，最終的にロースクール卒業生の95%ぐらいが合格する，と推定されている[33]。

　20世紀後半にロースクールの学生数が飛躍的に増加したにもかかわらず，このように高い合格率が維持されてきた。1951年から2006年までの間，ABA認定のロースクールに在籍するJ.D.学生の総数は，1951年に124のロースクールに在籍した3万7000人弱（第

---

30. ABA-LSAC Official Guide to ABA-Approved Law Schools, 2009 Edition. このOfficial Guideの2010年版の入手先は，http://officialguide.lsac.org/（最終訪問日2010年6月23日）。
31. National Conference of Bar Examiners, 前掲注28, 23頁参照。
32. National Conference of Bar Examiners, 前掲注28, 15頁参照。
33. Linda F. Wightman, LSAC National Longitudinal Bar Passage Study (Law School Admission Council, LSAC Research Report Series, 1998年) 参照。これは，1990年代に実施された研究結果によるもので，ロースクール卒業後2年半の期間内にBar Examに合格していた割合を示すものである。

1学年の在籍者数はおよそ1万4500人)から,2006年に195のロースクールに在籍した14万1000人(第1学年の在籍者数はおよそ4万9000人)へと,ほぼ4倍にも増加した。今日では,ロースクールに入学を許可された学生の大多数が無事に卒業している[34]。その後,卒業生の圧倒的多数がBar Examに合格し,しかもその多くが初回受験で合格している。2007年度の数値をみると,合衆国全体で6万人の初回受験者のうち4万7000人が合格した[35]。

これらの統計をみると,合衆国の法学教育は簡単だと考えられるかもしれない。しかし,学生は,決してそのように思っていない。ロースクールの教育は厳しく,Bar Examに向けたおよそ2ヶ月の詰め込み勉強も厳しい。ロースクールでの3年間の学習又はBar Exam前の詰め込み勉強を安易とみた学生は,不合格のリスクを背負う。しかし,Bar Examの初回合格率が高いがゆえに,多くの学生は,Bar Examに対する日々の恐怖にさらされることなく学習に励むことができる。ほとんど全ての学生は,Bar Examをあまり意識することなく,時間のかかるクリニックや将来を見据えた授業,あるいは単に学問的好奇心のある授業を選んで,勉学に専念している。

学生が在学中にBar Examにそれほどとらわれずに行動できることは,調査結果でも裏付けられている。2004年に42校のロースクール,1万3000人以上の学生を対象として実施された調査[36]によると,

---

34. 例えば, American Bar Association, "Total J.D. Attrition, 1981～2008," を参照。入手先は, http://www.abanet.org/legaled/statistics/charts/stats% 20-% 2017.pdf (最終訪問日2010年6月23日)。
35. National Conference of Bar Examiners, 前掲注28, 15頁。6万人以上という初回受験者の総数は,2007年にJ.D.プログラムを卒業した約4万3000人よりもかなり大きい数値である。これは,新卒業生で,2つの州で受験することや,既にある州の法曹資格を持つ弁護士が他の州に移動する場合,新しい州のBar Examを受験しなければならないことがあるからである。

64.3％の3年生がクリニック又はインターンシップを経験していた。そのほかにも、学生は、授業以外の様々な活動に参加していた。例えば、3年目の春（最後の学期）までに、65％が部活動、44.2％がプロボノ活動、36.6％がロー・ジャーナル、27.7％が任意の研究プロジェクト、そして22.3％が必修以外の模擬裁判を経験していた。夏期休暇中に法律事務所で「サマー・クラーク」としてフルタイムの有給の仕事に従事することは、日本でも広く知られているが、学期中にも法律関係の有給のアルバイトをする学生も少なくない。同調査によると、3年生の35.2％は、学期中に週11時間以上の法律関係のアルバイトをしていた。

3．Bar Examがロースクールの教育に及ぼした影響

以上に述べたことから、Bar Examがハーバード・ロースクールの法学教育に事実上何ら影響を及ぼしていないことがわかる。190年以上の歴史のなかで、Bar Examがハーバード・ロースクールの教育プログラムに重大な影響を与えたことがあるとすれば、それは、今から140年ほど前の1回だけである。

1870年、マサチューセッツ州のいくつかの郡において、初めて筆記によるBar Examが実施されることになった。ハーバードの学生は、この試験であまり良い結果を残すことができなかったようである。その思わしくない結果が、同じ年の1870年に新たに学長に任

---

36. Student Engagement in Law Schools: A First Look (Law School Survey of Student Engagement, 2004 Annual Survey Results). 本調査等の合衆国ロースクールに関するデータについて、ダニエル・H・フット「データでみるアメリカのロースクール教育」ジュリスト1297号97頁（2005年）参照。

命されたLangdellが厳格な定期試験を導入することの要因の1つとなったと推測されている[37]。その推測が当たっているとすれば，それは，Bar Examがハーバード・ロースクールの教育に実質的な影響を及ぼした唯一の例であったと言えよう。他の章（特に「学生」をテーマとした第7章）で述べるが，Langdellは，様々な点でロースクールの基準を強化した。Langdellの改革には，例えば，匿名の試験の導入や厳格な成績評価，入学基準の強化等があった。これらの改革が実行された後，学生たちは，Bar Examで不合格となることに対する恐れではなく，むしろ落第することに対する恐れに駆り立てられるようになった。ハーバード・ロースクールを無難に卒業できた学生は，Bar Examについてほとんど心配することはなかった。

逆に，ハーバードの法学教育がBar Examを方向付けてきたと言えよう。1930年代に筆記のBar Examが全国的に実施されるようになった際，ハーバードのような「優良」なロースクールで使用される定期試験の問題がBar Examの問題のモデルとして利用され[38]，今でもBar Examの論文式問題にその影響がみられる。

第7章で検討するように，第二次世界大戦後，ハーバード・ロースクールは，厳格な入学選抜政策へと移行し，限られた有能な志願者しか入学させないようになった。それ以降，ロースクールで落第する恐怖は事実上なくなった。入学を許可されるような有能な学生は，当然卒業できる。同様に，そのような学生は，Bar Examについてほとんど心配する必要がない。現に，ハーバード・ロースクールの卒業生のBar Examの合格率は常に高く，今日，ほとんど全ての卒業

---

37. Stevens, 前掲注1, 105頁n.20。
38. Stevens, 前掲注1, 177頁。

生が初回受験で合格している。学生は，合衆国の全ての州や多くの諸外国から来ており，卒業後，多くの州でBar Examを受験する。そのなかでも，最も多くの卒業生がニューヨーク州で受験する。ハーバード・ロースクール卒業生の2006年7月及び2007年2月のニューヨーク州のBar Examの初回受験の合格率は，97%であった（そのときのニューヨーク州における初回受験者全体の合格率は，77%であった[39]）。

この極めて高い合格率のおかげで，ハーバード・ロースクールは，教育プログラムを策定するにあたってBar Examのことを考慮する必要がない。ハーバードはBar Examに沿ったカリキュラムを設計することなく，学生たちに基礎的な法学知識と，いかなる地域においても成功するために必要な広範な資質・能力を育成してきた。

4. Bar Examとロースクールの認証評価

ここまで合衆国のBar Examの現状とBar Examがロースクールの教育に及ぼす影響をみてきたが，ここでBar Examとロースクールの認証評価との関連についても触れておきたい。合衆国では，Bar Examの合格率が認証評価における1つの重要な考慮要素とされており，日本との違いに驚かされる。

合衆国では，認証について責任を負う米国法曹協会（ABA）の法学教育及び弁護士資格部会（Section on Legal Education and Admissions to the Bar）が，合衆国ロースクールの認定基準及びその基準の公式解釈（Interpretation）を作成している。日本の読者にとって興味深い

---

39. ABA-LSAC Official Guide to ABA-Approved Law Schools, 2009 Edition, 前掲注30。

と思われることは，認定基準301(a)に関する最近の公式解釈である。認定基準301(a)には，「ロースクールは，卒業生が弁護士資格を取得し，将来，効果的かつ責任をもって法曹としての役割を果たすことができるような，法曹養成教育プログラムを維持するものとする」[40]と規定されている。この基準301(a)に関連して2008年に採択され2009年から施行されている新たな解釈301-6（以下「解釈301-6」）には，以下のような記述がある。

「A. 基準301(a)のために，ロースクールの卒業生のBar Examの合格率が以下の各号のいずれかを満たせば十分である。

1) 直近5年に当該ロースクールを卒業した学生について，

a) そのうちBar Examを受験した者の75％以上が合格したか，又は

b) その5年のうち少なくとも3年で，その年に卒業した学生のうちBar Examを受験した者の75％が合格した。

……

2) 直近5年のうち少なくとも3年で，卒業生の受験1回目のBar Examの合格率が，当該州の全体の受験1回目の合格率より15ポイント低い値を下回っていない」。

解釈301-6によれば，ロースクールが上記1) 又は2) のいずれかの条件を充足できなかった場合，認定基準を満たしていないこととなる。その後2年以内に当該基準を充足できなかった場合には，その期間の延長を申請することができるが，そのためには，延長する

---

40. American Bar Association, Section of Legal Education and Admissions to the Bar, <u>2009-10 ABA Standards for Approval of Law Schools</u>, Standard 301(a). 入手先は，http://www.abanet.org/legaled/standards/standards.html（最終訪問日2010年6月28日）。

理由を裏付ける証拠を提出しなければならない。延長する理由となりうる要素は、例えば、「明らかな改善の傾向」、ロースクールの「学術的な厳格さ」及び学術的なサポートに本気で取り組む特別の努力をはじめとする、様々な要素が挙げられている[41]。延長が認められなかった場合、2年以内にいずれかの条件を充足できなかったロースクールは、認定取り消しの対象となる[42]。

解釈301-6は、ロースクールの中心的な使命の1つが学生をBar Examに合格させることにあると認識されていることを示している。ただ、注意していただきたいのは、合衆国と日本とではその前提が大きく異なることである。第1点は、合衆国では、ロースクールの教育は、think like a lawyerという法曹にとっての基本的な資質及びその他法曹にとって必要な資質・能力を学生に修得させることを使命としていることである。第2点は、Bar Examの内容が、既にみたように、ロースクールの教育によって身につけた資質の有無を試すことに重点がおかれていることである。

この2点が特に重要であるため、ここで具体的に説明しておきたい。合衆国でいうthink like a lawyerの資質とは、法的問題の核心に迫るために、複雑な事実関係を分析して僅かな違いを識別し、適用されるべき法的原則を選び出すための能力をいう。そのほか、法

---

41. この第5章でみてきたように、合衆国では、Bar Examが州ごとに実施され、多くの卒業生は多くの異なる州で受験する。そのため、卒業生のBar Examの合格率や相対的な平均合格率を算定することは複雑である。解釈301-6の他の部分では、評価基準の添付3として添付されている同解釈に関する注釈とともに、関連する計算方式についての説明がある。
42. American Bar Association, Section of Legal Education and Admissions to the Bar, Rules of Procedure for Approval of Law Schools, Rule 13(b). 入手先は、http://www.abanet.org/legaled/standards/20082009StandardsWebContent/Rules% 20for% 20Approval% 20of% 20Law% 20Schools.pdf（最終訪問日2010年6月28日）。

曹にとって欠かせない資質・能力として，例えば，実務スキルや倫理感覚も重要視されている。ロースクールは，このような資質を備えた法曹の養成を基本的な使命としている。Bar Examは，学生がこのような基本的な資質を備えているかを確認するためのものにすぎない。そのため，合格者数に制限を設けるようなことはしておらず，think like a lawyerとしての資質を有している者は，全て合格できる試験となっている。あるロースクールの卒業生のBar Examの合格率が認定基準に達していないということは，そのロースクールが法曹教育の基本的な使命を果たしていないことに他ならない。したがって，認証評価基準に達しなかったロースクールは，認定取り消しを免れないのである。逆に，基準を満たしていないロースクールがより厳格な教育プログラムや徹底的なサポートを提供することによって自校の卒業生の合格率を上げた場合にも，他のロースクールの合格率が下がることはない。認証評価基準は，このような形で合衆国全体のロースクールの教育水準の確保に寄与している。他方，日本では，think like a lawyerに対応するものとして「リーガルマインド」という用語が用いられているが，それは必ずしも合衆国でいうthink like a lawyerと同一のものとして捉えられているわけではないように思われる。日本では，未だリーガルマインドの涵養を標榜して法律の基本的知識の修得を重視した知識偏重・暗記重視の教育が行われている。新司法試験も，学説や裁判例に関する細かな知識を中心に，法律知識の修得の確認に重点をおく問題が多く，その合格者数も著しく制限されるなど，合衆国のBar Examとは性質を異にしている。

5. 司法試験の問題点

　日本の状況は，合衆国のそれと全く異なる。司法試験の合格率は，合衆国よりも遥かに低い。志願者の受験回数が3回に制限されていることと相俟って，司法試験は，既に多くの弊害をもたらしている。ここでは，従来の法曹養成制度と新制度の理念とを振り返るなかで，新司法試験の結果と影響とを検討する。ハーバード・ロースクールの歴史からの教訓はその後に述べる。

1) 従来の法曹養成制度

　2004年に法科大学院が設立されるまで，法学教育は，主に2つのタイプの教育機関で行われていた。1つは大学の法学部。90以上の大学が法学部を持ち，そこで毎年約4万5千人の学生が法律を学んだ。法曹三者，官庁職員，司法書士，企業の法務部員等，法律に関連する職業に進む人もいたが，法学部卒業生の多くは，一般企業等で法律と関係のない職業に進んだ。2つ目の教育機関，そして法曹三者を目指す人にとってほぼ唯一の道は，司法研修所であった。司法研修所に進むためには，まずきわめて厳しい（旧）司法試験に合格しなければならなかった。年間合格者数は，1991年まで約500人に設定されていた。その後，合格者数は徐々に増加したが，2001年ではまだ1000人以下であった。その間，受験者の数も2万人余りから3万5千人まで増えたため，合格率は常に3％以下であった。競争率の厳しさゆえに，予備校へ依存するようになった。かくして受験予備校は，事実上3番目の法学教育機関となっていた。司法試験合格者を対象に1999年に実施された調査によれば，ほぼ全員が予備校に通っていた。3人に2人は3年間以上，そして60％弱はほぼ毎

第5章　法曹資格の取得——Bar Examとロースクールの卒業

日ないし毎週数日間予備校に通った[43]。

　柳田が1998年に発表した論文で指摘したように，法曹養成の観点からみると，法学部も司法研修所も不十分であった。柳田は次のように述べた。「現実にも，建前上も，教育の対象，レベル及び方法のいずれの点からみても，（注：法学部において）法学専門教育は行われていない。他方，司法研修所における教育は，司法試験に合格した司法修習生は既に……『法曹になるために必要な学識及びその応用能力』を有していることを前提に，次の段階で行われるものとして位置付けられている。……そこ（注：司法研修所）で行われていることは専門「教育」というよりは，むしろ，これを終えたことを前提にして行われるapprenticeship『訓練』である」[44]。また，司法試験の競争が激しくなり，司法試験予備校への依存度が高くなるにつれて，熾烈な受験戦争や予備校による受験テクニック中心の学習により，視野の狭い法曹しか生まれず，多くの新しい弁護士がごく限られた分野の法律科目について極端に知識偏重となる一方で，その他の分野の広範な知識や理解を持ち合わせていないといった事態が生じている，と指摘する意見が表明されるようになった。

　1999年に設立された司法制度改革審議会（以下「改革審」）も，このような懸念を共有していた。改革審は，「プロフェッションとしての法曹……の質と量を大幅に拡充することが不可欠」[45]であり，量的側面に関して，法曹人口が相当不足しているという認識から，「法曹人口の大幅な増加が急務であることは明らかである」と結論付け

---

43. 司法制度改革審議会事務総局「法曹人口改革の課題」参考資料7「受験のための予備校等の利用状況について」（改革審第14回，2000年3月2日，配布資料）参照。
44. 柳田幸男「日本の新しい法曹養成システム（上）——ハーバード・ロースクールの法学教育を念頭において」ジュリスト1127号116頁（1998年）参照。
45. 2001年6月12日，司法制度改革審議会「司法制度改革審議会意見書——21世紀の日本を支える司法制度」56頁。

た[46]。質的側面に関して,「これまでの大学における法学教育は,基礎的教養教育の面でも法学専門教育の面でも必ずしも十分なものとは言えなかった上……プロフェッションとしての法曹を養成するという役割を適切に果たしてきたとは言い難いところがある」と指摘した[47]。また,「今後,国民生活の様々な場面における法曹需要は……ますます多様化,高度化することが予想される[48]」とし,そのために,「21世紀の司法を担う法曹に必要な資質として,豊かな人間性や感受性,幅広い教養と専門的知識,柔軟な思考力,説得・交渉の能力等の基本的資質に加えて,社会や人間関係に対する洞察力,人権感覚,先端的法分野や外国法の知見,国際的視野と語学力等が一層求められるものと思われる」と述べている[49]。この観点から,従来の法曹の視野の狭さを重要な問題点として挙げた。改革審が指摘したように,従来の制度は,(旧)司法試験という「点」による選抜のみに基づくもので,その競争率の厳しさゆえに予備校への依存を呼んだ。さらには,範囲の絞られた試験のための受験勉強に長い間専念してきた合格者の視野を一層狭くして,結局視野の狭い法曹を生み出す結果となったと言えよう[50]。

2) 制度改革の理念

 改革審は,2001年6月,上記の問題に対処するための新しい法曹養成制度を提案した。改革審は視野の広い法律家を養成するために,様々な面において多様性を重視した。例えば,入学者選抜に関

---

46. 司法制度改革審議会, 前掲注45, 56頁。
47. 司法制度改革審議会, 前掲注45, 61頁。
48. 司法制度改革審議会, 前掲注45, 57頁。
49. 司法制度改革審議会, 前掲注45, 56頁。
50. 司法制度改革審議会, 前掲注45, 61〜62頁参照。

して「法学部以外の学部の出身者や社会人」の受入れを提言した[51]。教育内容に関して「各法科大学院の創意工夫による独自性，多様性を尊重する」[52]とし，実務を重視するため，実務上生起する問題の合理的解決を念頭に置いて」「体系的な理論を基調として実務との架橋を強く意識した教育」を行うように提言した[53]。教育方法に関して，法知識のみならず批判的分析能力，創造力，コミュニケーション能力等を養うため「少人数教育を基本とし，双方向的・多方向的で密度の濃い」教育を行い[54]，教育の質を確保するため，設置認可及び継続的な第三者評価制度を通じて的確な認定が実施されるようにとも提案した[55]。さらに，従来の司法試験の狭き門が法律家の視野を狭くしているという問題意識に基づいて，「『点』のみによる選抜ではなく『プロセス』としての法曹養成制度を新たに整備するという趣旨からすれば，法科大学院の学生が在学期間中その課程の履修に専念できるような仕組みとすることが肝要である」と指摘した[56]。

　学生が在学期間中学業に専念する仕組みとして，厳格な成績評価及び厳しい修了認定が求められることとなった。他方で，法科大学院の課程を「修了した者のうち相当程度（例えば約7〜8割）の者が……新司法試験に合格できるよう，充実した教育を行うべきである」と提言した[57]。

　これら全ての点において，改革審のビジョンは，合衆国ロース

---

51. 司法制度改革審議会，前掲注45, 65頁。
52. 司法制度改革審議会，前掲注45, 66頁。
53. 司法制度改革審議会，前掲注45, 67頁。
54. 司法制度改革審議会，前掲注45, 67頁。
55. 司法制度改革審議会，前掲注45, 70頁。
56. 司法制度改革審議会，前掲注45, 67頁。
57. 司法制度改革審議会，前掲注45, 67頁。

クールのモデルと極めて類似している。そして，法曹になることを希望し安定した職業を捨てた社会人を含めて，新しい法科大学院の最初の学生の多くは，改革審の唱えた理念を，70〜80％の合格率ということも含めて，文字どおりに理解したであろう。

　新制度を批判する声も少なくないが，改革審のビジョンを体現した新しい法曹養成制度は，多くの点において旧制度よりも遥かに優れている。その2〜3について以下で再確認する。法学部出身者以外の者と社会人の受入れによって，学生がより多様化し，法曹の幅も広くなる。比較的少人数のクラスと双方向的な教育方法によって，一方的なレクチャーよりも遥かに効率的に分析能力や弁論技術等の能力を磨くことができるようになる。豊富な実務経験を有する教員が加わることで，理論と実務を架橋するものとなった。学生と教授の双方が授業に深くコミットしている点も大きな進歩である。また，多くの法科大学院は，クリニック，インターンシップ，模擬裁判等の実務向けのプログラムや，企業関連法，知的財産関連法，環境法等に関する専門性の高い先端的なプログラム等，魅力的なプログラムの編成に力を入れるようになった。1998年に，柳田は，「日本の法曹養成制度には……法学専門教育を行う教育機関が存在しない」[58]と言った。しかし，それから10年以上を経た今日において，法学専門教育を行う教育機関として法科大学院はすでに定着したのである。

　改革審が提示したビジョンをもう一度思い起こしてみよう。広範で，多方面にわたる多様な学生集団；豊かな人間性，柔軟な思考力，説得・交渉の能力，社会や人間関係に対する洞察力といった要

---

58. 柳田，前掲注44，ジュリスト1127号111頁。

素を織り込んだ広範な法科大学院教育；司法試験という「点」による選抜に重点をおいたシステムから教育「プロセス」への移行。これら全ては，新法曹養成制度の導入により大きく前進した。しかし，次節でみるように，これらの要素は，新司法試験の低い合格率によって脅かされている。

3）新司法試験が法科大学院教育に及ぼす影響

　新司法試験初年度（2006年）の合格率は48.25％であった。受験者数が少ない法科大学院を除けば，1年目のトップは，一橋大学法科大学院の83％。10人以上の卒業生が受験した44校のうち，合格率が50％を超えたのは15校だけ。2年目の2007年はより厳しい数字となった。全体の合格率は40.2％で，トップは千葉大学法科大学院の64.5％。10人以上の卒業生が受験した67校中，合格率が50％を超えたのはわずか10校だけ。逆に，合格率が30％を下回ったのは半数以上の34校。そのうち，4校の合格率が10％未満であった。3年目の2008年度はいっそう厳しい数字となり，そして本書執筆時直近の2009年度はさらに深刻な事態となった。全体の合格率は，2008年度では33％，2009年度では27.6％まで下がった。両年度で一番高い合格率をあげた法科大学院は，2006年度と同じく一橋大学法科大学院であったが，それぞれの年度のその合格率は，それぞれ2006年度より約20ポイント低い61.4％と62.9％であった。両年度において，74校全てから10人以上の卒業生が受験した。そのうち合格率が50％を超えたのは，2008年度では5校で，2009年度ではわずか3校であった。逆に，同じく74校中合格率が30％以下だったのは，2008年度では58校，2009年度では59校であった。2008年度では，合格者ゼロの3校を含めて12校で合格率が10％以下で

あった。2009年度では、合格者ゼロの学校はなかったものの、合格者1人の2校を含めて合格率10％以下は、16校もあった（ちなみに、2006～07学年度の合衆国の統計をみると、認定を受けた194校のうち、176校で1回目の受験合格率が65％以上[59]で、日本の2年目のトップだった千葉大学の64.5％及び3年目と4年目のトップだった一橋の61.4％と62.9％を超えていた。194校中、30％を下回ったのはわずか1校だけであった）。

2年目、3年目及び4年目の新司法試験の数字でさらに気になることは、（法科大学院に入学する前に法学部等で法律を学んだことのある）「法学既修者」の合格率（受験者が全員既修者だった1年目48.25％、2年目46％、3年目44.3％、4年目38.7％）よりも「法学未修者」の合格率（2年目32.3％、3年目22.5％、4年目わずか18.9％）がかなり低かったことである。出願したにもかかわらず試験を受けなかった、いわゆる試験受け控え組の人数の多さも気になる。新司法試験2年目の2007年をみると、受験予定者5280人のうち受験しなかった者は673人（12％強）に上った。3年目の2008年に受け控え組がさらに増えて、受験予定者7710人のうち1449人（18％強）が受験しなかった。そして、4年目の2009年には、受験予定者9564人のうち2172人（22.7％）が受験しなかった。この受け控え組の多くは、さらに1年間の詰め込み勉強をした方がよいと考えたと推測される（法科大学院の修了生のなかには、受け控え組のほかにも、さらに1年間の詰め込み勉強をすることを最初から決断し、そもそも出願自体を控えた、という者も少なくなかったはずである）。

この2点を併せ考えると、日本の場合、法律の勉強又は受験勉強を長くした者ほど新司法試験に有利であると思われていることが

---

59. ABA-LSAC Official Guide to ABA-Approved Law Schools, 2009 Edition, 前掲注30参照。残りの18校のうち、4校は最近に設立されたため、2006～07学年度に受験者は誰もいなかった。

わかる。法科大学院でまじめに学習し，その後，法科大学院の授業終了と新司法試験までの2, 3ヶ月の期間に一生懸命に詰め込み勉強に励むだけでは十分とは言えず，入学前に法学部で学ぶにせよ，あるいは，卒業後に余分に勉強するにせよ，法律の学習により長い期間を割いた者が，法科大学院で3年間勉強した者より相当有利である，ということになる。これが法科大学院の学生や修了生の共通認識となっているのではないだろうか。日本において，司法試験が1年に1度しか実施されず，しかも新しいシステムのもとでは3回しか受験資格が与えられないということになっている以上，低い合格率の悪影響はさらに強いものとなると思われる。

　現状のままでは，人々の行動に様々な影響が出ることは必至である。まず，法科大学院の入学を検討している者に対して強いインパクトがある。特に現在の安定した職を辞して法科大学院に入学しようと考えている社会人の多くは，法曹への道を断念することになるであろう。また，未修者の合格率が既修者のそれよりかなり低い，という事態が続けば，法律以外の分野を専攻した学生が法科大学院への入学を断念する傾向がますます強くなる。

　司法試験が学生の行動パターンにも強い影響を及ぼしている。彼らは司法試験を意識しないはずがない。授業科目を選択する際，クリニックのように司法試験と直接関係ない科目は，将来有益であることがわかっていても，回避するのが賢明と映るであろう。同様に，司法試験に出題されない資質・能力・知識を養うような科目（その科目が法曹にとって重要であっても）に時間を割くよりも，試験に関係のある科目を勉強した方がよいと考え，また，クラブ活動等も，時間の無駄と映るであろう。法科大学院と予備校の両方に通う「ダブルスクール」現象も現れている。さらに，法科大学院の卒業生のな

かには，受験に備えて1〜2年受験を遅らせて集中的な勉強をする者が少なくないようである。

　深刻な影響を受けるのは学生だけではない。教員や運営者も，新司法試験に合格する見込みが高い者を入学させ，あるいは新司法試験の内容に沿った科目を用意し，新司法試験向けの教育方法を検討しなければならないというプレッシャーを感じているのではなかろうか。法科大学院の認証評価では，新司法試験に出題されない一定数の科目の受講を義務付け，かつ，その科目が実質的にも科目の名称にふさわしい内容のものであること，言い換えれば，科目名とは異なる，新司法試験用の学習が行われないようにすることを担保する基準が設けられている。しかし，そのような基準が必要と考えられていること自体は，一部の法科大学院でカリキュラムを新司法試験の試験科目に合わせようとする傾向があり，そのような傾向を防止する必要があるという意識を反映していると言えよう。法科大学院のなかには多かれ少なかれ，予備校化が進んでいる学校もあるようである。

　他方で，新司法試験の内容にカリキュラムを合わせたりせずに，新しいモデルの法学教育の理念を堅持している法科大学院もある。その1つ，東京大学法科大学院では，受験勉強をしない，させない，という方針を貫いてきた。しかし，同校においてでさえ，新司法試験に出題されそうもないテーマに時間をかけることについて教授を批判する学生もないではない。一部の受験者の間では，東京大学法科大学院よりも新司法試験により傾斜した法科大学院を選ぶ学生が出てきているという話も聞こえてくる。

6. 歴史の教訓

1) 岐路に立つ法科大学院

　日本の新しい法曹養成制度が抱えるこのような事態を前に，一部の関係者の間には，法科大学院に多くを期待することはできないという悲観的な考え方が広まっている。しかし，著者らはそのように考えていない。現代では，法が支配する社会を実現すべく，法の支配の担い手である法曹が社会の隅々にまで存在して活躍することが求められている。改革審の言葉を借りれば，法曹が「社会生活上の医師」として遍く社会で活躍するためには，全ての国民が容易に法曹にアクセスできるような体制を整備する必要がある。しかし，過当競争が盛んに叫ばれる現在においてさえ，法曹の人数は医師に比べて遥かに少ない。法科大学院は，法の支配を担う法曹を養成するための教育機関として，時代の要請を満たすために不可欠である。いまやるべきことは，法科大学院が法曹養成の場として本来の中心的な役割を果たすことができるように，改革を実行することである。その改革に取り組む際の道標としては，まず，法科大学院の設計図ともいうべき改革審の意見書に立ち戻るべきであろう[60]。改革審が打ち出した目標は，「質」及び「量」ともに優れた法曹を養成することであり，そこには改革の原点が具体的かつ詳細に記され

---

60. 平成13年6月12日司法制度改革審議会「司法制度改革審議会意見書——21世紀の日本を支える司法制度」。なお，小島武司博士（現桐蔭横浜大学学長）は，「21世紀の大学像とロースクール構想」と題する論稿のなかで，法科大学院が制度として成長を続けるうえで，「その活力は，改革の出発点における田中成明京大教授や柳田幸男弁護士の著作から得られるだろう」と述べておられた（「書斎の窓」No.501〔2001年1・2月号〕）。改革審意見書及び田中成明教授（現財団法人国際高等研究所副所長）のご著書とともに，柳田の著作（「法科大学院の理想と現実」有斐閣）も改革の参考にしていただければ幸甚である。

ている。以下では，法科大学院が抱える現在の問題を見つめ，今後の改革の在り方を具体的に考える。

2）目指すべき姿と現状の乖離

現在の閉塞した状況を打破し根本的に法曹養成制度を改革するためには，改革審が意見書にまとめたあるべき法曹養成制度の原点に立ち戻る必要がある。改革審は，「21世紀の司法を支えるための人的基盤の整備として……プロフェッションとしての法曹……の質と量を大幅に拡充する」ことの必要性を説いた。そして，法曹の質的側面として，「豊かな人間性や感受性，幅広い教養と専門的知識，柔軟な思考力，説得・交渉の能力等の基本的資質に加えて，社会や人間関係に対する洞察力，人権感覚，先端的法分野や外国法の知見，国際的視野と語学力等」(改革審意見書「Ⅲ　司法制度を支える法曹の在り方」頭書部分参照)を挙げた。改革審は，法科大学院でこのような「質」を備えた法曹が養成されることを前提に，将来の法的ニーズを満たすに足りる「量」の拡充を説いた。

全体としてみた場合，法科大学院制度は，改革審の提示した幅広い「質」の養成に着実に貢献しているようである。中央教育審議会大学分科会法科大学院特別委員会が現状を周到に調査した結果，「法科大学院を修了した司法修習生の素質・能力……は，全般的に従来に比べて遜色はないばかりか，」「自発的・積極的な学修意欲」，「法情報調査能力」，「コミュニケーション能力」，「法曹倫理の学修等を通じて法曹の果たすべき社会的使命についての確かな理解」，「法律基本科目だけでなく，実務に有用……多様な分野についての学識」等の点において優れている，との結論に至った[61]。改革審が予想したように，新制度のもとで，司法試験の「点」のみの準備に集

第5章 法曹資格の取得——Bar Examとロースクールの卒業

中した視野の狭い法曹から，教育の「プロセス」全体を通じたより幅の広い法曹が育ちつつあるように思われる。

しかし，全ての法科大学院が改革審の理想とするような質を備えた法曹を養成しているとは言い難い。入学者の水準に相当ばらつきがあり，一部の法科大学院において入学者の質の確保に問題があり，そして一部の法科大学院において質の高い教員の確保にも問題がある，と指摘されている[62]。しかも，新司法試験の合格者数に上限が設定され，その合格率が当初の期待とは全くかけ離れた値を低迷していることにより，学生のみならず法科大学院までもが新司法試験合格のための対策に躍起となってしまっている。少なからずの法科大学院が新司法試験の受験予備校ともいうべき状態に陥り，知識偏重，受験テクニック重視の教育が実施されつつあるように見受けられる。そのためか，上記のように新制度の全体としての成果を高く評価する報告がある一方，他方では，卒業生の質が低下したとみる人もいる。法科大学院の存続自体に疑問を呈する声さえ聞かれる。

このような事態に陥るに至った原因はいくつかあると思われるが，ここでは2つの最大の原因を挙げたい。1つは，新司法試験の内容にある。現在の新司法試験は，旧司法試験ほどではないにせよ，細かな法的知識を問う問題が少なくなく，改革審が掲げた上記のような法曹の質を試すようなものとはなっていない。著者らが本章で合衆国のBar Examを取り上げ，その内容を詳細に解明したのは，日本の新たな法曹養成システムにおいて合衆国の先例を参考にし

---

61. 中央教育審議会大学分科会法科大学院特別委員会「法科大学院教育の質の向上のための改善方策について（報告）」(2009年4月17日)，1頁。井上裕明「法科大学院と司法試験の現状と課題——データ分析を中心に」法曹養成対策室報，第4号（2010年3月）1, 3も参照。
62. 平成22年7月6日に法務省が発表した「法曹養成制度に関する検討ワーキングチームにおける検討結果（取りまとめ）」(法務省発表, 2010年7月6日) 10頁参照。

て，新司法試験の内容を抜本的に改めるべきであると考えたからである。

　もう1つの原因は，改革審の予想を遥かに超える数の法科大学院が設立され，法科大学院の間で相当の格差が生じてしまっていることである。法科大学院で充実した教育を提供するためには，優秀な教員を確保するとともに，これらの教員が十分な時間をかけて教育内容を検討する必要がある。また，教育を受ける側の質も重要であろう。社会経験等の面を含めて，幅広く，有能な入学者が法科大学院に集まることも欠かせない。しかし，現実には，法科大学院74校，総定員約5800人という適正規模を遥かに超えたと思われる「乱立」とでも言うべき状態で新たな法曹養成制度はスタートした。当初より，法科大学院ごとに入学者の質及び教育の質に大きな隔たりが生じ[63]，新司法試験の合格率に顕著な差が生じることとなった。こうした合格率の差により，事態がさらに悪化した。多くの法科大学院は，生き残りを図るため新司法試験の合格率を上げることに奮闘した。その重要な戦略の一つとして，有能な入学者の確保にも努めた。しかし，当然ともいえるが，その努力にかかわらず，司法試験合格率の低い法科大学院に有能な入学者は，ますます集まらなくなった[64]。そして，合格率を上げる別の方法として，多かれ少なかれ，多くの法科大学院において受験予備校化が進んだ。このような悪循環により，本来あるべき教育の姿が見失われつつあるように見受けられる。今では，存続そのものが危ぶまれる法科大学院も相当数あ

---

[63] 前掲注62の法務省発表には，「法科大学院として求められるレベルの教育ができていない法科大学院が存在」することが指摘されている（11頁，ほかにも9頁等にも同様の指摘がある）。
[64] 前掲注62の法務省発表では，一部の法科大学院における入学者選抜の競争性の不十分さと，それに起因する入学者の質の確保の問題が指摘されている（10頁）。

るようである[65]。

3）改革に関する著者らの考え

　では，今後，新たな法曹養成制度をどのように改革していけばよいのだろうか。新司法試験の合格率が低いことには以前から強い批判があり，改革の中核に新司法試験の合格者数の上限の撤廃や合格率の向上を据える議論も強い。既に述べた（166頁以下）とおり，このような低い合格率によって，法科大学院への入学そのものを断念する者が現れたり，一部の受験者が新司法試験に傾斜した法科大学院を選ぶ傾向にあったり，一部の法科大学院が受験予備校化しつつある現状に照らせば，このような議論も十分に理解できる。また，著者らの観測では，最近の法曹人口の増員にかかわらず，法的サービスの需要（潜在的需要を含む）はまだまだ満たされていない。そのため，国民の利益の観点から，改革審が提示した年間3000人の合格者という目標が早期に実現されることを期待したい。しかし，他方で，現状のまま，新司法試験の合格者数の上限を撤廃し，あるいは合格率を向上させたとしても，事態の抜本的解決には至らないと考えられる。新司法試験及び法科大学院教育ともに改善すべき問題点を抱えており，これを解決しないまま闇雲に新司法試験の合格者数を向上させても，改革審意見書が求めるような基本的な資質を備えた法曹の輩出につながるとは思われないからである。合格者数の上限の撤廃などの措置は，以下で述べる2つの主要な問題点が改善された後に実行されるべきである。

　現在の新司法試験は，従来の旧司法試験に比べると相当程度改

---

65. 各種報道によれば，2010年5月に1校が法科大学院の廃止を決定した。

善されていると思われるものの,あるべき新司法試験の内容との乖離は否めず,改善の余地がある。法科大学院教育も,未だに十分な教育水準を確保しているとはいいがたく,法科大学院の入学者の質の低下が顕在化している法科大学院も一部にある。他にも改善すべき点は多々あると思われるが,まずは,①新司法試験の内容と②法科大学院教育の見直しが何よりも重要であろう。これらの2点が改善されれば,日本の新たな法曹養成制度は,社会の期待に応える法曹の輩出に大きく貢献するであろう。そこで,以下では,この2つの点についての具体的な改革の在り方を考えることにする。

(1)司法試験の改革

　司法試験は,法科大学院で行われる教育の延長線上にある。その内容は,法科大学院で実施される本来あるべき教育の内容を確認するものでなければならない。ここでいう本来あるべき教育の内容とは,改革審が掲げる法曹としての基本的な資質を有する法曹の養成,すなわち,合衆国のロースクールが目指す,"think like a lawyer"という成句でしばしば言い表される資質を備えた法曹の養成に他ならない。それは,第2章でみたように,柔軟な思考力,洞察力,論理的分析能力,創造力等を活かして,自分自身で物事を考える能力であり,固定観念や従来の考え方にとらわれずに,新鮮な目で,様々な角度から法的問題を考えて,時には従来の考え方にチャレンジできる資質である[66]。それはまた,第2章〜第4章で述べたと

---

66. これに関連して,未修者の合格率の低迷は特に危惧すべき問題である。例えば,新司法試験4年目である2009年度の合格率をみると,未修者の合格率はわずか18.9%で,既修者(38.7%)の約半分にすぎない。最近では法学以外の分野を学んだ有能な学生や社会人の多くが法科大学院への進学を断念していると聞くが,このような事態が続けば,未修者は激減してしまうであろう。改革審が提唱する視野の広

ころとの関連でいえば，法原則・法理を形成する歴史的背景や直面する問題に関連する社会的・経済的環境を考慮しながら，案件の具体的な事実を的確に把握し，その事実に原則・法理を適正に適用して満足のいく解決を図るうえで不可欠な能力ともいえよう。

合衆国では，このような教育の基本的な使命を果たすため，第2章で具体的に述べたように，様々な法分野を対象にソクラティック・メソッドが積極的に活用され，知的な独立独行の習慣の定着が図られている。また，これとともに，法情報調査能力，文章作成能力，コミュニケーション能力，交渉能力等の法曹にとって必要な実務技能や法曹倫理観の養成も，ロースクール教育の重要な目的として理解されており，かかる資質・能力の養成のために，リーガルリサーチ，リーガルスキル・トレーニング等の実務関連教育の拡充が図られてきた。

他方で，日本では，一部で双方向的な議論を積極的に取り入れる授業が増えてきているものの，未だに知識偏重・暗記重視の教育が続けられており，大教室で教授が一方的に細かな法律知識を学生に教えるような授業も稀ではない。また，リーガルリサーチ，リーガルスキル・トレーニングなどの実務技能養成のための授業もない

い法曹の養成を念頭においた場合，極めて深刻な問題である。この合格率の格差について，未修者が出身分野において優秀であっても，「法的考え方」にはなかなかなじめないからである，という考え方もある。日本でいう「法的考え方」が，合衆国におけるそれと同じように理解され，既修者は柔軟な思考力等になじむのに未修者だけはなかなかなじめないということであれば，合格率の格差は自然な結果なのかもしれない。しかし，法科大学院の教育や試験，新司法試験に要求される「法的考え方」がより狭いもので，1つだけの「正しい答」を想定して行われるならば，柔軟な思考力，創造力等を持つがゆえに未修者は不利になっているという可能性も十分あり得るはずである。もしも法科大学院や新司法試験において「法的考え方」が後者のように捉えられているとすれば，それをもって未修者の低い合格率を正当化するのではなく，その根本的な考え方を見直すべきなのではないだろうか。

わけではないが、これらの授業の重要性が未だ完全には認識されておらず、積極的に受講する学生も乏しい状況である。

　以上のようなあるべき教育内容を踏まえて、司法試験の在り方について検討してみたい。新司法試験は、本来、法科大学院においてthink like a lawyerとしての資質を備えた法曹を養成するに足る教育が行われていることを前提に、その教育の延長線上にあるものとして、その資質の有無を確認する役割を果たすことが求められる。

　合衆国では、正にこのような認識のもと、法曹にとって必要な基本的な資質・能力の定着を確認するために適切な問題は何かという観点から、これまで長い時間をかけてBar Examの内容が検討され、練り上げられてきた。そこでは、細かな法律知識の暗記は要求されない。むしろ、複雑な事実関係を丹念に分析して事実を取捨選択し、導かれた事実に基本的な法原則や法理を適切に適用して、満足のいく解決を図る能力が要求される。また、パフォーマンス(リーガルスキル)試験や法曹倫理試験が設けられていることからもわかるように、法曹倫理観を含めた実務関連能力の有無も試される。

　他方、日本では、改革審意見書において、「長時間をかけて、これまでの科目割に必ずしもとらわれずに、多種多様で複合的な事実関係による設例をもとに、問題解決・紛争予防の在り方、企画立案の在り方等を論述させる」ような問題や法曹倫理に関する問題の導入も検討されたが、結局、論文式試験において、民事系内の総合的問題(例えば、民法と民事訴訟法の組合せ)、刑事系内の総合的問題(刑法と刑事訴訟法の組合せ)あるいは公法系内の総合的問題(行政法と憲法の組合せ)が導入されるに留まった。短答式試験の内容も旧司法試験の時代からある程度見直されたが、未だに特定の判例等に関する細

かい知識の確認を求めるような問題が多い。新司法試験は，現在もなお知識偏重・暗記重視の傾向にあることは否めず，試される能力も合衆国に比べて相当程度狭いといわざるを得ない。

　新司法試験の本来あるべき姿に鑑みた場合，著者らは，合衆国のBar Exam及びその下敷きともいえるハーバード・ロースクールの試験から学ぶべきことは多くあると考えている。著者らが第4章及び第5章でそれぞれハーバード・ロースクールの試験及びBar Examの詳細を取り上げた理由は，ここにある。そこで，以下では，合衆国のBar Exam及びハーバード・ロースクールの試験を参考に，新司法試験に関する著者らの考えを述べる。

ア．短答式試験

　合衆国のBar Examでは，上記2．(1)(147頁)で紹介した試験(他の学生が居る高校の食堂で，上級ロシア語を受講している学生2人が口論となり，一方の学生が他方に対してお金を盗んだと責める事例における名誉毀損の成否を基にした問題)からもわかるとおり，特定の判例等に関する細かな知識ではなく，基本的な法原則・法理に関する理解(この事例の場合には名誉毀損に関するもの)とそれを具体的な事例に適切に適用する能力の確認に主眼がおかれている。

　他方，日本の新司法試験の短答式試験には，旧司法試験ほど複雑ではないにしても，パズルのような問題もあり，また判例の詳細等に至るまでかなり細かい知識を要求する問題が依然として多い。しかも，事実上，短答式試験が足切りとなっているので，それを突破するために受験者が相当長期間にわたって，法律知識の詰め込み勉強を強いられている。結果として，学生は細かい法知識の習得に意を注ぎ，最も重要とされる資質・能力を磨くための授業に割かれる

時間が必然的に減ってしまう,という憂慮すべき事態が起きている。

　実際の実務で求められる重要な資質は,基本的な法原則・法理に関する正確な理解と,それを複雑な実際の案件に適切に適用して満足のいく解決を導く能力であり,単なる細かな法的知識ではない(特定の判例に関する知識等は,リサーチによって容易に得ることができる)。新司法試験の短答式試験は,細かな法律知識を確認するようなものではなく,基本的な法原則・法理に関する理解と,それを具体的な事例に適切に適用する能力を確認するようなものへと,改められるべきである。

イ.論文式試験

　合衆国では,第4章(117頁以下)で挙げたハーバード・ロースクールの論文式試験の問題のような問題が重視されている。例えば,Bank Tweedの事例(119頁)では,8時間にも及ぶ試験時間のなかで,与えられた長大な事実関係を分析して相手方の主張を検討しつつ,問題の解決方法を分析させるといった工夫が図られている。また,Business Roundtableに関する試験問題(129頁)では,Business Roundtableのアドバイザーという特定の立場から,株主の利益,従業員の福利厚生及び政治的な要素といった複雑な利害関係を考慮に入れて,いくつもの考えられる改革のなかから2つの改革の在り方を検討させようとしている。複雑な事実関係を分析して,考えられる選択肢のなかから,最適のものを自らの力で検討する能力を試すようなこの種の試験問題の有用性は大きい。

　他方,日本の新司法試験の論文式試験の問題をみると,先ほど述べたように,民事系内の総合的問題,刑事系内の総合的問題あるいは公法系内の総合的問題といった,旧司法試験にはない新たな類

型の問題が導入されたものの，上述のハーバード・ロースクールの問題のような工夫が施された問題は少ない。また，従来同様，1つだけある正解を求めることに重点をおいた試験問題が出題されがちである。

現実の複雑な世界では，唯一の正答が得られるような事案はほとんど存在しない。実務では，複雑な事実関係を分析して，考えられる選択肢のなかから，最適のものを自らの力で検討する能力が要求される。今後の新司法試験の論文式試験の内容を検討するにあたっては，ハーバード・ロースクールの論文式試験のように，複数の選択肢のなかから最適なものを検討させるような問題や，様々な法分野にまたがる利害関係を検討させるような問題の導入の是非も検討すべきであろう。

ウ．その他の能力を試す試験

合衆国では，既に述べたとおり，法曹にとって必要とされる実務技能を試す問題として，Bar Examにパフォーマンス（リーガルスキル）試験が導入されている。前述したとおり（149頁以下），このパフォーマンス（リーガルスキル）試験では，架空の事実や資料を中心に問題が作成されていることから，法的知識のみでは太刀打ちできない。受験者は，与えられたLibrary（参考文献）を参考にしながら，事件に関するFileに記載された複雑な事実関係を整理し，その整理された事実に法を的確に適用することが求められる。さらに，この試験では，様々なパターンのアサインメント（法律事務所内での上司に対するメモ，クライアントへの書簡，裁判所に提出する準備書面の作成等）が課されることから，各状況に応じて物事を文書で正確に伝達する能力等も求められることとなる。このようなパフォーマンス（リーガルスキル）試

験に加えて，合衆国のBar Examでは，法曹倫理試験（151頁以下）により，法曹倫理に関する基本的な理解も試される。合衆国では，このように，基本的な法原則・法理の習得のみならず，実務家として必要とされる一通りの基本的な技能・資質が試される。

　他方，日本では，このような試験は未だに導入されていない。改革審がこの種の試験の導入を提言したにもかかわらず導入に至らなかった理由の1つは，そのような問題の作成や採点が難しい，という点にあったようである。しかし，合衆国の長年の経験からして，パフォーマンス（リーガルスキル）試験，様々な分野にまたがる総合問題，法曹倫理に関する問題の作成及び採点は，十分可能である。毎年多くの受験者がBar Examを受けるカリフォルニア州やニューヨーク州でも，そのような問題を長い間採用してきた。

　実務では，単に基本的な法原則・法理をマスターしているだけでは足りず，法情報調査能力，文章作成能力，コミュニケーション能力，交渉能力，戦略構築能力等の実務技能が必要とされる。法曹倫理の重要性もいうまでもないであろう。これらの資質・能力の習得を促すために，パフォーマンス試験や法曹倫理試験を導入することの有用性は高い。また，新司法試験の短答式問題を，細かな知識を求めないように改めて，これまで司法試験の対象とされてこなかった様々な資質・能力を，パフォーマンス試験や法曹倫理に関する問題等で試すようになれば，法科大学院の学生がよりバランスのとれた学習を行うようになると思われる。逆にいえば，このような試験問題が司法試験に導入されない限り，法科大学院の教育は，いつになっても基本的な法原則や法理の習得ばかりに重点をおいたものとなってしまうであろう。この意味でも，著者らは，新司法試験にこれらの試験を導入することを強く提案したい。

新司法試験の内容が, 以上のように法曹としての基本的な資質や実務技能の習得の有無を確認するという観点から抜本的に改革されれば, 法科大学院の教育内容も, 当然, 知識偏重・暗記重視の教育から, このような法曹として求められる資質の養成に一層焦点を当てた教育へのシフトを迫られることになる。それにより法科大学院の教育が充実し, 卒業生の質が確保されれば, 新司法試験の合格者数や合格率の見直しの議論が高まり, 法科大学院の予備校化等の既存の懸念も解消するであろう。それはまた, 質・量ともに優れた法曹を輩出するという改革審が描いたビジョンの実現への大きな一歩でもある。

　以上のように, 新司法試験の改革は, 現状の打開と改革審が描いたビジョンの実現のために不可欠であるが, この改革は法科大学院の教育内容とも不可分に関連する。この改革を早期に実効性あるものとするためには, 法科大学院が自らの努力で教育内容を改善し, 一定水準の教育を確保することが重要である。そこで, 次項では, 法科大学院における教育水準の確保の方策について考えてみたい。

(2) 教育水準の確保

　新司法試験の内容が抜本的に改められると同時に, 法科大学院における教育水準の確保も欠かせない。新司法試験の内容が改められれば必然的に法科大学院の教育内容も改善されていくものと思われるが, 先ほど述べたように, 現在の状況において, 全ての法科大学院が改革審の求める質を養成するに足る有能な入学者を募り, 彼らに充実した教育を提供できるようになるとは思われない。市場の原理により十分な実績をあげられない法科大学院は自発的に退場するであろうが, 単にそれに期待するだけでは, 改革の達成に相当の時

間を要し,十分な効果も期待できない。改革が達成されるころには,法科大学院制度そのものが立ち行かなくなる可能性すらある。

そこで,緊急に法科大学院教育の質を向上させるための手段として,外部の第三者評価機関(独立行政法人大学評価・学位授与機構,財団法人日弁連法務研究財団,財団法人大学基準協会)による法科大学院の認証評価制度に重要な役割を期待できないであろうか。第三者評価機関による認証評価は,外部の目による客観的な検証作業により,法科大学院における学生,教員,教育及び修了認定の各々の水準をチェックすることができるはずである。もっとも,現在の認証評価制度では,各評価機関の間で基準や評価方法に相当ばらつきがあり,形式的で硬直的な基準が少なくなく,必ずしも法科大学院の教育成果を十分に反映するものとは言い切れない側面があることも否定しえない[67]。法科大学院の実質が的確に把握され,その結果が適切に公表され,教育水準の向上が図られるという一連のプロセスを達成するためには,認証評価制度の見直しが重要な課題であろう。

ここで情報公開の重要性を指摘したい。第三者評価機関は,各卒業年度の卒業生の司法試験合格率(受験1回目,2回目,3回目各々の合格率に加えて,総合の合格率を含む),司法研修所の修了試験(いわゆる二回試験)の合格率及び修了生の進路状況に関するデータを全ての法科大学院から毎年提出させて[68],その情報を整理し,わかりやすいフォーマットで毎年公表すべきである[69]。そのような情報は,法科

---

67. 前掲注62の法務省発表のワーキングチームの検討結果では,このような問題が指摘されている(9〜10頁)。
68. 2010年3月の文部科学省の省令改正により,司法試験の合格状況を含む修了者の進路状況が認証評価機関の評価項目に追加されることとなった。
69. 十数年前より,合衆国で認証制度の責任を負うABAのSection on Legal Education and Admissions to the Barは,卒業生のBar Examの合格率や進路状況に加えて,教員組織の構成,カリキュラム,入学者選抜等に関するデータを,年間のOfficial

第5章 法曹資格の取得——Bar Examとロースクールの卒業

大学院への入学を考えている者にとって極めて重要である[70]。入学志願者の多くは，当然，将来，法曹になって社会で活躍するという希望を抱いている。自分が入学を検討する法科大学院の卒業生の司法試験の合格率や進路状況が自分の期待するものと程遠いことがわかれば，当然入学を控えるという判断に至るであろう。その結果，公表されるデータにまとめられた成績が思わしくない法科大学院には，十分な入学者が集まらないこととなる。このような法科大学院がとるべき道は，法科大学院の教育内容を充実させてよい成績を残すよう改革を推進するか，統廃合への道を進むかのいずれかしかない。市場の競争原理により，改革審の要求する教育水準を満たすことのできない法科大学院は，それほどの時間を待たずに自然とふるい落とされるはずである[71]。

　もちろん，この改革は，上記(1)で挙げた司法試験改革とセット

Guide to ABA-Approved Law Schoolsとして刊行してきた。ここ数年は，ABAの同Sectionが，ロースクール入学のための適性試験であるLSATを管轄するロースクール入学管理委員会 (Law School Admission Council) と共同で，そのOfficial Guideを作成している。Official Guideでは，ロースクールの比較が簡単にできるように，例えば，Bar Examの合格率，進路状況や入学データといった事項について，全ロースクールを対象とする統計結果をまとめたチャートも掲載されている。LSACとABAは，このような情報をなるべく多くの人が利用できるように，Official Guideのオンライン検索版も無料で提供している。ABA-LSAC Official Guide to ABA-Approved Law Schools, 2011 Edition (Searchable edition) 参照。入手先は，http://officialguide.lsac.org/（最終訪問日2010年6月28日）。ロースクール入学希望者の多くがこのOfficial Guideを参考にしているため，このOfficial Guideの評価はロースクールへの志願動向に大きな影響を与える。そのため，このOfficial Guideは，ロースクール教育の改善の原動力となっている。

70. 井上，前掲注61も，「法科大学院志願者に対する積極的な情報開示」の必要性を指摘する (13頁)。
71. 実際上，司法試験合格率の低い法科大学院の多くは，すでに定員割れをしているようである。多くの法科大学院が定員を削減したため，2005年度から2007年度まで総定員は5800人以上だったのが，2010年度で4909人となった。それでも，定員割れの法科大学院が多く，全国の入学者の総数は4122人だけであった。法務省発表，前掲注62, 9頁参照。

で導入されなければならない。新司法試験で良好な結果を残すことの重要性から，少なくとも当面の間，法科大学院が修了生の司法試験の結果を一層重視するようになるからである。改革審の指摘するとおり，法曹養成は，司法試験という1つの「点」による選抜であってはならず，法科大学院の教育と新司法試験は有機的に一体のものとして捉えられなければならない。今後は，司法試験の内容がますます法科大学院の教育を決定づける要因となる。司法試験は，基本的な法律知識や分析能力に加えて，柔軟な思考力，洞察力，創造力，実務技能，法曹倫理感覚等を試すものへと変貌を遂げなければならない。

　以上が著者らの考える1つの現実的な改革の在り方であるが，よりドラスティックな改革方法として，合衆国のロースクール認定基準301（a）に関する新たな解釈である「解釈301-6」と同様の方式を日本に持ち込むことも考えられる。すなわち，新司法試験で一定の合格率を達成することを条件とする基準を設け，その条件を満たすことができなかった法科大学院を不適合法科大学院として，要改善校とした上で，それでも改善が見込まれない場合に卒業生は受験資格を喪失するという方式である。この方式の採用の是非を慎重に検討したが，結論としては，現在の日本の状況に鑑みると，適した改革方法にはならないように思われる。既に述べたように，合格者数の上限がない合衆国と日本とでは状況が全く異なる。合衆国では，解釈301-6の条件を満たしていないロースクールであっても，学術的な厳格さを求めれば，他のロースクールの合格率を下げることなく自校の合格率を上げることができる。他方，日本では，司法試験の合格者数に上限があるため，ある法科大学院が卒業生の

司法試験合格率を高めることに成功すれば、他の法科大学院の卒業生の合格率は、たとえその法科大学院の教育水準が十分なものであったとしても、必然的に下がらざるを得ない。結局、法科大学院は、法科大学院での合格率を引き上げることのみに目を奪われることとなり、より一層の受験予備校化を招くおそれがある。司法試験の「点」のみによる選抜から教育全体の「プロセス」への転換という改革審の理念からしても、法科大学院の教育の成果を「新司法試験」という1つの「点」と直結させるような改革方法は避けた方が良いのではなかろうか。

4) 改革後の展望

新司法試験と法科大学院における教育の改善という2つの歯車の改革が進むにつれ、多くの法科大学院は、法律知識の詰め込みや付け焼刃の受験テクニックが無駄だと悟るであろう。改革後に生き残ることができる法科大学院は、受験競争に長けた法科大学院ではなく、改革審のビジョンに沿った教育を提供できる法科大学院である。このような法科大学院の台頭により、教育の質が上がり、卒業生の質も上がれば、合格率は自然と上昇するはずである。いずれは、新司法試験の合格者数を制限する必要性などなくなるであろう[72]。生き残った法科大学院の学生の新司法試験合格率は十分に上昇し、学生は、新司法試験で試される科目や能力ばかりに目を向けることなく、法曹にとって必要とされる広範なスキルのトレー

---

72. この点で、合衆国におけるBar Examのみならず、日本における医師国家試験も重要な参考となろう。医師国家試験では、合格者数に特に上限があるわけではなく、医師として求められる資質を有するものであれば、合格が認められている。そのため、その合格率は毎年9割を超える。

ニングに時間を割くことができるようになる。それこそが，改革審が当初描いたビジョンそのものであり，新たな法曹養成制度の目指すべきところである。その到達点にたどり着くためには，数多くの関係者のたゆみない努力と工夫が不可欠である。この努力と工夫さえあれば，必ず理想的な法科大学院が実現すると思われる。著者らは，法科大学院がいま一度改革の原点に立ち戻り，改革審が目指したビジョンへ向かって力強く躍動していくことを願ってやまない。

■ 第6章

教　員

1. 教員の数と特徴

　ハーバード・ロースクールには，立派な図書館や建物など重要な資産が数多くあるが，最も貴重な資産は教員である。現在その数は，250人を超え，しかも多彩な教員構成を誇る。本章では，教員数の推移と教員の特徴とをみることによって，ハーバード・ロースクールにおける教育の本質を明らかにしたい。なお，研究者養成の在り方についても言及する。

1) 教員の数

　ハーバード・ロースクールが創設されて以来最初の40年間は，2人の教授がいただけであった。しかも，その1人は現役の判事だったことから，授業を担当できる期間が限られていた。当時在籍する学生の数は少なかったが，創設後27年目の1844年には156人まで増加した[1]。1861～65年の南北戦争の間に学生数は激減したが，戦後の1869年にはまた120人まで増えた。一方，同年に教授はわずか3人しかいなかった[2]。

　翌年，Langdellが学長に就任した。彼が在任した25年間に教員

---

1. Charles Warren, History of the Harvard Law School and of Early Legal Conditions in America Vols. I & II (New York: Da Capo Press, 1970), Vol. II, 34頁。
2. Arthur E. Sutherland, The Law at Harvard: A History of Ideas and Men, 1817-1967 (Cambridge, MA: The Belknap Press of Harvard University Press, 1967), 162頁。

の数は3倍以上に膨れ上がったが、それでも、1895年にはわずか10人であった(7人の教授、1人の助教授、1人の講師と1人のインストラクター)[3]。1910年までに15人に増えた[4]。それ以降も徐々に増え続け、1925年までに26人、1937年までに40人に達した[5]。教員の数がこのように着実に増加していったにもかかわらず、学生と教員との比率は、大幅に変わることはなかった。学生数が(第一次世界大戦中の短期間を除いて)年を追うごとに増加し続け、1895年には400人、1910年には750人、1937年には1500人に達したからである[6]。

教員数は第二次世界大戦後さらに増加した。Erwin Griswoldが学長を務めた最終年である1966年までに77人となった[7]。その後もさらに増え続け、2009〜10学年度には250人を超えた(100人以上の常勤教授又は助教授と150人以上の客員教授、講師及びインストラクター)[8]。ここで学生と教員の比率をみよう。第二次世界大戦後の年代をみると、学生数は比較的安定していたが、現在では、J.D.課程に約1680人、LL.M.課程に約160人及びS.J.D.課程に約50人で、合計でおよそ1900人が在籍している[9]。その結果、学生と教員の比率は、1937年に37.5：1であったものが2009年には11：1となり、大いに改善された[10]。

---

3. Sutherland, 前掲注2, 190頁。
4. Sutherland, 前掲注2, 162頁。
5. Sutherland, 前掲注2, 263, 303〜304頁。
6. Sutherland, 前掲注2, 162, 182, 304頁。
7. Sutherland, 前掲注2, 320頁 n. 3。
8. これらの数字は、ハーバード・ロースクールのウェブサイトの"About Harvard Law School,"から引用したものである。入手先は、http://www.law.harvard.edu/about/ (最終訪問日2010年6月23日)。
9. "About Harvard Law School,"前掲注8参照。
10. 2009年のデータは、ABA-LSAC Official Guide to ABA-Approved Law Schools, 2011 Edition(Searchable edition), 352頁による。入手先は、http://officialguide. lsac.org/SearchResults/SchoolPage_PDFs/ABA_LawSchoolData/ABA3457.pdf(最終訪問日2010年6月25日)。

2）教員の特徴

教員の特徴を知るために各教員のバックグラウンドを調べてみよう。

（1）実務経験

Langdell時代までは，全ての教員が実務家としての長い経験を積んだ後，教員に指名された。その約半数が教鞭を振るいながら実務に携わっていた。最初の教授Isaac Parkerは，教授でありながら，マサチューセッツ州の最高裁判所の現役の長官であった。Langdell以前の最も有名な教授Joseph Storyも，教授としての16年間を通じて合衆国最高裁判所の現役の判事であった。

Langdell自身も学長に就任する前，ニューヨークの著名な法律事務所で16年間弁護士実務に携わった[11]。1870年に学長に就任して間もなく，著名な実務家数人を講師として招聘し，1873年には，弁護士として17年間の実務経験を持つJames Bradley Thayerを教授に指名した[12]。他方で，同年，Langdellは，卒業したばかりで実務経験のないJames Barr Amesを助教授として指名し，画期的な第一歩を踏み出した。当時ハーバード大学の総長であったCharles William Eliotは，ヨーロッパ大陸における教員の指名パターンに言及して，Amesの指名の背景を次のように説明した。「ハーバード・ロースクールは，1つの例外もなく，実務家のなかから教員を指名してきた。しかし，この類いの適任の教員を獲得し採用し続けることがますます困難になるなかで，法学教員を獲得する別の方法があ

---

11. Bruce A. Kimball, The Inception of Modern Professional Education: C. C. Langdell, 1826-1906(Chapel Hill: The University of North Carolina Press, 2009), 42〜83頁参照。
12. Sutherland, 前掲注2, 185頁。

ることに思い至ったことは幸いである。その方法は，ヨーロッパ大陸の一流の法律学校が採用してきた方法であり，その方法により，今までに偉大な教員のみならず偉大な法律家が誕生してきた。これらの法律学校は，法律に関する天才的な才能をもって，教員としての人生を歩むことを希望している若者を選抜した。そして，若くして教員となることで，彼らの若さと熱意の全精力が教育と研究に注がれることが可能となったのである」[13]。

　Amesは，教授として目覚ましい業績を残し，後にハーバード・ロースクールの学長に指名された。Eliotは，後に，実務経験が皆無といってよい若者を指名したLangdellの決断を，合衆国における「従来の教員構成において未だかつてない最も影響が遠くにまで及ぶ変化の1つ」として讃えた[14]。しかし，当初，Amesの指名は議論を呼んだ。Eliot自身も，ヨーロッパ大陸のアプローチを賞賛したにもかかわらず，ハーバード・ロースクールにおいてそのアプローチを将来も利用するかもしれないが，「しかし，方針とはしない」と述べた[15]。Amesの後に指名された2人の教授は，いずれも実務経験を持つ者であった。Amesの指名から10年後に4年しか実務経験がない教授を指名したとき，ハーバード・カレッジの学長は抗議し，「裁判所や裁判官について語る際のLangdellとAmesの軽蔑的な態度」に関する懸念をあらわにした[16]。ハーバード・ロースクールの150年史が示すように，「その後長い間，ハーバード・ロースクールは（実務経験豊富な者対実務経験皆無に近い者という，教員の指名に関する）2

---

13. Warren, 前掲注1, Vol.II, 388〜389頁。
14. Sutherland, 前掲注2, 184頁。
15. Sutherland, 前掲注2, 186頁。
16. Sutherland, 前掲注2, 188頁。

つの対立するポリシーに難しい選択を強いられてきた」[17]。

　Amesの指名から130年以上を経た今日でさえ，教員の指名にあたって実務経験に関する考え方の対立が時折みられる。しかし，1970年代以降激しい議論が戦わされたイデオロギーや人種・性別の多様性といった問題とは対照的に，実務経験に関する議論は概ね安定してきた。ハーバード・ロースクールは，臨床プログラムや実務からの客員教授（Visiting Professors from Practice）プログラムのために，豊富な実務経験を有する実務家を採用してきた。しかし，ここ数十年の間，「研究者教員」[18]に実務経験の長い実務家をあまり採用していない。アメリカロースクール協会（AALS）の"Directory of Law Teachers for 2007～08"にリストアップされている，ハーバード・ロースクールの研究者教員77人の経歴を調べたところ，教員として採用された時点で10年以上の実務経験を持つ者は6人だけであった[19]。

---

17. Sutherland, 前掲注2, 184～185頁。
18. 合衆国において，このカテゴリーは，正確には「traditional tenure track faculty」（「伝統的な終身在職資格者」）あるいは単なる「tenure track faculty」（「終身在職資格者」）と呼ぶのが通常である。「終身在職資格者」という語は，終身在職権（テニュアー）を持つ教員と，テニュアーの資格を有する者の双方を集合的に指すために使用する。これは，学問や研究に重点をおいた，伝統的なカテゴリーである。しかし，その名称が日本人の読者がある程度聞き慣れた「研究者教員」の概念に似ているので，以下「伝統的な修身在職資格者」を「研究者教員」と呼ぶこととする。より詳細な説明として，ダニエル・H・フット「米国ロースクールの内側——教員の学歴・職歴等の統計分析を通じて」（法学協会雑誌121巻9号1285頁，2004年）参照。
19. 2007年秋時点のハーバード・ロースクールの教員に関するデータは，アメリカロースクール協会のAssociation of American Law Schools, Directory of Law Teachers for 2007～08に記載されている情報を著者らが分析したものである。10年以上の実務経験を有していた研究者教員6人の職歴をさらに調べてみると，2人は，1965年以前に採用された。他の4人のうち3人は，教授となる前に，法律事務所ではなく，政府や公益的な組織に勤めていた。4人目は，法律事務所と政府内で6年ずつ勤務した者であった。
　　分析対象となった77人のほかに，名前や専門分野しか記載されていない者及び名誉教授が数人ずつ載っていた。なお，8つの合衆国ロースクールにおける法学教授の経歴パターンに関するより詳細な調査については，フット，前掲注18参照。

第6章 教　員

　さらに興味深いことは，ハーバード・ロースクールの多くの「研究者教員」が実務経験を有していることである。裁判官の補助をするロークラークとしての経験及び法律事務所，政府，公益組織における勤務経験を含めて，2007年秋時点の前述した77人のうち，指名時に全く実務経験を有しない者は10人だけであった。1年の実務経験しかない者も13人に留まった。「研究者教員」の約70％にあたる残りの54人は，少なくとも2年の実務経験を有していた。77人全員の採用前の実務経験を平均すると，その期間は3.6年であった[20]。2〜4年の実務経験だけで熟練した実務家とはいえないけれども，それでも実務の感覚が身に付いて，理論と実務を架橋する研究と教育を行うのに大いに役立つ。

　ハーバード・ロースクールは，他の多くのロースクールと同様に，教員が実務に携わることを認めており[21]，実務を行っている教員が多い。有名なLawrence TribeやAlan Dershowitzは，フルタイムで教鞭を振るう一方で，上級審で弁論をしていることで広く知られている。会社法や租税法の分野で，顧問（オフカウンセル）として法律事務所で継続的に実務に携わっている教員もいる。短期のコンサルティング・プロジェクトを引き受ける教員も多い。このように，ハーバード・ロースクールでは，ほとんどの研究者教員が実務経験を有し，それが教育や研究に活かされてきた。その結果，法学教育は，

---

20. 予想どおり，実務家教員の実務経験は，研究者教員のそれよりも長い。同じ2007〜08学年度のDirectory of Law Teachersには，ハーバード・ロースクールの24人の臨床家（clinical）の教員が記載されていた。そのうち，22人が少なくとも1年間の実務経験を有しており，指名時において，24人の平均実務経験年数は7.75年に上っていた。しかし，そのうち，11人は5年以下の実務経験しか有しておらず，7人のみが10年以上の実務経験（日本において実務家教員として認定される最低条件である）を有していた。
21. もちろん，利益相反に関する制限や実務に携わる時間に関する制限がある。

理論と実務を真に架橋するものとなっている。

（2）裁判官・ロークラークの経験

　19世紀には，ParkerやStoryのように判事と教授を兼職するパターンがみられた。最近では，1961年に教授となったCharles Friedが，1995～99年にマサチューセッツ州最高裁判所の判事を務めながらパートタイムで憲法講義を担当し，その後フルタイムでハーバードへ戻った例もあるが，裁判所もロースクールも多忙になったこともあり，今日では裁判官が常勤の教員となることはめったにない。アメリカ人の法律家にとって，裁判官はあこがれの職業であり，教員になるために裁判所を辞めることはめったにない。しかし，今でも現役の裁判官が客員教授や非常勤講師としてロースクールで教えることは珍しくない。2008～09学年度において，連邦控訴裁判所の2人の判事を含む6人の現役裁判官がハーバード・ロースクールで教えていた[22]。

　このように，今日では裁判官経験者が教員となることは減ったが，ロークラーク制度を通じて，多くの教員が裁判所勤務の経験を持つ。ロークラーク制度の始まりは，マサチューセッツ州最高裁判所のHorace Gray判事がハーバード・ロースクールの優秀な卒業生をロークラークとして登用した1882年に遡る。その後，ロークラーク制度は緩やかに発展した。合衆国最高裁判所の何人かの判事が自己資金をもってロークラークを採用するようになったが，1919年に初めて，最高裁判所の全ての判事が連邦の資金でローク

---

[22]. Harvard Law School, Visiting Faculty Appointments 2008-09参照。入手先は，http://www.law.harvard.edu/faculty/appointments/index.html（最終訪問日2008年10月24日）。

ラーク1名を採用することができるようになった[23]。ロークラーク制度ができて間もなく，ロークラーク経験者がハーバード・ロースクールの教授となった。例えば，1888～89学年度にGray判事のロークラークを務めたSamuel Willistonは，1890年に助教授に指名され，1895年から教授を務めるようになった[24]。

時の経過とともに，ロークラーク制度は安定的に拡大した。ロークラークを採用する慣行は，連邦裁判所及び州のほとんどの裁判所にまで広がった。採用されるロークラークの数も増えた。今日では，合衆国最高裁判所の全ての判事は4人まで，連邦控訴審の判事は3人まで，ロークラークを採用することが認められている。ロークラーク制度が根付くにつれて，ハーバード・ロースクールのトップクラスの卒業生の多くが卒業後1～2年間ロークラークとして務めることが慣例となった。最近では，20%以上の卒業生がロークラークとなる。

ロークラークの経験は，教員を目指す学生にとって重要なステップとなった。それは，教員として指名されるための前提条件ではないにしろ，重視されるからである。そのことを反映するように，2007～08学年度のAALS Directoryに掲載されたハーバード・ロースクールの研究者教員77人のうち，57人（約74%）がロークラーク経験を有し，そのなかの36人（全体の約47%）は合衆国最高裁判所でのロークラークとしての経験を有していた。

ロークラークの経験が高く評価されるようになった理由は，第1

---

[23]. Daniel H. Foote, "Reflections of a Former Law Clerk"（松尾浩也先生古稀祝賀論文集下巻751頁，1998年）参照。
[24]. Mark L. Movsesian, "Rediscovering Williston," 62 Washington & Lee L. Rev. 207 (2005) 参照。

に，ロークラークに選ばれること自体が，優秀の証とされることである。合衆国最高裁判所のように，競争が特に激しいトップクラスのクラークシップに，より高い評価が与えられる。第2の理由は，ロークラークとしての仕事によって得られる貴重な経験が挙げられる。その勤務は，ほとんどの場合卒業直後の1〜2年だけであるが，非常に密度の濃いものである。ロークラークの任務は，原則として1人の裁判官の補助者となって，記録・判例・学説の調査から判決の素案の作成まで，裁判官の仕事の全般にわたる。合衆国の裁判官は，民事，刑事及び行政の全ての事件を扱うので，ロークラークの任務は司法プロセス全般を経験することになる。事実審である第1審のロークラークは，民事手続，刑事手続，証拠法をはじめとして，様々な法分野に関する問題を扱うと同時に，和解の話合い，陪審向けの口頭弁論術等，実務の多様な面を観察することができる。法律審である控訴審のロークラークは，様々な法分野における重要な法律問題を調査し，学術論文に近い形で分析することが多い。そして最高裁判所の場合は，複雑な案件や憲法問題がさらに多くなる。ロークラークの経験は，判例の分析や訴訟手続の理解のみならず，裁判官の判断の根底にある多くの側面の理解や判決が及ぼす影響の理解にも役立つ。

　合衆国のロースクールでは，このような密度の濃い，幅広い経験が高く評価される。就職活動において，通常，教員ポストを目指す者が予定担当科目を特定せずに，数科目から成る「担当してもよい科目」のリストを提示する。助教授として採用された場合，リストに載っていない科目を担当することも珍しくない。ロークラーク（又は弁護士）として幅広い経験を積んだ人なら，適応能力が高いように思われている。どの科目を担当するにしても，ロークラーク経験者は，

たいてい，裁判手続，裁判官の考え方，実務的側面等について，その経験を教育に取り入れることができる。

(3) 政府・法制度改革における経験

ロースクールにおいて，ロークラークとしての経験が重視されることは，判例法中心の伝統がある合衆国では当然かもしれない。他方，19世紀終盤から，政府機関における経験も重視されるようになってきた[25]。このタイプの最初の教員は，国際関連の公の機関での豊富な経験を持ち，1898年に国際法の教授に指名されたEdward Strobelである。20世紀に入ってからは，行政機関などの公の機関に関与する教員が徐々に増えてきた。第一次世界大戦中，その傾向はますます強くなり，世界大恐慌とニューディール時代には，政府の役職に就くために教員が次々にワシントンへ向かった。その多くは後にハーバード・ロースクールに戻り，また教鞭をとった。

教員が政府に勤務することは，それ以降さらに増えた。教員として採用される前に行政機関での勤務経験を積んだり，教員になってから1〜2年の休職を受けて政府の役職に就いたり，教える傍ら行政機関等の公的サービスに関与したりするパターンが定着した。2007〜08学年度のAALS Directoryに掲載された77人の研究者教員のうち，教員として指名される以前に，21人（27％以上）が政府機関の勤務経験を有していた。シカゴ大学ロースクールの教授だった頃，休職して2年間大統領の特別補佐官となった，前学長Elena Kagan（同学長は2009年3月に連邦のSolicitor Generalに就任し，2010年8月に合衆国最高裁判所判事に就任した）をはじめとして，数人の教授は，休

---

25. Sutherland, 前掲注2, 210〜211頁。

職して政府で活動した。現在でも多くの教員が政府の様々な諮問委員会に参加している。

このように行政府などの公的機関における経験が重視されるようになったことには，3つの理由が挙げられる。第1に，政府機関での仕事は，ロースクール修了者にとってクラークシップの経験とともにエリートコースとして位置付けられることである。毎年，多くの連邦と州の政府機関が，卒業直後又はクラークシップの任期終了直後の傑出したロースクール修了者のうち，行政の分野で興味と能力のある者を，若干名のみ採用する。政府機関は最高の卒業生を求め，競争は激しい。このようなエリートのポジションに選ばれることは，能力を証明する重要なキャリアとなる。

第2の理由は，このような仕事は，素晴らしい経験と特定の分野における専門的知識を提供する。民間の弁護士に比べて，政府機関での法実務の仕事は，法廷活動が多い。その関係で，政府機関での実務経験が，民事訴訟法，刑事訴訟法，行政手続法，証拠法，口頭弁論術等の分野にとっての貴重な訓練となる。法律家にとって，裁判過程のみならず行政過程も重要であるため，合衆国のロースクールは行政過程に関する教育にも重点をおく。行政機関による法の解釈，法の適用，規則の制定等が重要な課題となるため，行政機関の経験が重視される。そして当然に，勤めていた省庁の分野を学者として専門に扱うことが多い。例えば，条約その他の国際法問題について助言する，国務省の法律顧問事務所（Office of the Legal Adviser）に勤めた人は，国際法を専門に扱うことが多い。連邦労働関係局に勤めた人は，たいてい労働法を専門とする。

政府機関での経験が重視される第3の理由は，合衆国のロースクールが，法改正や政策形成に大きな比重をおいていることであ

る。Langdell時代に，ハーバード・ロースクールは，現存する法の原則，概念をマスターすることに重点をおいたとはいえ，190年以上の歴史を通じて，単純に法とは何かということのみならず，法はどうあるべきかということに意を注いできた。19世紀前半のStory教授は，架空の事実を用いて，学生に法の在り方について考えさせた。1880年代から定期試験に登場した政策に関する問題（第4章で取り上げた）は，まさに政策面や法改正に焦点を当てたものである。20世紀初頭以降，ハーバード・ロースクールの教員はまた，法改正活動に積極的に携わってきた。Roscoe Poundをはじめとして多くの教員がそのような活動に深くかかわった。1929年に創設された刑事法学研究所（Institute of Criminal Law）の中心課題の1つは，刑事司法制度改革であった。法改正活動への関与は，ニューディール時代にさらに拡大し，それ以降現在に至るまで継続してきた。今日でも，多くの教員がアメリカ法律協会（American Law Institute）等の法改正活動に積極的に参加している。Human Rights Program, Program on the Legal Profession, Program on International Financial Systems, International Tax Programのようなハーバード・ロースクールにおけるプログラムやセンターは，政策問題と法改正に重点をおいている。また，立法制度や立法府による法改正を中心に扱っているHarvard Journal on Legislationを含めて，多くの学生編纂によるジャーナルも政策問題と法改正に重点をおいている。これらの公式な組織や活動に加えて，大多数の教授は，その研究において法改正の視点を重視している。

　1928年にJames Landisが初めて立法学の教授となり，それ以来政策形成や法改正の視点がカリキュラムに組み込まれるようになった。特に1960年代以降，政策問題や法改正の視点は，以前にも

まして重視されるようになり，今では，第1学年の基本科目を含めて，カリキュラム全体に組み込まれている。さらに，第3章でみたように，最近の第1学年のカリキュラムの改革により，「立法と規制」(Legislation and Regulation)が必修科目に加えられ，政策問題・法改正の重視が一層強くなった。これらの視点は，法制度とそれを取り巻く社会的，経済的，政治的環境全般の理解を深め，問題解決の意識を高め，法創造能力を養う。そのため，将来行政機関や立法府に勤めて政策形成に直接携わる人だけではなく，一般の法律家にとっても重要であると考えられるようになってきた。

(4) 学際的なパースペクティブ

1875年まで，カレッジの学位はハーバード・ロースクールの入学資格の要件ではなかったが，ハーバード・ロースクールの初期の頃から，カレッジで法律以外の分野を学習した学生が多かった。また，教員のなかには，法律以外の分野の高度の研究に従事する者もいた。例えば，Amesは，ハーバード・ロースクールに学生として出席しながら，ハーバード・カレッジで外国語と歴史を教えていた。Poundは，植物学のMaster of Arts（修士号）を有しており，社会学，法制史，法理学を始めとする多くの他の分野について学習した。しかし，第二次世界大戦以前に，法律以外の分野で高度な学位を有しているロースクールの教員は少なかったようである。

第二次世界大戦後，その状況は変わった。1940年代に始まった国際法と比較法の拡大により，外国の文化や外国の法システムに関する研究を行った教員が多く採用された。そして1960年代に，より広範囲な学際的なパースペクティブを積極的に取り込むこととなった。その結果，法律の学習に加えて，経済学，社会学，医学及

び人間行動学のような分野で修士号ないし博士号を取得した人が教員として採用されるようになった[26]。2007〜08学年度のAALS Directoryに掲載された77人の研究者教員のうち,36人（約47％）が法学以外の分野で修士号又はより上の学位を有していた（そのなかでPh. D.を有する教員は20人）。

　学際的な視点は,ハーバード・ロースクールの教員が行う研究や教育に広く反映されている（カリキュラムに関する第3章も参照されたい）。歴史,経済,社会学,医学,心理学,文学,人種及びジェンダーのような分野からのパースペクティブは,カリキュラム全体の科目やリサーチに組み込まれている。

(5) 多様性

　以上のことからわかるように,ハーバード・ロースクールの教員は,様々な実務・職業経験と学際的な視点を持つ。また,合衆国の大学において,学部段階で法律の専攻が原則として存在しないため,ほぼ全教員が,学部時代で法律以外の分野を専攻した。そのため,教員の構成はきわめて多様なものとなっている。

　ただし,合衆国において「多様性」(diversity)という言葉を使うと,まずジェンダーと人種のことを思い浮かべる。その点に関して,最近までハーバード・ロースクールの教員構成は多様ではなかった。むしろ,歴史的にみて,白人の男性以外の教員は少なかった。1920年代に刑事法学研究所の研究者としてEleanor Glueckが指名され,1948年にSoia Mentschikoffが客員教授として指名されたが,

---

26. Joel Seligman, The High Citadel: The Influence of Harvard Law School (Boston: Houghton Mifflin,1978), 126頁参照。

1972年まで，女性は正規の教授ポストにいなかった[27]。また，1971年になって初めてアフリカ系アメリカ人の男性が教授となった。それ以降，女性とマイノリティーの教員の数は着実に増加し，2008年秋の時点で，研究者教員124人のうち，27人は女性，9人はマイノリティーであった。さらに，同じ時点で，実務家教員28人のうち，13人は女性，2人はマイノリティーであった[28]。2003年に，Elena Kaganが史上初の女性の学長に選ばれたことも，女性の地位の向上を物語っている（同学長の後継として学長に指名されたMartha Minowは2番目の女性学長）。

2. 研究者養成

　日本では，法科大学院制度下における研究者養成の在り方が重要な課題となっている。そこで，本節では，ハーバード・ロースクールの研究者養成制度を参考にして，この問題を考える。

　合衆国のロースクールでは，研究者教員となるために決まった道がない。ハーバード・ロースクールの教員は様々なキャリアコースを歩んで教員となった。2007～08学年度のAALS Directoryに掲載された77人の研究者教員の経歴をみると，ロースクールの教員として採用される前に，29人が法律以外の分野における高学位を取得し，1年以上の実務経験も積んでいた。さらに7人が法律以外の高学位を持っていたが実務経験がなかった。38人が法律以外の

---

27. Mary Elizabeth Basile, "False Starts: Harvard Law School's Efforts toward Integrating Women into the Faculty, 1928-1981," 28 Harv. J. L. & Gender 143（2005）参照。
28. このデータは，ABA-LSAC Official Guide to ABA-Approved Law Schools, 2011 Edition前掲注10, 352頁による（最終訪問日2010年6月25日）。

高学位を持っていなかったが実務経験を積んでいた。わずかに，3人だけが法律以外の高学位も実務経験もなかった。高学位の専門分野及び実務経験は多様多彩であることを考えると，学者になるのに様々な道があることがわかる。

では教員はどこで研究方法をマスターするのだろうか。第2章でみたように，1930年代以来，ハーバード・ロースクールの全ての学生が，卒業の条件として，教員の指導のもとに研究論文を作成しなければならないこととなっている。ときに，その制度を通じて，充実した指導を受けた学生がすばらしい研究成果をあげる。しかし，一般的には，研究者を育てるのに「卒論」制度は十分とはいえない。では，ほかにどのように研究者を養成しているのだろうか。まず，これまでの日本における典型的な2つの研究者養成コース，すなわち，助手・助教制度と法学修士・法学博士課程とを比較しながらハーバード・ロースクールの状況を紹介し，最後に，合衆国ロースクールにおける特徴的な研究者養成メカニズムであるローレビュー制度を紹介する。

（1）助手・助教の制度

日本におけるこれまでの典型的な研究者コースの1つは，助手（最近の名称変更により，「助教」）制度である。この制度において，法学部卒業後（最近では，法科大学院卒業後の場合もある），選び抜かれた優秀な人が特定の法分野における助手・助教となり，おおよそ3年間，報酬を得ながら指導教授のもとで高度な研究を行い，論文を作成する。

日本の助手・助教制度には長い歴史があるが，ハーバード・ロースクールにおいて，最近になって初めて似たような制度が設けられ

た。1990年代の前半に，法学教育における（人種，性別等の）多様性を高めることを目的としたCharles Hamilton Houston Fellowsプログラム及びReginald F. Lewis Fellowsプログラムが始まった。研究者を目指す1～2人に，高度な研究に専念できるよう2年間奨学金が与えられる（2008年現在, The Reginald F. Lewis Fellowship for Law Teachingは，2年間で計5万2000ドル）。そして1990年代の後半に，研究者を養成するためのClimenko Fellowsプログラムが設立された。このプログラムでは，毎年，研究者を目指す優秀な者数人（最近では，毎年6～7人）が2年間のfellowshipを与えられる。その間，ロースクール1年生向けのLegal Research & Writingを担当することにより教育経験を積む。それ以外の時間は，自らの研究に専念することとなっている（2010年現在, Climenko Fellowsの報酬は1年間約6万ドル）。ほかにも，法学博士課程の学生向けの奨学金，法制史関連の奨学金，法とイノベーション関連の奨学金等，研究者を目指す者のための特殊なfellowshipもある[29]（これらfellowshipプログラムはそのほとんどが卒業生の寄附で作られたもの）。今後，これらのプログラム（及び他のロースクールにおける同様のfellowsプログラム）が，研究者教員になるための1つの道として定着することが予想される。

　しかし，日本の助手・助教制度と異なり，2008～09学年度にClimenko Fellowsとしてハーバード・ロースクールで教えた14人全員を含めて，これらのプログラムに選ばれるfellowsの多くは実務経験を有する。その理由は制度上にある。上述したように，合衆国では，実務家教員のみならず，研究者教員の多くが実務経験を有する。優秀な卒業生の多くが裁判所のロークラークとなり，続いて

---

29. ハーバード・ロースクールの全てのfellowshipのリストは次のサイトに載っている：http://www.law.harvard.edu/academics/fellowships/（最終訪問日2010年6月23日）。

法律事務所や政府関係の実務に携わることも多い（今日では，ロークラーク経験者が法律事務所に就職する重要な経済的な理由もある。それは "law clerk bonus" のことである。スポーツのスター選手と同じように，優秀なロークラークを採用するために，1980年代の後半から大手の法律事務所が，給料とは別に，signing bonus を提供するようになった。しかも最近までボーナスの額が年々上がり，2007年では連邦最高裁判所のロークラークに提供するボーナスが25万ドル，連邦控訴裁判所のロークラークに提供するボーナスが5万ドルに達したと伝えられている[30]）。ロースクールは実務経験を評価するとはいえ，研究者教員として採用する際，学問的な業績も要求する。しかし，大手の法律事務所のアソシエート等，優秀な実務家は通常非常に忙しくて，仕事以外で研究をしたり論文を書いたりする時間がなかなかみつからない。Lewis Fellowship や Climenko Fellowship は，研究者になりたい優秀な実務家に研究業績をあげるための時間を与えることになる。

2009年から，Visiting Assistant Professor（VAP）制度と称して，研究者への転職を目指す優秀な実務家のために，別の道を導入することになった。ウェブサイトによると，「相当な法的実務経験（substantial legal practice experience）――ロークラークとしての経験以外に，政府関連，非営利組織，又は民間（government, non-profit, or private）での，少なくとも3年間の実務経験――を有する人で，教職を強く希望しているが通常の tenure-track ポストへの採用のために学術的な業績が足りない候補者を求める」[31]。VAP として選ばれた場合，2年間のポストが与えられる。その間，通常の教員と同じ単位数

---

30. David Lat, "Op-Ed Contributor: The Supreme Court's Bonus Babies," N.Y. Times (June 18, 2007) 参照。入手先は，http://www.nytimes.com/2007/06/18/opinion/18lat.html（最終訪問日2010年6月23日）。
31. Harvard Law School, "Visiting Assistant Professor," 入手先は，http://www.law.

の授業を担当することとなっている。そのほかに、相当の学術的な成果をあげることも期待される。「VAPの2年目に、教職のための就職活動を行うだろう」。給料（年12万5000ドル）のほかに、research budgetもbudget for travelも与えられる。

　以上のfellowsプログラムとVAP制度のほかに、現役のロースクール学生が、学年中又は夏期休暇の間、教授の研究を補助するresearch assistant制度がある。優秀な学生に高度な研究の機会を与えると同時に、教授の指導のもとに研究方法を学ぶ。Research assistantとしての研究は、教授との共著又は独自の論文につながることもある。

（2）法学修士・博士制度

　日本におけるもう1つの典型的な研究者への道、すなわち、法学部卒業後、特定の法分野における修士課程と博士課程を経てそのまま学問の世界に進む、という道は、合衆国のロースクールではあまりみられない。ハーバード・ロースクールの場合、1870年頃に修士課程ができたが、長続きはしなかった[32]。その短期間を除けば、1910年まで、法学士（LL.B.、現在のJ.D.にあたる学位）より上の学位課程はなかった。1910年に博士課程（S.J.D.）が、そして1924年に修士課程（LL.M.）が導入された。これらの課程は、（日本の法学教育制度に強い影響を及ぼした）ヨーロッパ大陸の大学における法学教育制度がモデルとなったようである[33]。

　これらのプログラムの狙いは、研究者教員を養成することであっ

---

harvard.edu/faculty/research/visiting-prof/index.html（最終訪問日2010年6月23日）。
32. Gail J. Hupper, "The Rise of an Academic Doctorate in Law: Origins Through World War II," 49 Amer. J. Leg. Hist. 1, 14（2007）参照。
33. Hupper, 前掲注32, 7～8頁参照。

た。それにもかかわらず，当初のS.J.D.課程は，研究論文さえ伴わない授業中心の1年間だけのプログラムであった。もっとも，その対象分野は，私法・実定法中心であった当時のハーバード・ロースクールのLL.B.カリキュラムと対照的であった。S.J.D.課程で扱った科目は，ローマ法，法理学，比較法，法制史，国際法等の「非テクニカル」な法分野及び公法や立法学であった[34]。「社会学的法学」(sociological jurisprudence) を唱えたRoscoe Poundが1916年に学長になってから，法と社会の関連を探究する科目も増えた。その後，研究が徐々に重視されるようになったが，原則として全てのS.J.D.院生が研究論文を提出する義務を負うようになったのは，1928年であった[35]（研究論文の提出義務はLL.M.院生にまでは及ばなかったので，その時点からS.J.D.課程は研究中心の位置付けとなったのに対して，LL.M.課程は依然授業中心のものであった。それまでは，LL.M.とS.J.D.の修了条件はあまり変わらなかったようである。教育課程の内容よりも，2つのプログラムの主な違いは院生のレベルであった。より優れた院生がS.J.D.課程に，それほど優秀でない者がLL.M.課程に振り分けられたようである[36]）。

S.J.D.課程は1910年に導入されたがその後1940年までの30年間に，218人が同課程を修了し，その約70％が教員となった[37]。1940年の時点において，ハーバード・ロースクールの32人の教授のうち，10人 (30％以上) がS.J.D.課程の出身であった[38]。その後，S.J.D.の学位を持つ教授の割合が減ったが，1950年代においても教授の20％程度がS.J.D.を持っていた[39]。

---

34. Hupper, 前掲注32, 16～18頁参照。
35. Hupper, 前掲注32, 27頁参照。
36. Hupper, 前掲注32, 44頁参照。
37. Hupper, 前掲注32, 54頁参照。
38. Hupper, 前掲注32, 55頁参照。

しかし，合衆国において，S.J.D.課程は研究者養成の一般的な道とはならなかった。1930年代の前半から，この課程に対する批判が強まり，ハーバード・ロースクールの教授会は，S.J.D.とLL.M.プログラムを審査するための特別委員会を設けた。1933年の暮れに出された同委員会の報告書は痛烈なものであった。ハーバード・ロースクールの学位を狙ってやってくる院生がハーバード・ロースクール全体のレベルを下げていると批判したうえで，両プログラムを廃止すべきだという見解に言及した[40]。結局，両プログラムは存続することとなったが，他方で，入学者選抜の基準，修了要件等が厳しくなった。ほぼ同時期に，研究論文の作成がLL.B.課程の修了要件となる等，LL.B.課程の学生が研究を行う機会が増えた。両方の改正の影響によると思われるが，その後，アメリカ人の学生の間では，S.J.D.とLL.M.への関心が大幅に薄れていった。

　他方で，合衆国以外の国では，LL.M.及びS.J.D.が高く評価され，第二次世界大戦後，アメリカ人以外の院生が中心となってきた。今では，合衆国において，知的財産法や租税法のように，専門性が特に高い一部の分野，そして比較法や法制史のように，他国や過去の，いわば第二の法制度や文化をマスターしなければならないような分野において，修士課程と博士課程はそれなりに評価されている。しかし，これらの例外的な分野以外では法学修士号・博士号はそれほど高く評価されない。ロースクールではおける成績が比較的低い学生やランキングの低いロースクールの出身者で学問の世界を目指す人が，履歴書に"箔をつける"ために法学修士・博士の学

---

39. Hupper，前掲注32，2頁参照。
40. Hupper，前掲注32，46〜47頁参照。

位を取ることがあるが,ランキングの高いロースクールで優秀な成績を収めた人は,法学修士・博士の課程を志望しない[41]。

この状況は,ハーバード・ロースクールの研究者教員の経歴に反映されている。2007〜08学年度のAALS Directoryに掲載されている77人の研究者教員のうち,法学修士号(1人)と法学博士号(4人)を持つのは計5人だけであった。博士号を持つ4人のうち,3人は合衆国以外の国で学部の教育を受けてから,合衆国のロースクールで法学修士号及び法学博士号を取得した。残りの1人は比較法の専門家であった。法学修士号を持つ1人は,環境法の専門家であった。

(3)ローレビュー[42]

合衆国の研究者養成において,見逃してはならないもう1つの重要な手段はローレビューである。第2章で紹介したように,学生が編集するロージャーナルの伝統は,1887年に誕生したHarvard Law Reviewから始まった。この例に倣って,他のロースクールも同様の学生編集のローレビューを設けるようになった。

当初,ローレビューは1つのロースクールに1つしかなかった。このlaw reviewは,分野を問わず法に関する優れた論文を載せた。その後,特殊分野を扱う学生編集のspecialized law reviewも登場するようになった。ハーバード・ロースクールの場合,2010年現在,Harvard Law Reviewのほかに,次の15の学生編集のspecialized law reviewsがある:①アフリカ系アメリカ人その他のマイノリティーに関連する法律問題を中心に扱うHarvard Journal on Racial

---

41. フット,前掲注18,1331〜1335頁参照。
42. ローレビュー制度について,フット,前掲注18,1326〜1329頁参照。

and Ethnic Justice, ②市民的権利・自由を中心に扱うHarvard Civil Rights-Civil Liberties Law Review, ③環境法を中心に扱うHarvard Environmental Law Review, ④国際人権を中心に扱うHarvard Human Rights Journal, ⑤国際法・比較法を中心に扱うHarvard International Law Journal, ⑥フェミニスト法学・ジェンダー論を中心に扱うHarvard Journal of Law & Gender（以前, Harvard Women's Law Journalという名称であった）, ⑦保守的思想・自由意志論（conservative and libertarian scholarship）を中心に扱うHarvard Journal of Law & Public Policy, ⑧知的財産権等, 法とテクノロジーを中心に扱うHarvard Journal of Law & Technology, ⑨立法及び立法過程を中心に扱うHarvard Journal on Legislation, ⑩ラテン系アメリカ人に関連する法問題を中心に扱うHarvard Latino Law Journal, ⑪法と政策を中心に扱うHarvard Law & Policy Review, ⑫裁判外紛争解決手続（Alternative Dispute Resolution）を中心に扱うHarvard Negotiation Law Review, ⑬スポーツ及びエンターテインメントに絡む法律問題を中心に扱うHarvard Journal of Sports and Entertainment Law, ⑭左派思想を中心に扱うオンライン・ジャーナルであるUnbound, ⑮国家安全の法と政策を中心に扱うオンライン・ジャーナルであるNational Security Journal。これらの特殊ジャーナルは年1～2回発行される。Harvard Law Reviewは, 創設以来, 学年度中ほぼ毎月年間8回発行される。

　合衆国では, ローレビューの経験が研究者養成にとって重要な位置を占める。

　Main law reviewの編集者に選ばれることは, 学生にとって最高の栄誉の1つとされる。Harvard Law Reviewの場合, 編集者は優秀な学生から選ばれ, 1920年から1968年まで編集者の選抜は成績

順であった。そのため,「ローレビューの編集者」であることは, そのままクラスのトップであることを意味した。今日ではそれほど機械的ではないとしても, ローレビューへの選抜は通常, 1年次の成績と誰でも参加できるライティング・コンペティションの結果による。そのため, 今でもローレビューの編集者として選ばれることは, 優秀である証とされている。

教員の選抜に当たってローレビューの編集者であったことが重視されるもう1つの大きな理由は, 編集の経験にある。ほとんどのローレビューは学生によって運営され, 通常「論文」と「研究ノート・コメント」という2つのカテゴリーの記事から成る。

「論文」は50頁以上にわたることも多い論稿であり, 法学者が執筆して投稿したもの (当該ロースクールのみならず, 他のロースクールの教員からの投稿も多い。実務家からの投稿も時折みられる)。「研究ノート・コメント」は通常, 25ページ以下と比較的短く, ローレビューの学生メンバーによって書かれているもので, 典型的には最近の重要判例や最先端の法律問題を中心に取り扱う (最近では,「コメント」という名称は,「最近の判例」(Recent Cases) 及び「最近の立法」(Recent Legislation) に変更されている)。

ほとんどのローレビューには, 学者・学生編集者による書評も載る。Harvard Law Reviewの場合, 慣例として毎年2つの特集号を組む。11月に出るSupreme Court特集は, 特別に依頼された学者 (著名な憲法学者であることが多い) による論文 (Supreme Court Foreword) に加えて, 第3学年の編集者による, 前年度の合衆国最高裁判所の25ぐらいの重要判例に関するコメント, そして最高裁判所に関する統計等から構成される。原則として2月に出るDevelopments in the Law特集は, 主に第2学年の編集者8人前後が役割を分担して, 既

に話題となっているテーマ又は今後ますます重要になっていくと思われるテーマに焦点を当てて，政策課題を含めて様々なテーマを多くの視点から取り上げる。最近では，「精神病の法理」，「メディアの法理」，「民主主義と投票」といったテーマが取り上げられた。

　Harvard Law Reviewの場合，通常，学生たちは第2学年になる前に，ローレビュー編集者に選抜される。第2学年の初めには，編集者の仕事はいわゆる「引用チェック("cite-checking")」（全ての論文，ノート，コメント等の全引用について，引用の適切さをその出典から注意深く調べること）と，出版前に論文等を校正することが多い。けれども，ほとんどのメンバーにとっては，第2学年の多くの時間は自らの研究ノート又はコメントのための研究及び作成に費やされる。これは通常，適切なトピックについて死にものぐるいで調べること（同時に，他のローレビューで既に同じトピックについて論文が出ていないかどうか確かめる「先取りチェック("preemption check")」）で始まる。それが終わると，多方面の研究，執筆を行い，第3学年編集者の集中的な指導を受けて何度も書き直す。通常，関連分野を専門とする教員もまた，その研究ノートとコメントについての指導教員となる。だが，第3学年編集者の要求は，必ずといってよいほど教員よりもずっと厳しい。中身と構成について何度か大がかりな編集を行った後でさえ，著者と編集者は並んで座り，少なくとも2回さらに完全な編集を行う。論文を1行1行読みながら，中身とスタイルの問題を全体にわたって再検討する。

　第3学年では，ほとんどのローレビュー編集者が，第2学年の研究ノートとコメントの指導について，又は，教員や実務家が投稿した論文の選択，編集について責任を負う。法学者が論文を投稿すると，学生たちが最初にそれを精読して，公刊に値するかどうか

第6章 教員

決定する。自校の教員が書いた論文を不採用とすることは，学生たちにとって珍しいことではない。Harvard Law Reviewの場合，競争は非常に厳しい。合衆国の全てのローマジャーナルのなかでも，Harvard Law Reviewはプレステージがきわめて高く，それに自らの論文が載ることはかなり名誉なことである。フットが編集者だった1979～81学年度でも，毎月60～80より多い数の論文が提出されるが，そのなかから2つだけを採択した。最近では，競争がさらに厳しくなっているようである。現在，論文審査は匿名で行われているため，論文の執筆者がハーバード・ロースクールの教員であっても，編集者にはわからない。

採用された論文について，学生メンバーは細心の注意を払って編集する。教員と一緒に1行1行読み合わせながら編集することは難しいとしても，教員の論文を編集するプロセスは，学生の論文を編集するのと同じくらい厳しいことが珍しくない。時折，学生編集者は，論文のほとんど全ての文について変更を提案するか，あるいは大規模な構成の変更を強く要求することさえある。

ローレビュー編集者の仕事は，通常広範囲の分野，密度の濃い研究の最先端を追いかけたり，広範な執筆と編集をしたり，引用形式その他の論文の細部に注意を払ったりして，様々な経験を得ることができる。ローレビューの編集の仕事は非常に厳しい。忙しいときには，1週間に40～50時間以上を使うことも珍しくない。

Obama大統領がHarvard Law Reviewの最初のアフリカ系アメリカ人の編集長であったことが広く伝えられている。ここで，編集長の役割を簡単に紹介しておこう。Harvard Law Reviewの編集長は，編集者全員による選挙で選ばれるローレビューの最終責任者である。全ての掲載論文に関する最終の審査に加えて，ビジネス

面，編集者・スタッフの経営，ローレビューの基本方針等，ローレビューの全ての面で責任を負う。80人以上の優秀で競争心の強い人々が長い間密接に行動すると，対立が必ず生じる。編集に絡んで，投稿者と編集者との間の対立や，ローレビューの基本方針について，ハーバード・ロースクールの教授（Harvard Law Review経験者が多い）と編集者との間の対立も生じる。そのような対立を調整するのも編集長の仕事である。そのため，編集長に選ばれることは名誉であるが，同時に重大な職責を担うこととなる。

　以上の説明で明らかな通り，ローレビューの経験は，研究生活のための貴重な訓練となる。2007～08学年度のAALS Directoryに掲載されている77人の研究者教員の経歴をみると，合衆国以外の国で法学教育を受けた4人を除けば，残りの73人中60人（80％以上）がローレビュー編集者の経験を有していた。

3. 歴史の教訓

　ハーバード・ロースクールのように，250人を超えるトップクラスの教員を集めるためには相当の資力が必要であり，日本の法科大学院にはなかなか真似のできないことであろう。しかし，以上に挙げた教員の特徴は，いずれも教訓となる。理論と実務を架橋する教育を基本理念とする日本の法科大学院にとって，実務家教員のみならず，研究者教員にも実務経験は重要である。日本の法曹にとって訴訟事件中心の仕事が多いことを考えると，ロークラークのように，法廷実務及び裁判所の内側を経験することは，教員にとって望ましいことである。一般の弁護士にとって，案件を解決するにあたって，訴訟のみならず行政絡みの様々な手続を利用する機会が

第6章 教 員

多いことを考えると，行政に精通する教員も育てるべきである。今後，立法，行政等の分野において法曹の果たすべき役割がますます拡大していくことを考えると，行政機関等の経験がいっそう重要となる。法を取り巻く経済的，社会的，歴史的環境の理解を深めるため，法律以外の分野の高度な研究や学際的な研究を行う教員も育てるべきである。そして，教員が性別，人生経験等において多様になることにより，これまでに注目されてこなかった重要な視点も明らかになるはずである[43]。

これまで，日本には典型的なキャリアコースがあったため，実務経験を積む道や他の分野の高度な研究を行う道が開けなかった。新しい道を開くため，様々な組織による工夫が必要となる。

最初の課題は，現存する教員への実務経験の提供である。理論と実務を架橋するという目標を達成するため，研究者教員に実務の世界を理解するための機会を与えることが法科大学院の重要な責務となる。多くの法科大学院が既に，教員としての任務の傍らに一定の範囲内の実務に携わることを認めているため，定期的に法律事務所で実務を行う研究者教員も少なくない。これは，実務を経験するための重要な手段であり，奨励すべきである。より長い，まとまった期間にわたって，法律事務所のみならずその他の実務関連機関にも入ることができれば，さらに充実した経験となるはずである。もっとも，現存する研究者教員が丸1年を実務経験に費やすことは非現実的であり，そのような余裕もないであろう。しかし，夏期休暇等を利用して，研究者教員が法律事務所，企業の法務部，裁判

---

43. 法学教育における多様性の意義について，ダニエル・H・フット「法学教育における多様性——その意義と含意」『法律時報増刊，司法改革2002』41頁（2002年）；ダニエル・H・フット「経験，多様性，そして法」（野崎綾子『正義・家族・法の構造変換——リベラル・フェミニズムの再定位』227頁（勁草書房，2003年））参照。

所,検察庁等の実務関連機関で数週間勤務し,そこで経験を積むことが奨励されるべきである。そのためには,弁護士会,裁判所,法務省等の協力も不可欠である。

　将来的には,専攻は何であれ,新しく採用される大多数の教員が,司法試験に合格して司法研修所における修習を完了していることのみならず,教壇に立つ前に少なくとも1〜2年間実務を経験することが望ましい。その経験には,法律事務所での経験だけでなく,裁判所,政府機関,公的組織における経験も期待される。その関連で,司法制度改革審議会は,合衆国のロークラーク制度と同様のロークラーク制度を,日本においても創設するように提案した[44]。いつの間にか,その提案は立ち消えになったようにみえる。しかし,この提案が復活して実施され,法務省や他の省庁,政府機関及び公的組織が,法学教授を目指す者に対して教壇に立つ前に実務を体験することができる機会を提供することが望ましい。

　さらに,法科大学院は,学者が学際的な研究をすることを奨励するべきである。未修者コースの開講により,学部や大学院で法律以外の分野を専攻した学生たちにも入学する扉が開かれた。法科大学院に入学する以前に法律以外の科目において高度な研究を行ってきた優秀な学生を教員として歓迎するべきである。

　最も重要な教訓は,教職へ進むための道を1つに限定しないことである。日本では,法科大学院制度が始まってから,教員の養成方法について強い懸念が示されている。なかには,従来どおりの,特定の法分野における助手・助教コースや博士課程を経て教職に進む道を新制度において再構築しようとする動きがある。そのような

---

44. 2001年6月12日,司法制度改革審議会「司法制度改革審議会意見書——21世紀の日本を支える司法制度」94頁。

道も重要であるが,ハーバード・ロースクールの歴史が示すように,ほかにも様々な有力な道がある。視野の広い法曹を育てるという法科大学院制度の基本理念からすると,様々な実務経験,豊富な学際的視点,多様な人生経験等を有する幅広い教員構成が望ましい。

　最後に,研究者養成について,2つの教訓を挙げよう。まず,ハーバード・ロースクールが,卒業の条件としての研究論文に加えて,独立研究,research assistantとしての研究,ローレビュー等によって,J.D.プログラムの学生に豊富な研究の機会を提供している点である。司法試験の準備に追われている日本の法科大学院の学生の場合,高度な研究のために時間を割く学生の数は自ずと限られるであろうが,研究に意欲のある学生には十分な機会を与えるべきである。

　次に,実務経験を積んだ人に教職への道を開くことの重要性である。ハーバード・ロースクールにおけるLewisとClimenko FellowsやVisiting Assistant Professorプログラムのように,実務経験を3〜5年程度積んだ優秀な人材が,研究者教員となるために2年間ほど研究に専念し,あるいは研究と教育を両方経験できるように,助教としての採用を認めるか,特別なfellowshipプログラムを設けることが望ましい。実務経験を積んだ人材が研究者教員となる道を開くため,大学側のこのような工夫に加えて,第三者評価機関による教員資格の審査基準も見直さなければならなくなるであろう。理論と実務を架橋する教員を真に育てるために,そのような工夫が必要である。

■ 第7章

学 生

　ハーバード・ロースクール190年の歴史をひもとくと, 入学者選抜方法には, 大きく分けて3つの異なる時代のアプローチがあることがわかる。本章では, それぞれの時代のアプローチを考察するなかで, 学生の特徴について検討する。

1. Langdell以前の時代

　ハーバード・ロースクール創立の当時, 合衆国において, 学術的な法学教育は極めて例外的なことであった。当時, ほとんどの弁護士志望者は法律事務所における実習を通じてトレーニングを積んでいた。そのため, ハーバード・ロースクール創立後最初の50年間の合衆国において, 学生数及びその構成はかなり流動的であった。初年度 (1817〜18年) の入学者は, わずか6人。最初の12年間において, 履修した学生は合計104人しかいなかった。しかも, 短期間しか履修しない学生や学年と関係なく入ったり出たりする学生が多かった。学生数が最も多かった時点をみても, その人数はわずか12人。1828〜29学年度には履修生が1〜2人にまで減少した[1]。1829年にJoseph Storyが教授に就任してからは, 徐々に増加し, 1844年に

---

1. Arthur E. Sutherland, The Law at Harvard: A History of Ideas and Men, 1817-1967 (Cambridge, MA: The Belknap Press of Harvard University Press, 1967), 62〜63, 79頁。

は156人に達した[2]。しかし,Storyの退任(死亡)後,学生数は一気に減少し,その後また徐々に増加した。南北戦争中に再び減少し,戦後の1865〜66学年度に177人に跳ね上がった[3]。

学習期間も一定していなかった。そもそも,ロースクール卒業が法曹資格の要件ではなかったため,学位を取得することに現実的な意味がなかったのである。この間の状況をSutherlandは次のように述べている。「1820年代(そして,それ以降の長い年月の間),法学教育は現実的なニーズを満たすものにすぎなかった。人は,主に学業のランクのためではなく,実務に入るためのライセンスを取得してその後の法曹の責務に対処することができるように,法律事務所で本を読み,又はロースクールで法律を学習した。学生は,体系的な法律の学習が必要であると感じたときにハーバードを訪れ,十分にやったと考えたときに去っていった」[4]。

1820年に在籍したが卒業しなかった学生の1人,Emory Washburnは,後にマサチューセッツ州知事になり,その後,ハーバード・ロースクールの教授となった[5]。このような,ロースクールに在籍しても卒業しないというパターンは,その後何十年にもわたって続いた。例えば,1869年に勉学を終えた106人の学生のうち,62人のみが学位を取得した[6]。20年間学長を務めたRoscoe Poundでさえ,1889〜90学年度のわずか1年だけ学生として学んでから,地元のネブラスカ州に戻り,父の法律事務所で実習した[7]。

---

2. Charles Warren, <u>History of the Harvard Law School and of Early Legal Conditions in America,</u> Vols. I & II (New York: Da Capo Press, 1970) (1908年にLewis Publishing Co., New Yorkから3巻にわたって出版された), Vol. II, 34頁。
3. Sutherland, 前掲注1, 100頁n.16。
4. Sutherland, 前掲注1, 63頁。
5. Sutherland, 前掲注1, 63頁。
6. Sutherland, 前掲注1, 148頁。

ハーバード・ロースクールは，Langdell時代まで，様々な点で基準が緩やかであった。学生たちが大学を去っていくことを慮ったからだと思われる。大学には十分な経済的な基盤が確立されていなかったため，このリスクを背負いたくなかったようである。

入学許可の正式の条件は，当初，カレッジの卒業，又は法律事務所における5年間の実習のいずれかであった[8]。それにもかかわらず，カレッジの学士号もなく，法律事務所で5年間の実習を積んだ経験もないのに，入学が認められた学生もいたようである[9]。最初の12年間に在籍した104人のうち，55人がハーバード・カレッジの学士号を，19人が他のカレッジや大学の学士号を有しており，30人は学位を有していなかった[10]。Langdell時代が始まる1870年まで，入学基準は依然として緩やかであった。創立後50年以上を経た1869年でも，ロースクールを卒業した62人のうち，カレッジの学士号を有していたのはわずか27人に留まった[11]。Sutherlandによれば，ハーバード・ロースクールは「来る者は拒まず」[12]であり，「法曹に関する大学院レベルの学習を行う機関とはとても言えないものであった」[13]。

多くの学生は，当時，卒業を望まなかったが，希望する学生にとっては，卒業の条件もまた手ぬるいものであった。修業年限は，当初，学士号を持つ者については3年であった。しかし，この基準

---

7. N.E.H. Hull, Roscoe Pound and Karl Llewellyn: Searching for an American Jurisprudence (Chicago: University of Chicago Press, 1997), 38〜40頁。
8. Sutherland, 前掲注1, 57頁。
9. Sutherland, 前掲注1, 62頁。
10. Sutherland, 前掲注1, 62頁。
11. Sutherland, 前掲注1, 148頁。
12. Sutherland, 前掲注1, 153頁。
13. Sutherland, 前掲注1, 148頁（なお，強調は筆者らによる）。

は実際には遵守されず,創立後15年の間に2年に短縮され[14],その後さらに18ヶ月まで短縮された[15]。1847年になって,卒業の条件として一定の試験に合格することが正式に要求されることになった。しかし,これも建前にすぎなかったようで,実際には筆記試験も口述試験も実施されなかった[16]。なお,学習意欲が旺盛で有能な学生には学習する機会が与えられたが,有能でない学生と学習する意欲のない学生も合格扱いとされていたようである。

1870年に,ハーバード・ロースクールに在籍した経験を持つOliver Wendell Holmes, Jr.とArthur Sedgwickが編纂したロージャーナルが,以上のような状況を念頭において,「ハーバード・ロースクールは,ほとんど面汚しである」という論評を載せた。その論評は,次のように続けている。「何らの試験をも行わずに学位を付与するロースクールは,……国中の法曹を汚し,……真剣な学生を失望させている。学位を持っていても,それは,ある期間在籍したこと以外の何をも証明するものではなく,……価値もない」[17]。

2. Langdellの改革

LangdellもHolmesやSedgwickと同じ懸念を抱いていた。彼は,入学許可,修業年限及び試験の基準を引き上げた。

まず,入学許可について,1875年に,カレッジもしくは大学の学位を持っていること,又は入学試験に合格すること,のいずれかを

---

14. Sutherland, 前掲注1, 104頁。
15. Warren, 前掲注2, Vol. II, 90頁。
16. Sutherland, 前掲注1, 154頁。
17. Sutherland, 前掲注1, 140頁で引用されている。

条件とした[18]。学位を有しない者が受ける試験には、ラテン語又はフランス語、そしてBlackstone's Commentaries(イギリスの有名な法学者Blackstoneの代表的な著作で、コモン・ローについて説明した4巻から成る著名な書物のこと)に関する設問が含まれており、相当厳格なものであった。そのため、このルートを通じて入学する学生の数は徐々に減少し、1909年に廃止されてしまった[19]。

次に修業年限について、1871年に、最低年限が18ヶ月から2年に引き上げられた。1876年には、さらに3年に引き上げられたが、例外が認められており、2年間ハーバード・ロースクールに在籍して、3年目を法律事務所における学習を通じて修了し、その後最終試験を受験することが許されていた。1899年にはこの例外制度も廃止され、3年の修業年限が全ての学生に適用されるようになった[20]。

第4章で紹介したように、試験制度に対する改革は、より抜本的なものであった。Langdellは、学生たちが卒業前に全ての必修科目と少なくとも7つの選択科目について筆記試験に合格しなければならないという条件を設けた[21]。その数年後、年末の定期試験に合格しなければ次の学年に進級できないという新たな条件が設けられた[22]。不合格者は、退学を余儀なくされた[23]。その厳格さゆえに、3分の1以上の学生が退学させられるということがしばしば起こった[24]。

---

18. Sutherland, 前掲注1, 168頁。
19. Sutherland, 前掲注1, 170頁。
20. Sutherland, 前掲注1, 170〜171頁。
21. Warren, 前掲注2, Vol.II, 365頁。
22. Warren, 前掲注2, Vol.II, 398〜399頁。
23. Sutherland, 前掲注1, 221頁。
24. Sutherland, 前掲注1, 221頁。

第 7 章　学　生

　以上のような入学基準及び成績評価の厳格化により，学生の数は減るどころか，むしろ増えることとなった。Langdellが改革を導入した直後，学生の数は確かに緩やかに減少した。基準の厳格化とソクラティック・メソッドに対する初期の抵抗が関係していたようである。しかし，その後間もなくして，学生の数はまた増加に転じた。基準の厳格化とともに，ハーバード・ロースクールの教育の質の高さが評判となり，ハーバード・ロースクールを卒業することは，能力の証とみなされるようになった。そして，入学志願者数は，順調に上昇した。

　当時の総長Eliotは，Langdellの退職時に彼の偉業を讃えた。Eliotによれば，Langdellは，学長としての25年間に，法学教育の新しい方法を打ちたてるとともに，教員を育成する新しい方法を導入し，学生に対する要求を厳格なものにした。そして，これらの改革と一体化して，学生数，寄附金，施設及び収入を充実させ[25]，「尋常でない財政的な成功」を導き，大学内でロースクールを最も繁栄させたのである[26]。Langdellが学長を務めた最後の年1895年までに，学生数は400人にも達し，ハーバード・ロースクールは，健全な財政的基盤を確立した[27]。

　Langdellによる入学許可条件と成績評価の厳格化の根底にある考え方も注目に値する。Langdellがハーバード・ロースクールの学生だったとき，学生間の上下関係及び就職の機会は，概ね親の社会的地位を反映していた。それほど裕福な家庭の出ではなかったLangdellは，学生としてこのような考え方に不満を抱き，やがて学

---

25. Sutherland, 前掲注1, 183頁 n. 27。
26. Sutherland, 前掲注1, 183頁。
27. Sutherland, 前掲注1, 182頁。

長としてその考え方を純粋な実力主義に変更しようとした[28]。

　新しい考え方のカギとなったのは，成績評価であった。Langdellの基本的なアプローチは，入学許可条件を満たす全ての学生の入学を認めたうえで，匿名の筆記試験の成績に基づいて，有能な者とそうでない者とを選別することであった。このやり方のもとでは，氏名や社会的地位は意味を持たない。能力のない学生は，落第するおそれがあることから，一生懸命学習する必要があった。他方，報奨システムの1つとして，Langdellは，学長としての初年度から，トップクラスの学生を対象にした奨学金制度を導入した。そのため，有能な学生も一生懸命学習した[29]。また，1887年に，Harvard Law Reviewが創刊されてから，実力主義の風潮がさらに強まった。1902年以降，ローレビューの編集者は，次第に成績を基に選出されるようになり，毎年第1学年のトップクラスの学生が編者として選出された[30]。この慣行は他の組織にも拡大した。例年行われる模擬裁判プログラムを企画する学生諮問委員会（Board of Student Advisors）は，ローレビューに次いで成績の良い学生を委員として選出した。さらに，法律相談所（Legal Aid Bureau）やその他の学生組織も同様の選出方法を用いるようになった[31]。最終的には，一流の法律事務所がアソシエイトを採用する選別基準として（また，裁判官がロークラークを選別する基準として）クラスの成績を重視するようにな

---

28. Bruce A. Kimball, The Inception of Modern Professional Education: C. C. Langdell, 1826-1906 (Chapel Hill: The University of North Carolina Press, 2009), 341～343頁参照。
29. Warren, 前掲注2, Vol.II, 376頁。
30. Erwin N. Griswold,"The Harvard Law Review – Glimpses of Its History as Seen by an Aficionado,"in Harvard Law Review: Centennial Album 1, 6～7 (1987)参照。
31. Joel Seligman, The High Citadel: The Influence of Harvard Law School (Boston: Houghton Mifflin Co., 1978), 12～13頁。

り，ロースクールにおける成績はより一層重みを増した。

　Sutherlandは，1920年代の状況を次のように述べている。「落第の危険性は確かにあった。同時に，成功の褒美もまた大きなものであった。1年目の成績が発表されると，ローレビュー委員会は，トップの14人をメンバーとして選定した。トップクラスの学生たちは，卒業の際に，一流の法律事務所を自由に選択できた。そのうちの2人は，最高裁判所判事HolmesとBrandeisのロークラークとなった。稀に，特に優秀な学生は，卒業時に（ハーバード・ロースクールの）教員となるよう招聘されることもあった。クラスメートは，これらの優秀な学生の進路を知り，そして羨んだ。しかし，これらの輝かしい成功を収めた1人の陰に約10人が落第して退学した」[32]。

　ハーバード・ロースクールは，実力主義を達成した。そして，それが，激しい成績競争をもたらすことになった。

3. その後の発展

1）開かれた入学者選抜から厳格な入学者選抜へ

　前述したように，ハーバード・ロースクールは，Langdellのもとで，入学志望者に対しカレッジ又は大学の学位を有しているか，又は（極めて厳格な）入学試験に合格するか，そのいずれかを要求する制度を確立した。1909年には，学部での学位を取得することが求められるようになった。その15年後の1924年，基準はさらに強化され，いわゆる「一流大学」卒の者は卒業時の成績がトップ75％以内であること，いわゆる「二流大学」卒の者は卒業時の成績がトッ

---

32. Sutherland, 前掲注1, 248〜249頁。

プ25％以内であることが入学の条件となった[33]。これらの条件は，学生の質を向上させることを目的としたものであり，卒業するのに苦労すると思われる志願者を振るい落とす役割を果たしたと思われる。しかし，この基準は，まだ相当緩やかなものであった。当時，入学者を男性に限定するという縛りがあったものの，男性なら，上記の基準を満たせば，原則として全員許可された。このため，入学者は多くなった。1925年には575人が入学した。

しかし，ハーバード・ロースクールは，第1及び第2学年の最後に，匿名の筆記試験を通じて能力のない者や法学の学習に向かない者を容赦なく落第させた。1920年まで，2つ以上の授業で落第点を取った者は退学の対象とされたが，条件付で在籍し続けることが許されていた。この例外は1920年から廃止され，1925年までに，たった1つの授業で落第点を取った者でさえ，少なくとも他の2つの授業でC以上の成績を取らない限り，退学扱いになった[34]。「スパルタ教育」[35]と呼ばれるようになったこのアプローチにより，多くの学生が落第した。例えば，1925年に入学した575人のうち，200人以上（クラスの約37％）に，次の夏，退学処分の通知が届いた。結局，575人のうち卒業できたのは，320人だけであった[36]。

Edward "Bull" Warren教授の入学生に対する式辞は，今でも有名である。彼は，このような「スパルタ教育」を次のように表現した。「自分の右にいる者をよく見ておきなさい。自分の左にいる者をよく

---

33. Sutherland, 前掲注1, 249頁。
34. Sutherland, 前掲注1, 249頁。
35. 「スパルタ教育」は，ハーバード・ロースクールの学生だったWarren教授が自分自身の回顧録のために選んだ名称である。Edward H. Warren, <u>Spartan Education</u> (Boston: Houghton Mifflin Company, 1942).
36. Sutherland, 前掲注1, 248頁。

みておきなさい。あなたたち3人のうち1人は，来年にはいなくなっているのです。我々のポリシーは，『オープンドア』のポリシーです」[37]。おそらく，このスパルタ的なアプローチはまた，「合衆国の大学は，入学しやすいが卒業するのが難しい」という，日本でかつて広まった合衆国の大学教育に関するイメージを生みだす要因になったと推定される。そのイメージは今なお根強く残っているようである。法科大学院に関する議論において，関係者の口から，合衆国のロースクールにおける落第率が高い，との理解を前提にしたコメントがしばしば出る。しかし，この理解は今では誤りである。戦後の入学者選抜制度の改革以降，落第率はほぼゼロになっている。

　数十年の間，ハーバード・ロースクールは，このスパルタ的なアプローチを誇りにしてきた。このアプローチは，カレッジにおける成績が良くなかったとしても，才能があって努力を怠らない学生にチャンスを与える方法であると思われていた。しかし，その制度が1年後又は2年後に落第した学生に非常に大きな負担を課すことについて，しばしば懸念が示されていた。

　1920年代以降，ハーバード・ロースクールの教員は，オープンドア・ポリシーとは異なる入学者選抜の方法を検討するようになった[38]。1936年に学長としてPoundを継いだLandisは，より厳格な入学者選抜プロセスを提案した。そのプロセスでは，能力の低い志願者を振るい落とす手段として，カレッジにおける成績に一段と重点をおくこととされた。そして，将来的に適性試験が選抜過程で利

---

37. W. Barton Leach, "Look Well to the Right …", 58 <u>Harv. L. Rev.</u> 1138 (1945)に引用されている。
38. Sutherland, 前掲注1, 250頁。

用されることを望んでいた[39]。この提案をするに際し，Landisは，厳格な入学者選抜基準の導入により，第1学年の終わりに落第する学生は減るはずだから，全体の学生の数が減少するどころか，むしろ増加するであろうと述べた。

Landisの提案を受けて，1930年代後半，より厳格な入学者選抜プロセスが導入されることとなった[40]。導入後，第二次世界大戦の勃発とともに学生と教員の数は劇的に減少し，1944年には，全体の学生数がわずか48人（ほとんどが健康上又はその他の理由で兵役に適しない者）にまで急激に減少するに至った[41]。しかし，これは戦時中の一時的なものに留まり，戦後間もなく，兵役の終了に伴って戻ってきた学生や新たにロースクールに入学する学生の波を受け入れることに四苦八苦した。1947年の例では，1900人以上の学生が在籍していた[42]。

戦後の学生の波が一段落した後，ハーバード・ロースクールは，改めて入学者選抜の厳格なポリシーを採用した。このポリシーが採用された時点では，既に志願者数はロースクールのキャパシティを遥かに超えていた。慎重なスクリーニングにより有能な学生とそうでない学生を振るい分けて，極めて有能な学生のみの入学を認めた。その結果，Landisが期待したように，ハーバード・ロースクールに入学した者の落第率が劇的に減少し，第2及び第3学年の学生数が増加し，全体の学生数が上昇した。

さらに，Landisが望んだように，統一的な適性試験であるLaw

---

39. Sutherland, 前掲注1, 306〜307頁。
40. Sutherland, 前掲注1, 222〜223頁。
41. Sutherland, 前掲注1, 308頁。
42. Sutherland, 前掲注1, 316頁。

第7章　学　生

School Admission Test（LSAT）が1947年に実験的に行われ，1948年から正式に導入された。この試験により，志願者がロースクールの学習に対する適性を客観的に測定できるようになった[43]（ハーバード・ロースクールは，LSATの導入に関する協議に参加した最初の3つのロースクールの1校であったが，LSAT導入の先駆けとなったのは，コロンビア・ロースクールであった。実際に，最初の会議においてカレッジの成績を評価する比較的充実したシステムを既に整備していたことから，ハーバード・ロースクールの代表団は，LSATに参加することについて消極的であったと伝えられている[44]）。

　入学者選抜の担当者（director of admissions）が作成した1959年のレポートによれば，LSATの導入以降，ハーバード・ロースクールは，学部成績，LSATの点数，パーソナル・ステートメント，課外活動，職歴及び（学生が提出することを選んだ場合には）推薦状を含む幅広い要素を基に入学者を選抜した[45]。ここで，日本の法科大学院における入学者選抜制度との大きな違いに注目すべきである。すなわち，ハーバード・ロースクールは独自の入学試験を実施していない。同様に，合衆国の他のロースクールも，全国共通試験であるLSATの成績，学部時代の成績，社会人としての経験等，入学者選抜にあたって様々な要素を考慮するが，独自の入学試験を行うことはない。

　これらの様々な要素に基づき，選抜委員会は，（1960年代初期までにおよそ3000人にも達していた志願者のなかから）毎年約550人の入学生

---

43. William P. LaPiana, "Merit and Diversity: The Origins of the Law School Admissions Test," 48 St. Louis L. J. 955, 976 (2004) 参照。
44. LaPiana, 前掲注43, 965〜967頁。
45. Sutherland, 前掲注1, 321頁参照。

を選抜した[46]。緩やかな入学者選抜制度を採用していた時代には落第率が30％以上だったのに対し，新しい制度のもとでの落第率は，1％以下に落ちた[47]。それにより，全学生数の目標であった1700人体制を維持できた。

その後，入学者選抜に当たって考慮される要素が多少修正された。例えば，全志願者に推薦状を提出させるようになった。また，それぞれの要素におかれるウェイトもある程度調整されてきた。しかし，新しい制度が導入されて以来，入学者選抜に関する基本的な考え方は変わっていない。LL.M.課程の学生，S.J.D.課程の学生，客員研究員等の学生数がいくらか増加した結果，2009年の時点で，全学生人口は約1900人に達している。J.D.の学生数は毎年560人で安定している。J.D.プログラムの入学競争率が一層激しくなり，7000人前後の志願者から入学者が選抜されている[48]。このうち毎年数人が自らの意思で退学するが，今では落第する学生はほとんどいない。2007～08年度において，3学年合計1700人の学生のうち，自らの意思で退学したのは8人だったのに対し，成績不良で退学させられたのは1人であった[49]。

---

46. Sutherland, 前掲注1, 320頁。
47. Sutherland, 前掲注1, 320頁。
48. 2009年度の入学クラスをみると，7436人の志願者が応募し，そのうち833人が入学を許可された。合格率は，11％程度だった。入学が認められた833人のうち，実際に入学したのは559人だった。 Harvard Law School, "Class Profile and Fact Sheet, Class of 2012"参照。入手先は, http://www.law.harvard.edu/prospective/jd/apply/classprofile.html（最終訪問日2010年6月23日）。 2009年度の入学クラスをみると，ハーバード・ロースクールに入学を許可された者のうち約33％が入学を辞退し，他のロースクールに行くか，もしくは待機するか，又は全くロースクールに行かないことを決心した。
49. ABA-LSAC Official Guide to ABA-Approved Law Schools, 2011 Edition(Searchable edition), 353頁。入手先は, http://officialguide. lsac.org/SearchResults/SchoolPage_PDFs/ABA_LawSchoolDate/ABA3457.pdf（最終訪問日2010年6月25日）。

2）実力主義と成績競争

　入学者選抜制度の改善に伴い，ほとんど全ての学生がハーバード・ロースクールを無事卒業するようになった。そして，第5章で紹介したように，卒業生のほとんどが，1回目の受験でBar Examに合格する。さらに，ほとんど全ての卒業生が無事就職し，その多くは，自らが希望する職に就くことができる。2008年度卒業生の卒業後9ヶ月程度の時点で，卒業生590人のうち就職することができずに就職活動をしていた者は，4人だけであった[50]。今では，落第のおそれは，スパルタ教育の時代のような原動力を持たなくなった。

　1960年代終盤のanti-elite主義の影響等により，成績に対するプレッシャーは減少した。Derek Bokが学長を務めた短期間（1968～71年）において，ハーバード・ロースクールは，学生に3つの異なる成績システムのなかから1つを選択することを認めた。そのシステムとは，合否システム，4段階システム（高, 可, 低, 否），伝統的な9段階システム（A+, A, A−, B+, B, B−, C, D, F）の3つであった[51]。この選択方式はすぐに廃止されたが，成績偏重姿勢を改める他の改革は，その後も維持された。ハーバード・ロースクールは，今もなお，第1及び第2学年のそれぞれにおいて最も高い成績を収めた2人の学生に賞を与え，3年間を通算した成績の平均値が最も高かった学生に賞を与えている。また，累積成績平均を基に，卒業生に対して3つの段階の賞—summa cum laude, magna cum laude及びcum laude—を与えている。しかし，後に，学生全員の順位を発表するという伝統的な慣行を廃止し，また，Langdell時代に初めて導入された成

---

50. ABA-LSAC Official Guide to ABA-Approved Law Schools, 2011 Edition, 前掲注49, 353頁（最終訪問日2010年6月25日）。
51. Seligman, 前掲注31, 14頁。

績に応じて奨学金を与える制度から，必要性が認められる場合に奨学金を与える制度に移行した。

さらに，1969年から，成績の順位を基とするHarvard Law Reviewの編集者の選抜プロセスが改められた。一部の編集者は，従来どおり第1学年の成績により選抜されるが，そのほかに，誰でも参加できる「ライティング・コンペティション」を導入し，その結果に基づいて一部の編集者を選ぶようになった[52]。他の学生組織もメンバーを選出するに際して成績に依拠することを取りやめた。近年，さらに成績による競争を軽減しようとしている。2004年度の入学者Handbookは，ロースクールの1つの強みとして，より親切でより寛大なハーバード・ロースクールのイメージを，次のように打ち出した。「学生が自らの作業を分担し，他の者の成功を奨励することができる非競争的な学習環境。クラスの順位は，卒業の際にLatin Honors（上述したsumma cum laude, magna cum laude, cum laude）の受賞者を特定するため以外，ハーバード・ロースクールでは採用されない」[53]。その後，成績による競争を軽減するため，より抜本的な改革が行われた。エール・ロースクールやスタンフォード・ロースクールの例に倣って，2009年の秋から，伝統的な9段階の成績システム（A+, A, A−, B+, B, B−, C, D, F）を緩和して，4段階の成績システム（Honors, Pass, Low Pass, Fail）に切り替えた[54]。

しかし，これらの改革にもかかわらず，実力主義及び熾烈な成

---

52. Griswold, 前掲注30, 8頁参照。
53. Harvard Law School, Handbook for Entering Students 2004, 8頁。
54. "Harvard Law School Adopts Pass-Fail Grading System," The Harvard Crimson Online Edition, Sept. 26, 2008参照。入手先は，http://www.thecrimson.com/article/2008/9/26/harvard-law-school-adopts-pass-fail-grading/（最終訪問日2010年6月24日）。ただし，2010年6月現在，成績評価制度が再検討されている。

績競争は，未だに根強く残っている。厳格な入学者選抜プロセスをくぐりぬけた学生の多くは，元々競争心が強い。そして，権威の高いロークラークのポスト，政府機関のポストには，依然として成績が重視される。一流法律事務所等への就職についても同様である。今日でも，Sutherlandが1967年に述べたように，「ハーバード・ロースクールにおける成功への原動力は，恐怖ではなく，野心である」[55]。

3) 多様性
(1) ジェンダーと人種

　日本では，法科大学院に関する議論のなかで，「多様性」は，学部段階での専攻又はいわゆる社会人の職業その他の経験，という意味で使われることが多い。ハーバード・ロースクールの歴史全体を通じて，その意味における多様性は豊富であった。しかし，合衆国で用いられる場合，「多様性」は，通常ジェンダーや人種等における多様性を意味する。この多様性という意味で，ハーバード・ロースクールの歴史はそれほど長くない。1871年に初めて女性が入学を志願したが，拒否された[56]。1899年に他の女性が志願した際に，教授会は，ロースクールの学士の資格を与えないこと，かつ，監督委員会（Board of Overseers）の承認が得られることを条件に，Radcliffe College（ハーバードの姉妹カレッジ）への入学と，ロースクールにおける授業の履修を認める決議をした。しかし，監督委員会は，その提案までも拒否した[57]。初めて女性の入学を認めたのは，それから半

---

55. Sutherland, 前掲注1, 322頁。
56. Sutherland, 前掲注1, 319頁。
57. Sutherland, 前掲注1, 319頁。

世紀以上も経た1950年であり，その年に14人の女性が入学を許可された[58]。

人種の多様性に関してみると，1867年に初めてアフリカ系アメリカ人が入学した。それ以降，優れた成績を収め，著名な経歴を残したアフリカ系アメリカ人も少なくない。しかし，相当多数のアフリカ系アメリカ人その他有色人種の学生が入学するようになったのは，1965年に，アフリカ系アメリカ人の入学を奨励するプログラムを設けて以降のことである[59]。ちなみに，日本人が初めて入学したのは，1872年のことである。その年に，後に大蔵省主税局長を務めた目賀田種太郎氏ほか1名が入学した[60]。

性別と人種の両面において，20世紀後半から，大幅な変化がみられた。2009年に入学したクラスを例にとると，48％が女性であり，34％が白人以外の有色人種であった[61]。現在，ハーバード・ロースクールの最も有名な卒業生はObama大統領であろう。Obamaはアフリカ系アメリカ人として初めての大統領であり，ハーバード・ロースクールの卒業生として，1877～81年のRutherford B. Hayes以来，2人目の大統領である。

（2）学部での学習

今日，合衆国のどのロースクールも，入学許可条件として学士号

---

58. Sutherland, 前掲注1, 319頁。
59. "HLS News: Survey Examines Careers of Black Harvard Law Grads" 参照。入手先は，http://www.law.harvard.edu/news/2002/08/01_blackalumni.php.（最終訪問日2010年6月24日）。
60. Ken Gewertz, "History of the Japanese at Harvard," Harvard University Gazette (Feb. 26, 2004) 参照。入手先は，http://www.news.harvard.edu/gazette/2004/02.26/11-japan.html（最終訪問日2010年6月24日）。
61. Harvard Law School, 前掲注48。

の取得を要件としている。しかし，1875年にLangdellが学士号を要件としたのは，前例のないことであった。その要件を設けた主な目的は，学生の質を向上させることにあった。しかし，時が経つにつれて，別の重要な意味をも持つようになってきた。それは，ロースクール入学者の多様性，ひいては，法曹自体の多様性を確保するためのメカニズムになった。実際，合衆国のロースクールの学生は，学部時代にきわめて多様な分野を専攻している。

(3) 出身地・出身大学等

学生の出身地，出身大学，年齢及び社会経験に関して，ハーバード・ロースクールは，その歴史を通じて非常に多様であった。出身地についてみると，創立後の最初の12年間に在籍した104人のうち，ニューイングランド地域の出身者が大半を占めたが，そのほかにも，複数の州からの学生がいた。彼らの出身大学をみると，半数以上がハーバード・カレッジの卒業生だったが，少なくとも19人はその他の10校のカレッジ又は大学の卒業生であった。また，30人は学位を有していなかった。

出身地及び出身大学の多様性は，それ以降も続いた。学生数が161人に達した1875年当時，ニューイングランド地域の出身者は半数を辛うじて超えた程度で，西部出身者は24％，残りは様々であった[62]。20世紀になると，この点の多様性が一層強くなった。そして，この傾向は，21世紀になった現在でも続いている。2009年の秋に入学した559人を例にとると，44の州及び19の諸外国の出身者がいる。出身地域でみると，入学者の最も多い地域は北東地域（ニュー

---

62. Sutherland, 前掲注1, 181頁n. 25。

ヨーク, ニュージャージー, ペンシルバニア)で, 入学者の26%を占めている。続いて, 極西部地方(カリフォルニア, ネバダ)及び大西洋中部地方(バージニア, デラウェア, ワシントンD.C.等)が各14%となっていた。外国籍の者はクラスの6%であった。同じく559人の出身カレッジをみると, 157の異なるカレッジの卒業生がいる(第2及び第3学年の学生の出身カレッジまで調べてみると, 283もの異なるカレッジの卒業生がJ.D.プログラムに参加している)[63]。出身カレッジでは, ハーバード・カレッジの卒業生が最も多いが, 例年, J.D.の全学生のわずか15%程度にすぎない。

以前から, ハーバード・ロースクールの入学者には, 社会人としての経験を積んだ者や法律以外の分野における大学院レベル(修士課程, 博士課程等)の学習を終えた者が少なくなかった。最近, この傾向がさらに強くなってきている。2000年までに, カレッジ卒業後ロースクール入学までの間に何らかの経験を積んだ学生は, カレッジ卒業後直ちにロースクールに入学した学生の数を上回るようになった。この傾向は現在も続いている。2009年度の入学クラスを例に, カレッジ卒業後ロースクール入学までの期間をみると, 1〜4年が54%で, 5年以上がさらに6%いた。カレッジ卒業後ロースクールに入学するまでの間の過ごし方の1つは, 法律以外の分野での大学院レベルの学習である。2009年度の入学者の13%が法律以外の分野において, 上級の学位を有していた[64]。

この傾向は, 1つには, カレッジ卒業後フェローシップ等のやりがいのある経験を積む機会が多いことによる。また, 職業経験, 社会経験や法律以外の分野の高度な研究がロースクールにおける教

---

63. Harvard Law School, 前掲注48。
64. Harvard Law School, 前掲注48。

第7章　学　生

育をより有意義なものにするという認識があるためでもあると思われる。ハーバード・ロースクールも，志願者向けサイトにおいて，次のように述べて入学以前の経験を奨励している。「ロースクールへの入学を希望する人にとって，カレッジや大学以外の経験がプラスになると考えられる。したがって，カレッジ卒業直後に入学するのではなく，ロースクール入学前に学外の経験を積むことを奨励している」[65]。

(4) 多様性の意義

多様性は，ロースクール教育にとって重要な意味を持つ。様々な観点から法律問題に対処することによって，異なる人生経験を有する学生が教授や他の学生であれば気付かないようなことを議論の対象にする。多様性は，全ての学生にとって学ぶ経験を豊かにし，

---

65. See Harvard Law School, Frequently Asked Questions About J.D. Admissions, 入手先は，http://www.law.harvard.edu/admissions/jd/apply/jdfaq.php#class_profile （最終訪問日2008年8月18日）。

　他のロースクールは，入学者選抜の基準として職業経験その他の社会経験に一段と重点をおくようになってきている。主要なロースクールの1つであるノースウェスタン大学のロースクールは，原則的に，「カレッジ卒業後の実質的な職業経験」を有する学生のみ入学を認めるポリシーを採用している。2002年度入学者のうち86％が少なくとも1年の職業経験を有し，63％が2年以上の職業経験を有していた。そのポリシーを，ノースウェスタンの学長であるDavid Van Zandtは，次のように説明した。「あなたたちがカレッジ卒業後に2, 3年でも社会経験を積んでいれば，より多くの有益なものを教室にもたらし，教育環境のみならず，教授及び仲間の学生にも大きな良い影響を与えることができるだろう。職業経験のある学生は……世間で自分たちができることをよく理解している。彼らは，給料，すなわち，おそらく穏当だったであろうライフスタイルを放棄しているのである。それと引換えに，彼らは，相当の借金を背負っていることがある。そのようなコミットメントがものをいう。平均的にみると，2, 3年の職業経験を有する学生の方がロースクールで良い成績を収め，卒業後の最初の仕事という面でも，良い地位に就いている」。

　"Observer Q&A: David Van Zandt," Northwestern University Observer Online, April 24, 2003, 入手先は，http://www.northwestern.edu/observer/issues/2003-04-24/vanzandt.html.（最終訪問日2009年12月12日）。

しばしば新しい知見を呼び起こす。フットは，合衆国で法学教育に携わった12年間を振り返り，ジェンダー，人種，国籍，家庭の状況，育った場所(田舎，都市，都心部等)，年齢，宗教，身体及び精神障害，性的傾向，そして非常に幅広い職業経験(医学，エンジニア，芸術その他の職業，軍隊経験，労働組合での経験等)及び学部学生の専攻と大学院生の分野に関連する実に幅広い視点を学生が提示したことを思い起こす[66]。

双方向的な授業の教室において，学生は，教授のみならず個々の学生から学び，教授も同様に学生から学ぶ。教室における多様なバックグラウンドを持った学生間の意見交換を通じて(そして，授業後及び予習のための学習グループでの討論を通じて)，学生は多くの異なる考え方に気付くようになる。学生たちは，そのように多様なクラスメートとの議論により，法律問題を理解し解決するためにこれら様々な視点の重要性を認識するようになる。

多様性は，また，究極的には法曹をより広範かつ活気のあるものにする。合衆国の法曹の大きな強みの1つは，多数の弁護士(及び判事やその他の法律専門家)がビジネス，経済，哲学，歴史，統計，社会学，都市計画，又は音楽や芸術にまで及ぶ分野の理解と法律の理解を結びつけることができることにある。

最後に付言すれば，カレッジの卒業とロースクールへの入学との間に，仕事，子育て，大学院レベルでの研究，その他の社会活動に従事したことがある学生は，成熟していて明確な目的意識を有していることが多い。

---

66. 多様性の価値に関するより深い検討は，ダニエル・H・フット「経験，多様性，そして法」(野崎綾子『正義・家族・法の構造変換——リベラル・フェミニズムの再定位』227頁(勁草書房，2003年)参照。

4. 歴史の教訓

　入学者の選抜方法について，法科大学院の全てが，トップクラスの人材を選ぶというハーバード・ロースクールと同じ方法を用いることはできない。そして，司法試験の合格者数に今後も上限があるであろうという事実を前提にすれば，どの法科大学院にとっても，卒業生の合格率が95％を超すことは困難であろう。事実，ハーバード・ロースクールでさえ，日本の環境下で，そのような高い合格率を達成することは至難の業であろう。

　全ての法科大学院にとって高い実力主義，熾烈な成績競争という環境が望ましいかどうかは疑問である。実際，エール・ロースクールは，成績を重視しないアプローチで見事な成功を収めている。上述したように，ハーバード・ロースクールもまた成績のプレッシャーを減少しようとしている。

　しかし，その点はさておき，法科大学院は，ハーバード・ロースクールの歴史にみられる3つの異なる入学者選抜及び成績評価に関するアプローチのそれぞれから学ぶことができる。それは，①Langdell時代以前の緩やかな入学者選抜と成績評価を併用するアプローチ（これは，厳格な基準を設けると学生がハーバード・ロースクールを敬遠し，ロースクール自体の経済的な安定性が害されるという発想に基づくものであった），②Langdellによって導入されたスパルタ的な教育アプローチ（これは，比較的緩やかな入学者選抜基準に基づき多くの志願者を入学させたうえで，厳格な成績評価・卒業認定により能力不足の学生を落第させるというものであった），③第二次世界大戦後から現在に至るまで続いている厳格な入学者選抜制度のアプローチ（これは，優秀な志願者に限って入学を認めることにより，入学者の質を確保し，全ての入学者が卒業後確実

に活躍できるようにすることを目的とするものであった)である。

　第一のアプローチは推奨できない。ハーバード・ロースクールは，支払能力のある裕福な学生を集めることに成功したものの，名声の確立や一流ロースクールへの成長が妨げられた。それでも，19世紀の合衆国には，法曹資格授与の要件が緩やかで，また，第三者機関の認定システムが存在しなかったことから，緩やかな選抜基準と成績基準で何とかやっていくことができた。今日の日本では，認可システム並びに司法試験のプレッシャーにより，このようなアプローチはうまくいかないと思われる。

　他の2つのアプローチは，有効と考えられる。全ての法科大学院が，ハーバード・ロースクールほど厳格な入学者選抜基準を採用することができるわけではない。しかし，それを実行することができる法科大学院は，高い能力を有する学生に恵まれさえすれば，カリキュラム等について学生のイニシアティブに委ねることができるというハーバード・ロースクールの経験から学ぶことができる。それほど優秀な学生に恵まれていない法科大学院にとっては，スパルタ的教育が1つの手本となるかもしれない。すなわち，法律実務をこなす能力が足りない又は法律実務に向いていない学生については進級させるべきではなく，また，卒業を許可すべきではないというアプローチである。

　ここでもう一点注目すべきことは，有能な学生は，多くの日本人が想定しているよりも遥かに多いはずだ，ということである。ハーバード，エール，スタンフォードなどのトップ10のロースクールは，その厳格な入学者選抜基準で日本でも広く知られている。しかし，厳格な入学者選抜基準を設けているロースクールは，ほかにも多くある。ランキングがそれほど高くないロースクールでさえ，厳格

第7章 学　生

な入学者選抜基準を維持してハーバード・ロースクールと同様に，Bar Examを過剰に意識することなく自らのカリキュラムや教育方針を策定している。もちろん，合衆国のロースクールは，Bar Examの合格者数の上限を考慮する必要がない。合衆国では，合格者の人数制限がないため，能力のある者は全て法曹資格を得ることができる。第5章で述べたように，日本でも，速やかに合格者の上限が撤廃されることが望ましい。いうまでもなく，それが実現されたとしても，法科大学院は，厳格な入学者選抜基準と厳格な成績評価を通じて，法曹になる者の資質を確保する義務を果たさなければならない。

　成績評価に関して，ハーバード・ロースクールの匿名評価制度の長い伝統が注目される。このアプローチは，えこひいきや教授による学生の評価に影響を与えかねない潜在的なバイアスを避けるのに役立つ。ただし，匿名性の重視が定期的なフィードバックの妨げになりかねない。

　最後に，日本の設置認可基準によると，法科大学院は，少なくとも30％の学生が法学部以外の出身であるか，又は十分な職業経験もしくは他の社会的経験を積んだ者であることを確保するよう，努力することとされている。ハーバード・ロースクールは，この水準を遥かに超えている。合衆国では，学部段階で法律という専攻は原則として存在しない。したがって，一握りの外国からの学生を別として，事実上ハーバード・ロースクールに入学する全ての学生が法律以外の分野を専攻していたということとなる。しかし，ハーバード・ロースクールにおける多様性は，学部段階での専攻という点に留まらない。2009年度をみると，入学者の6割が，カレッジ卒業後ロースクール入学までの間に法律以外の分野で経験を積んでいる。

4.歴史の教訓

志願者向けのサイトにあるように,ハーバード・ロースクールは,「ロースクール入学を希望する人にとって,カレッジや大学以外の経験がプラスになる」と考えている。日本においても,同様に,学生の多様性が教育と学習環境を豊かにし,最終的には法曹の能力を向上させるであろう。

■ 第8章

改革へのたゆみない努力

　前章までに，教育方法，カリキュラム，学生の評価，司法試験，教員組織，入学者選抜基準等，ハーバード・ロースクールの様々な側面を取り上げてきた。これら全ての面で，ハーバード・ロースクールの経験は，日本の法曹養成制度に重要な示唆を提供するであろう。しかし，ハーバード・ロースクールの190年を超える歴史を振り返ると，何にもまして重要な教訓は，本章で取り上げるテーマである。それは，どんなに成功していても，現状に決して甘んじることなく，常により良いものへ変えようとするたゆみない努力である。ここでは，重複をいとわず，ハーバード・ロースクールの危機とその克服の歴史を振り返り，改革の原動力となったファクターについて考えてみることにする。

1. ハーバード・ロースクールの危機

　意外なことにハーバード・ロースクールは，これまでたび重なる危機に直面してきた。最も深刻な危機は，1829年，国全体が不況に陥る一方，ハーバード大学の宗教的リベラリズムに世論の批判が集まり，学生と教員がそれぞれ1人だけになった時期である。そのときハーバードではロースクールを廃止することまで議論されたが，最終的にロースクールを再建することとなった。対応策として，合衆国最高裁判所判事のJoseph Storyを含む2名を教授として迎え，

同判事の指導のもとに力強く成長し始めた。Story教授が亡くなった1845年には、全米屈指の名門校となっていた。

ハーバード・ロースクールが危機に陥ったのは、この時だけではない。合衆国屈指の名門法曹教育機関としての地位を確立した後もしばしば危機に遭遇した。それらの危機は、いずれも、ハーバード・ロースクールが現状に甘んじるようになったことに起因する。あるやり方で成果をあげると、それにこだわり、法曹教育のニーズも社会のニーズも変化したにもかかわらず、同じやり方に固執したことが原因である。

それが最も顕著に現れたのが、1869〜70年の危機であった。ハーバード・ロースクールは、Storyが亡くなった後の25年間、彼の手法をそのまま踏襲した。その間の年次報告書は、毎年、「変化はない」と報告している。同報告書は、退屈な教育統計を呪文のように繰り返したうえ、ハーバード・ロースクールの現状は「大いに満足のいくものである」[1]と締めくくるのが常であった。

ところが、1870年、当時の一流法律専門誌American Law Reviewにこのことを批判する厳しい論評が掲載された。既に述べたとおり、Oliver Wendell Holmes, Jr.とArthur Sedgwickの2人は、ハーバード・ロースクールは「ほとんど面汚し」であり、「国中の法曹を汚し、真剣な学生を失望させている」と厳しい批判を浴びせた。その前年、大学本部の監督委員会（Board of Overseers）は、ハーバード大学の新総長にCharles Eliotを選出したが、彼もロースクールの現状に懸念を抱いていた。Eliotは、監督委員会（Board of Overseers）の下に視察委員会（Overseers' Committee to Visit the Law

---

1. Arthur E. Sutherland, The Law at Harvard: A History of Ideas and Men, 1817-1967 (Cambridge, MA: The Belknap Press of Harvard University Press, 1967), 153〜157頁。

School：Visiting Overseersと略称される）を設置した。この視察委員会も懸念を表明し，このことが契機となって上級教授が辞職し，代わって，学長にChristopher Columbus Langdellが任命された。

　ハーバード・ロースクール150年史は，Storyが亡くなった1845年からLangdell選出までの四半世紀を振り返り，以下のように総括している。

　　ハーバード・ロースクールは，1845年から25年以上，変化がなかった。1845年当時，ハーバード・ロースクールは，優れた教育機関であり，多くの長所を持っていた。欠けていたのは，教授たちのいつでも改革を受け入れるオープンな心と自省する姿勢であった。我々の時代に対する大きな教訓は，安逸を求めていると必ず馴れ合いに堕す，ということである。ロースクールを含め人間が作った組織は，どんなものでも健全さを維持するために相応しい役割とは何かを問い続けることが不可欠である。そしてその問いは，習慣化してしまったものにとらわれすぎてはならないということである[2]。

Langdellは，習慣化したものに決してとらわれていなかった。学長の任にあった25年の間に，カリキュラムや入学資格，教授の選抜基準などを一新したほか，多くの新しい試みを取り入れた。Langdellの改革は，段階的に改善を試みるものであったので，その後も数十年続くことになった。

　1930年代になって，ハーバード・ロースクールは再び危機的状

---

2. Sutherland, 前掲注1, 160頁。

況に陥った。このときは，主に教授会の意向が事態を突き動かした。合衆国は当時世界大恐慌からの復興に苦しみ，いわゆる行政国家の膨張を経験すると同時に，ナチズムの脅威に直面する世界のなかで自らの位置付けに苦慮していた。教授会は，従来のアプローチがそうした国の要請に応えきれていないと感じた。彼らは，自ら発案して総合的な自己チェック，すなわち「ロースクール生活の全局面の系統的検証——ハーバード・ロースクールにおける法律学習の目的；学生の選別；教育指導のテクニック；試験，昇進，免職；学生生活」を実施した。また，自己診断の一環として，上述のテーマに関する学生の全般的な意識調査も行った。自己診断の結果を踏まえ，教職員の増員や教育課程の充実，学生の研究機会の拡大を含む数々の改革を行った。

　その後，比較的安定した時期が訪れた。しかし，1960年代末から1970年代初頭にかけて，再び批判の大波にさらわれることになった。今回は，学生運動の高まりとともに，人種差別や貧困，公害といった大きな社会問題への取組において，ハーバード・ロースクールを含む主要教育機関がどのような役割を果たすべきかを問い直すものであった。この時期に臨床的法学教育プログラムの導入や入学方針の変更，教育課程の抜本的見直しが行われた。

2. 改革の原動力

　ハーバード・ロースクールの自己チェックと改革への取組の背後には，教授会，学生，視察委員会並びに大学総長を含む広範な人々の存在があった。さらに，この取組は，米国法曹協会（ABA）の認定制度（1923年に開始）やUS News and World Report誌において毎年

公表されるロースクール・ランキング（1989年に開始）といった外部からの評価システムの影響も受けた。

ところで，1869〜70学年度，1930年代及び1960年代に直面した危機は，ハーバード・ロースクールがぬるま湯体質になっていた時期に訪れたが，それ自体例外的なものであった点に留意されたい。ハーバード・ロースクールが創設以来概ね名門であり続けることができたのは，危機に直面したときだけでなく，常に改善の重要性を認識して自己チェックをし，改善を怠らなかったことによる。少なくとも1940年代以降のハーバード・ロースクールは，持続的な改革を目標に掲げ，定期的に自己診断を行い，戦略的プランニングの取組を実施してきた。最近の改革については後に詳しく述べるが，ここでは，戦略的プランニングの指揮に当たったのは学長であったことを述べるに留める。ハーバード・ロースクールが難題に直面した際に，ほとんどの場合，自己チェックと改革を主導したのは，学長であった。そこで，次の項では学長の役割について述べる。

1）学長の役割

合衆国のロースクールでは，学長が複雑多岐にわたる役割を担っている。アメリカロースクール協会（AALS）が刊行した「ロースクール学長職マニュアル」（AALS, Law Deanship Manual）によれば，学長は，教員，職員，学生，大学当局，学友会その他の支援者，寄附金提供者，法律専門家，卒業生の就職先，公立のロースクールの場合州議会の意向などに対応しなければならない。このように，学長は，管理者，企画立案者，主計官であると同時にまとめ役であり，学生の良き相談相手であり，交渉人，プランナー，広報担当者でもある。そのうえ，今日では，公私立を問わず，資金集めの責任者と

しての役割が重要である[3]。

　学長には何よりもリーダーシップと進むべき方向を明確に示すことが求められる。「学長職マニュアル」は、「ロースクールの学長が先頭に立ってビジョンを示すことができなければ、どんな役割があっても意味がない」[4]と指摘している。優れた学長になるためには、自分のロースクールの長所と欠点を客観的に認識し、ビジョンを練り上げ、たゆまざる改革への精神をもってそのビジョンを実践することが不可欠である。

　ビジョンを構築し実践する能力には、多くの資質が求められる。どれほど長く学長職に留まっても、資質のない学長はビジョンを実現できないであろう。他方、指導力を発揮してロースクールを前進させることができる有能な学長にとっても、一定の在職期間が必要である。合衆国ではロースクールの学長の任期は通常5年とされているが、無期限任期も可能である。5年の任期を全うできない学長もいるため、ロースクールの学長の平均的在職期間は4,5年となっている（辞職の理由は様々である。例えば、大学総長として大学運営の中枢に昇進したり、他のロースクールの学長に転進したりする場合もあれば、自らの意思で教職に戻ることもある。また、大学総長による辞職勧告や、教授会などからの圧力に負けて辞めることもある）。しかし、成果をあげた場合には何年間も奉職することが多い。ハーバード・ロースクールの学長は、その多くが実績をあげており、ほぼ全ての学長が5年より遥かに長く務め上げている。1870年に、ハーバード・ロースクール初の学長となったLangdellから、2003年に就任した前学長Elena Kaganまで

---

3. Association of American Law Schools (AALS), <u>AALS, Law Deanship Manual</u> (1993) 3〜4頁。
4. <u>AALS, Law Deanship Manual</u>, 前掲注3, 9頁。

の133年間に、ハーバード・ロースクールの学長はわずか10人しかいない[5]。ロースクールの学長を3年で辞めてハーバード大学の総長に昇進したDerek Bokを除き、残り9人のなかで在職が5年に留まったのは1人だけで、3人は20年を超えている。

在職期間が長いと、ロースクールの伝統や長期目標を考慮しながらビジョンを構築し、改革を進めることができる。環境が許せば、新たなビジョンを作り上げ、それを実現することも可能である。元ミシガン・ロースクールの学長Jeffrey Lehmanは、後継者が直面する課題について「ロースクールが常に直面している課題は、将来を見据えて15年後に自分たちが何をしているか、その準備のために今、何を始めなければならないのかを問うことである」と述べている[6]。長期プランニングに取り組むためには、学長職に長く留まることが不可欠なのである。

ちなみに、長い在職期間は、資金調達活動にとっても欠かせない。寄附金集めは、まず売り込む価値のある優れた構想を練り上げることから始め、種を蒔き、寄附をしてくれそうな候補者を育て、それが実って初めて刈入れができるという、場合によっては種蒔きから何年もかかる仕事である。「学長職マニュアル」には、「個人や財団、企業にコンセプトを示し、寄附をしてもいいと思わせるためには、そのロースクールの最高執行官が構想を全面的に支持していることを理解してもらう必要がある」[7]と書かれている。

---

5. ハーバード・ロースクールの場合、辞任等により学長のポストに空きができると、次の学長を選任するのに周到なサーチが行われる。次期学長が決まるのに1年ぐらいかかることもある。そのため、正規の学長のほかに、10人ほどのacting deanもいた。
6. ミシガン・ロースクールの学長を退職し、コーネル大学の総長に就任した際のJeffrey Lehmanへの取材。これは、Law Quadrangle Notes（2003年春）の3頁に転載されている。
7. AALS, Law Deanship Manual, 前掲注3, 7頁。

第8章　改革へのたゆみない努力

　他方で，学長の在職期間が長くなりすぎることにより弊害が生じる場合がある。現に，ハーバード・ロースクールが危機に陥った1930年代及び1960年代は，それぞれRoscoe PoundとErwin Griswoldが20年間ほど学長を務めたときであった。いずれの時期でも，周りの社会が変化したのにハーバード・ロースクールがこれに十分追いついていない，という批判があった。また，いうまでもなく，期間が長いだけで学長が成功するとは限らない。

　学長の選出プロセスと選任基準の設定にあたっては，多くの複雑な役割を十分に果たせるように資質を重視すべきである。多彩な才能は，必ずしも年齢や特定機関における経験から得られるものではなく，性別とも関係がない。Elena Kagan前学長は，任命時点で僅か43歳であった。ハーバード・ロースクールの卒業生であり，任命時は教授だったが，同校で教授職に就いてからわずか2年しか経っていなかった（その前は客員教授を2年）。それまでは，裁判所のロークラークとして2年，開業弁護士としてさらに2年働いた後，シカゴ大学で7年間教鞭を振るい，Clinton政権時代には4年間大統領のアドバイザー等を務めた。Kaganは，ハーバード・ロースクール初の女性学長であったが，合衆国のロースクールでは，学長全体の20％弱を女性が占めている[8]（準学長〈Associate Dean〉の46％強，副学長〈Assistant Dean〉の66％強が女性）。多くのロースクールでは，他のロースクール，ビジネスの世界，政府などから全国的に学長候補者を掘り起こして招聘することもしばしばある。

---

8. Association of American Law Schools, Statistical Report on Law Faculty 2007-2008（2007〜08学年度の統計）。入手先は，http://aals.org.cnchost.com/statistics/report-07-08.pdf（最終訪問日2010年6月24日）。

2）戦略的プランニング

多くのロースクールでは，変化する環境を念頭におき，将来の必要性を「今から見据える」ため，例えば，10年ごとに総合的な戦略的プランニングの取組を行う。この取組を，ABAが7年ごとに実施する再認定（accreditation）のサイクルと関連付けて行うところもある。再認定制度は，ロースクールに対し，ロースクール教育にかかわる全ての重要な要素を取り上げてこれを分析するという，総合的な「自己チェック」を求めているので，この「自己チェック」を，業績を評価し，改善すべき点を見直す重要な機会と捉え，戦略的プランニングのたたき台としているロースクールが多い。

ハーバード・ロースクールは，教授会が求めた1930年代の抜本的な自己チェック以来，再認定制度とは直接関連付けずに定期的に大規模な戦略的プランニングを実施してきた。最近の3つの取組をみると，まず，1980年代に大規模な長期プランニングを立案し，1989年に教授会が"Long-Range Plan"として承認した例がある。この"Plan"では，図書館の改装，教授の増員，学資援助金の増額，臨床的法学プログラムの拡大などが盛り込まれた。これらの改革事項は1990年代半ばまでに実行された。

次に1997年，Robert C. Clark学長が大規模な自己チェックと戦略的プランニングに着手した。まず教授会は，ロースクールが直面している5つの長期課題を，①学力の向上，②実地研修，③事業基盤と経営資源，④ロースクールでの生活と仕組み，⑤国際化，に絞り込んだ。教授会内部に設置された運営委員会の監督のもとに，教授，学生，職員から成る5つの委員会が設置された。そして，各委員会で担当する課題が徹底的に検討され，様々な改革案が提出された。この取組に44人の教授，4人の職員，20人の学生が参加し，企

第8章　改革へのたゆみない努力

画立案会社とコンサルティング会社各1社がこれをサポートした（特に，McKinsey調査会社に依頼して当時の寮生全員の意見を広範囲に調査したり，3000人以上の卒業生を対象に調査を行った）。柳田は，ハーバード大学の視察委員会（Visiting Overseers）及びロースクールの運営諮問会議（Dean's Advisory Board）の各メンバーとして，この改革に関与した。2年以上をかけて詳細な分析と活発な議論を行った後，2000年12月に教授会は，圧倒的多数の賛成によりこのプランを採択した。このプランに基づいて，教育の枠組が抜本的に改革され（第1学年度のひとクラスの規模を120人ほどから80人に縮小するという大幅削減等），国際化への具体的な取組が重視されるようになった。この取組には前述のとおり，多くの教授や学生，卒業生が関わっていたため，プランが承認された時点で既に幅広い支援を得ており，このことが改革案の早期実施への地ならしとなった。

　戦略的プランニングの3つ目の例は，最近のカリキュラム改革である。第3章で説明したように，Kaganは2003年に学長に就任した後，先頭に立ってカリキュラム改革を精力的に推進した。2000年に採択されたプランと同様に，これらのカリキュラム改革も，周到な戦略的プランニングの結果であったため，早期に実施段階に入った。

3）学生，卒業生等のインプット

　ロースクールのさらなる改革を図るためには，学生のニーズを的確に把握することが必須である。同時に，法曹界をめざす若者の育成を使命とするロースクールにとって，法曹界にどのようなニーズがあるのかを理解することも必要である。しかも，学生のニーズも法曹界のニーズも常に変化する。それぞれのニーズを的確に把握するため，古くからハーバード・ロースクールは，学生，卒業生，そ

の他の有識者の声に耳を傾ける努力をしてきた。

1930年代の抜本的な自己診断以降，学生に対する意見調査等を通じて，戦略的プランニングに際して学生の意見が考慮されてきた。Clark学長がリードした1997年の戦略的プランニング過程に，5つの委員会の正規メンバーとして，学生が直接的に参加した（ちなみに，ワシントン大学ロースクールでは，教員採用委員会及び入学者選抜委員会を含めて，ほとんど全ての常設委員会に，学生が投票権を持つ正規のメンバーとして参加する）。当然のことながら，現役の学生は，ロースクールの今後の方針に強い関心を持ち，熱心に参加し，重要な視点を提供する。

合衆国のロースクールでは，適任と思われる卒業生がロースクールの評価や将来のプランニング・プロセスに直接関わる。これは，当局者が学生に法律実務を教えるために何が必要かを把握するためである。そればかりか，ハーバード・ロースクールは，法曹界，政界や経済界など，社会の様々な分野で活躍する卒業生や有力な専門家から意見を聴取する。その主な手段は，「視察委員会」(Visiting Overseers)と「運営諮問会議」(Dean's Advisory Board)[9]である。また，全米各地のみならず世界中で定期的に卒業生の集まりが開かれている。学長，副学長その他の有力教授は，こうした集まりに頻繁に出席する。これらの集まりは，一般の卒業生にとっても，ロースクールの最近の動きについて質問し，改革案に対する意見を表明する機会にもなる。ハーバード・ロースクールでは，特に卒業して間

---

9. Dean's Advisory Boardは，James Vorenbergが学長を務めた最終年（1989年）に誕生した組織であり，ロースクールのガバナンスに関する諸問に応じ様々な面でロースクールの運営についてアドバイスする。およそ30名の委員で構成されており，委員には，主要な法律事務所の代表，企業の経営者，政府の重要なリーダーなどが選出される。Dean's Advisory Boardは，寄附金集めにおいても主要な役割を果たしている。

もない同窓生にとって就職先を探す場ともなる。また，ロースクール当局が主催するクラスごとの5年おきの同窓会には多くの卒業生が出席し，ロースクールの方針について学長等に直接意見を伝えることができる。

　各スクールに設置された視察委員会の委員は，ハーバード大学総長によって任命され，同委員会は総長に対して直接報告義務を負っている。今から140年以上前の1869年，Eliot総長が監督委員会の下に視察委員会を設置し，これが懸念を表明した結果，Langdellの任命，その後の急進的な改革へとつながったことは既に述べた。この視察委員会は，ハーバード大学総長と監督委員会に代わって監視の役割を果たしてきたのである。ABAの再認定制度下で実施される現地視察は，7年に1回しか行われないが，ハーバード・ロースクールの運営は，以上のようなメカニズムを通じて，卒業生や外部の有識者の厳しい目に絶えずさらされているのである[10]。

3. 終わりに

　どんな組織でも，その規模に関係なく常に自らチェックを行って長所や欠点を洗い直し，何よりもその原点となる使命を再確認することが重要である。ハーバード・ロースクール150年史の最後のパラグラフは，次のような言葉で締めくくられている。「この年史には

---

10. 外部からのインプットの価値はハーバード・ロースクールに限らない。フットは，ワシントン大学ロースクールで2年間の戦略的プランニングの取組を指揮した。学長はプランニング・プロセスの一環として，卒業生と法曹界，経済界のメンバーから成る約35人と共に特別諮問委員会を設置した。委員会は数回にわたって長時間に及ぶ会議を開き，そこで事前に委員会メンバーに提供された豊富な情報に基づき，様々な主要課題を議論した。見識の高いメンバーが活発かつ率直に意見を述べ合ったことは，戦略的プランニングの取組にとって貴重なものであった。

3. 終わりに

1つの重要な教訓が収められている。馴染みのあるものと必要なものとは同じではない。法律及び法学教育で習慣化してきたものが，社会の新しい需要に対応できなければそれは消えていくだろう」[11]。

ハーバード・ロースクールのような卓越した教育機関でさえ，現状に甘んじてしまえば大きな危機を招く。日本の新しい法科大学院は，立ち上げ段階を終えて，その改革へと向かうべき時期にきた。新司法試験との関係においても自己を見失う危険性をはらんでおり，定期的な自己チェックと持続的な改善への努力が特に重要である。法科大学院の新設は，法曹教育の抜本的な再構築を示すに留まらず，入学資格や教育方法など，教育の多くの局面における抜本的改革を促すものである。しかし，その一方で，法科大学院が自らの使命を見失い，その本来の姿からかけ離れた教育機関に堕した場合には，従来の法曹教育と何ら変わらないものになる危険性が常に潜んでいる。自己チェックと再評価は，教員や関連各省庁，認定機関など新システムに関わる全ての人々にとって必要であり，学生や卒業生，外部専門家の意見は歓迎されなければならない。しかし，何よりも学長が率いる法科大学院の経営陣が指導力を発揮する必要がある。ハーバード・ロースクールの例が示すように，移行期が終わり，法科大学院がより確かな足場を築かなければならない今日，速やかに，自己チェックと再評価に取り組まなければならない。もしここで足を止めれば，その時点で改革審が求めた理想的な法科大学院は夢幻と消え去ってしまうであろう。今こそ，法の現場と社会のニーズの変化に見合った法曹教育を実現するために，持続的な改革の努力が必要なのである。

---

11. Sutherland, 前掲注1, 369頁。

索　引

ア　行

Upper-Level Programs of Study（上級レベルの学習プログラム） ………… 94
アメリカ法律協会（American Law Institute） ……………………… 200
アメリカ・ロースクール協会（AALS）
　……………………… 51, 73, 249
　——のDirectory
　………… 193, 196, 198, 203, 210
　——のLaw Deanship Manual …249
暗記……………………… 22, 131
案件解決ワークショップ（Problem Solving Workshop）… 78, 80, 83, 90
暗唱式講義……………… 12, 16, 23
anti-elite主義……………………141, 232
issue-spotters……… 107, 111, 117, 131
イデオロギー …………………… 17
Institute of International Legal Studies（国際法研究所）……………… 69
International Tax Program …… 70, 200
インターンシップ ……………… 42, 155
受け控え組………………………167
運営及びプランニング …………………7
運営諮問会議（Dean's Advisory Board）
　………………… 5, 254, 255
エクスターンシップ ………………… 39
S.J.D.（博士課程）…… 45, 56, 190, 207
S.J.D.プログラム ………………… 3, 28
Educating lawyers ………………… 88
ABA（米国法曹協会）…… 29, 142, 143
　—— のSection on Legal Education and Admissions to the Bar ………183
MIT………………………………… 93
エール・ロースクール ………… 57, 241
LL.B. ……………………… 49, 57
LL.M.（Master of Laws）プログラム
　………………………… 3, 28, 209
演繹操作………………………… 17
OJT ……………………………… 35
Honor Code ……………………133
open book形式 …… 109, 112, 131, 133

カ　行

改革（2006年）………………… 48
解釈301-6………………………158
夏期休暇………………………… 38
学位授与機構……………………183
学際的…………………………… 55
　——な科目 …………………… 71
　——な視点 ……………… 71, 202
学士号……………………………221
学生……………………………… 7, 19
　——の数 ……………………223
　——の特徴……………………219
学生諮問委員会（Board of Student Advisors） ……………………… 225
学生評価…………………………7
学長……………………… 203, 249
　——の任期 …………………250
学部………………………………236
合衆国最高裁判所……………… 10, 196
Carnegie財団…………………… 87
カリキュラム ………………… 7, 47, 48

索　引

――改革………… 59, 78, 91, 99, 254
監督委員会（Board of Overseers）
　……………………………… 234, 246
既習者………………………………167
寄附金集め…………………………251
Carrington Report………………… 73
旧司法試験（日本）………………161
教育改革………………………………5
教育方法………………………… 4, 7, 9
教員……………………… 7, 19, 189
　――の数…………………………189
　――の教育的技能……………… 26
　――の特徴……………… 189, 191
教科書……………………………… 25
　――方式（textbook method）
　……………………………… 12, 23
行政機関…………………… 45, 199
行政手続…………………………… 21
クラブ活動…………………………168
クリニック………………… 92, 110
Criminal Justice Institute………… 39
Closed book ………………………104
刑事法学研究所（Institute of Criminal Law） 200
ケース・メソッド………………… 13
厳格な学生評価……………………103
厳格な入学者選抜基準…………… 229
研究者教員………………… 82, 193
研究者養成………………… 203
原則・法理………… 13, 60, 96, 131
コアカリキュラム………… 52, 62
講義方式………………………… 9, 11
口述試験……………………………141
交渉…………………………… 21, 34

合否システム………………………232
公法………………………………… 58
国際機関…………………………… 45
国際法……………………………… 55
コミュニケーション能力…………164
コロンビア・ロースクール……… 57

サ　行

財団法人大学基準協会……………183
財団法人日弁連法務研究財団……183
再認定（accreditation）制度………253
裁判外紛争解決（ADR）………… 21
裁判官………………………………192
裁判実務…………………………… 36
裁判所………………………………192
The First-Year Legal Research and Writing Program ……………… 78
サマー・クラーク………… 38, 155
参考書（"outline"）…………………109
J.D. ………………………… 49, 231
generalist ………………………… 46
ジェンダー…………………… 234
シカゴ大学ロースクール………… 54
試験………………………… 7, 130
　――の手続………………………112
　――の内容………………………115
試験管理委員会……………………142
自己チェック…………… 248, 249
視察委員会……… 5, 246, 254, 255
事実審……………………………… 38
実習…………………………………141
実定法……………………………… 48
実務家教員………………… 82, 203
実務からの客員教授（Visiting Professors

from Practice）プログラム ………193	……………………………………… 57
実務教育…………………………… 10	事例………………………………… 26
実務訓練…………………………10, 39	――利用の重要性………………… 27
実務経験……………… 34, 40, 191, 193	think like a lawyer …74, 159, 160, 177
実力主義…………………… 225, 226	新司法試験……………… 166, 174, 177
司法研修所………………………161	人種…………………………………234
司法試験…………………………7, 161	スタンフォード・ロースクール ……241
――の改革（日本）…………………175	Storyの授業 ……………………… 11
司法試験委員全国協議会（National Conference of Bar Examiners）……145	スパルタ教育……………………… 227
	specialized law review……………210
司法試験管理委員会………………145	政策………………………………… 62
司法制度改革審議会（改革審）	――に関する問題（policy questions）
………………… 2, 162, 163, 165	…………………………………108
司法制度改革審議会意見書（改革審意見書）………………… 171, 177	成績
	――競争 ………………………… 240
シミュレーション ………………37, 38	――システム……………………… 232
社会学的法学（sociological jurisprudence）…………………………208	――評価………… 103, 105, 111, 156
	制定法……………………………… 20
社会経験 ………………………… 236	――中心の法制度………………… 24
社会人……………………………168	政府機関の役割…………………… 58
社会生活上の医師…………………170	政府・法制度改革………………… 198
ジャーナル………………………… 27	設置認可基準（日本）………… 96, 242
修業年限………………… 49, 50, 221	セミナー……………………………110
修士課程（LL.M.）………………56, 207	選択科目…………………………… 62
就職…………………………………234	全面的解決者（all-purpose problem solver）……………………………… 46
修了認定…………………………164	
受験テクニック重視教育（日本）……172	戦略的プランニング…………………249
受験予備校………………………161	総合的問題………………………177
出身地・出身大学等…………………236	相互登録…………………………92, 93
奨学金……………………………… 225	創造的解決方法…………………… 21
上級学年……………………… 19, 91	創造力養成教育（日本）……………164
助教………………………………… 204	双方向的・多方向的授業……… 11, 111
助手………………………………… 204	ソクラティック・メソッド
ジョンズ・ホプキンス・ロースクール	…………………………9, 13, 15, 27

索　引

──と効率性 …………………… 22
──と制定法 …………………… 24
──に対する反応 ……………… 13
──に対する批判 ……………… 17
──の現状 ……………………… 20
Sociological Jurisprudence（法社会学）
　……………………………………… 55
卒業 ……………………………… 221
　──の条件 …………………… 104
卒業生 …………………………… 45
卒業論文 ………………………… 28

タ　行

第1学年 ………………………… 19
退学 ……………………………… 227
退学扱い ………………………… 227
第三者機関 ……………………… 241
第三者評価 ……………………… 164
第三者評価機関 ………………… 183
第2及び第3学年 ……………… 19
第二次世界大戦 ………………… 58
Tuftsロースクール …………… 93
ダブルスクール現象 …………… 168
多様性（diversity） …………… 202
単位 ……………………………… 38
短答式試験 …… 115, 116, 117, 146, 178
知識偏重（日本） ……………… 172
知的な独立独行の習慣 ………… 14
千葉大学法科大学院 …………… 166
チームワークによる問題解決 … 21
中央教育審議会大学分科会法科大学院
　特別委員会 …………………… 89
中教審報告書 …………………… 90
定期試験 ………………………… 104

take-home試験 ………… 110, 113, 131
distribution requirements ………… 75
Dean …………………………………… 9
Dean's Advisory Board … 5, 254, 255
テクニカルな法律科目 ………… 47
「点」から「プロセス」への転換 …… 186
伝統的な9段階システム ……… 232
東京大学法科大学院 …………… 169
洞察力 …………………………… 165
討論の出発点 …………………… 11
匿名形式の評価 ………… 105, 156, 242
独立行政法人大学評価 ………… 183
独立研究プロジェクト ………… 110

ナ　行

National Conference of Bar Examiners
　（司法試験委員全国協議会） …… 145
入学基準 ………………………… 156
入学競争率 ……………………… 231
入学許可条件 …………………… 224
入学試験 ………………………… 226
入学者選抜 ……………… 156, 219
ニューディール ………… 46, 58
認証評価 ………………………… 157
認証評価基準 …………………… 160
認定基準301（a） ……………… 158
認定制度 ………………………… 248
ネブラスカ・ロースクール …… 55

ハ　行

Bar Exam ……………………… 4, 136,
　141, 143, 145, 154, 157, 178, 180, 242
カリフォルニア州の── … 145, 150
──の影響 …………………… 155

──の合格率……………………152
──の筆記試験…………………141
──のリピーター………………153
博士課程（S.J.D.）………… 45, 56, 207
パースペクティブ科目……… 64, 70, 91
ハーバード・カレッジ………………221
ハーバード・ロースクールの改革（2006年）…………………………… 48
ハーバード・ロースクールの危機
──（1829年）……………………245
──（1869～70年）………………246
ハーバード・ロースクールの戦略と対応
……………………………………8
ハーバード・ロースクール150年史
………………………………… 247
Harvard Law Review
………… 5, 45, 210, 214, 225, 233
パフォーマンス（リーガルスキル）試験
………………………… 149, 180, 181
判例………………………………… 17
比較法…………………………… 25, 55
Visiting Assistant Professor（VAP）制度
…………………………………206
Visiting Overseers … 5, 247, 254, 255
非常勤講師…………………………195
必修科目……………………… 39, 48
非テクニカル分野………………… 54
一橋大学法科大学院…………………166
批判的法学………………………… 18
Human Rights Program ………… 200
First-Year Lawyering Program …… 64
フェミニスト…………………… 25
フェローシップ（fellowship）
………………………… 30, 205, 237

──プログラム……………………205
不正行為……………………………133
不適合法科大学院…………………185
冬学期……………………………… 82
Blackstone's Commentaries ………223
Program on International Financial Systems ………………………200
Program on the Legal Profession …200
Professional Responsibility（法曹の責任）
………………………………… 65
プロブレム・メソッド……………… 21
プロボノ活動…………………… 39, 65
分析手法…………………………… 92
分析能力……………………………164
紛争解決…………………………… 20
米国法曹協会（ABA）
…………………………29, 142, 143, 248
弁論………………………………… 38
法改正……………………………25, 71
法学教育及び弁護士資格部会（Section on Legal Education and Admissions to the Bar）……………………157
法学教育改革………………………… 6
法学教育の目的…………………… 16
法学修士・博士制度……………… 207
法社会学…………………………… 57
法制史……………………………… 55
法曹教育改革………………………… 5
法曹資格……………………………141
法曹人口……………………………162
法曹養成システム（制度）
………………… 1, 161, 163, 174
法曹倫理………………… 82, 151, 177
法知識………………………………131

263

法的考え方	176
法務省	183
法律実務の芸術性	34
法律相談所（Legal Aid Bureau）	225
ボストン大学ロースクール	15
Policy Questions	127

マ 行

マクレイト・リポート	149
マサチューセッツ州の法曹資格	141
Multistate Bar Exam（MBE）	145
Multistate Essay Exam	146
Multistate Performance Test（MPT）	146, 149
Multistate Professional Responsibility Exam（MPRE）	146
未修者	89, 127
MIT	93
見習生	10
無償の公益活動	42
目賀田種太郎	235
模擬裁判	10, 31, 32
模擬陪審裁判	32
求められる資質・能力	130
問題解決者としての法律家	20
問題解決のための技術	99

ヤ 行

US News and World Report	248
4段階システム	232

ラ 行

落第	226
——率	228, 231
LAST（Law School Admission Test）	229
Latin Honors	233
Radcliffe College	234
Langdellの改革	13, 222, 247
Langdellの教材・教育方法	13, 14
Langdell Model	4
リーガルサービス	46, 174
Legal Service Center	37
リーガルスキル教育	9, 64
リーガルスキル・トレーニング	27, 31
——に対する消極的態度	33
——の発展	35
——の現状	40
リーガル・マインド	14
リーガル・リアリスト	63
リーガル・リアリズム	17
リーガルリサーチ	9, 27
リサーチ・アシスタント	29, 207
リサーチ教育	20
リッチフィールド・ロースクール	10, 35
立法と規制（Legislation and Regulation）	78, 90
理論	20, 25
——と実務	215
臨床科目	38
臨床教育	35
臨床的法学	36
——教育	20, 34, 40
歴史の教訓	3, 30, 42, 95, 137, 170, 215, 240
Red Book（「赤本」）	109
ロークラーク	46, 127, 195

ロージャーナル……………………210
ロースクール学長職マニュアル……250
ロースクールカタログ（Law School Catalog）………………………… 65
ロースクール入学管理委員会………183
ロースクール・ランキング…………241
ローレビュー（ロージャーナル）
　………………………… 27, 210
Long-Range Plan ……………………253
論文作成（リサーチ・ペーパー）
　………………………… 91, 92
論文式試験……………… 148, 156, 179
論文方式の問題…………………………105
論理的統一性………………………… 17

ワ　行

ワークショップ方式………………… 38
ワシントン大学ロースクール…… 6, 74

人名（欧文）索引

Ames, James Barr ······ 13, 54, 105, 191, 192
Areeda, Phillip ······ 12, 23
Ashmun, John Hooker ······ 104
Beale, Joseph ······ 54
Bellow, Gary ······ 36
Bemis, George ······ 56
Blackstone, William (Sir) ······ 52, 223
Bok, Derek ······ 51, 99, 232
Brandeis, Louis ······ 14, 16, 226
Clark, Robert C. ······ 253
Coates, John C. ······ 116
Dershowitz, Alan ······ 194
Eliot, Charles William ······ 12, 191, 192, 224, 246
Ehrlich, Thomas ······ 51
Frank, Jerome ······ 34
Fried, Charles ······ 195
Frug, Gerald E. ······ 118
Fuller, Lon ······ 69
Glueck, Eleanor ······ 202
Gray, Horace ······ 195
Griswold, Erwin ······ 16, 190, 252
Gurney, Ephraim ······ 33
Hayes, Rutherford B. ······ 235
Holmes, Oliver Wendell, Jr. ······ 12, 17, 61, 105, 222, 226, 246
Hudson, Manley ······ 56, 69
Kagan, Elena ······ 77, 198, 203, 250, 252
Kessler, Daniel Philip ······ 129
Landis, James ······ 56, 200, 228
Langdell, Christopher Columbus ······ 9, 10, 13, 15, 17, 23, 24, 35, 49, 53, 60, 95, 104, 191, 219, 222, 226, 232, 236, 247
Lehman, Jeffrey ······ 251
MacCrate, Robert ······ 149
Mentschikoff, Soia ······ 202
Minow, Martha ······ 77, 79, 100
Packer, Herbert ······ 51
Parker, Isaac ······ 103, 195, 220
Pound, Roscoe ······ 28, 55, 61, 200, 201, 208, 252
Rakoff, Todd D. ······ 81, 123, 126
Sedgwick, Arthur ······ 222, 246
Seligman, Joel ······ 75
Stearns, Asahel ······ 31, 103
Stevens, Robert ······ 57, 60
Story, Joseph ······ 10, 23, 26, 103, 195, 219, 245
Strobel, Edward Henry ······ 56, 69, 198
Sutherland, Arthur E. ······ 14, 25, 29, 31, 221, 234
Thayer, James Bradley ······ 106, 191
Tribe, Lawrence ······ 194
Tushnet, Mark ······ 79
Warren, Edward "Bull" ······ 227
Warren, Elizabeth ······ 115
Washburn, Emory ······ 220
Wigmore, John Henry ······ 108
Wilkins, David ······ 86
Williston, Samuel ······ 196

〈著者紹介〉

柳 田 幸 男（やなぎだ・ゆきお）

1956年　早稲田大学第一法学部卒業
1958年　早稲田大学大学院卒業（法学修士）
1966年　ハーバード・ロースクール卒業（LL.M.）
現　在　柳田国際法律事務所　代表者

Daniel H. Foote（ダニエル・H・フット）

1976年　ハーバード大学卒業（東アジア研究専攻）
1981年　ハーバード・ロースクール卒業
2000年〜現在　東京大学大学院法学政治学研究科教授

ハーバード　卓越の秘密―ハーバードLSの叡智に学ぶ―
Harvard: Secrets to Its Preeminence
— Learning from the Wisdom of Harvard Law School —

2010年11月30日　初版第1刷発行

著　者　柳　田　幸　男
　　　　ダニエル・H・フット

発行者　江　草　貞　治

発行所　株式会社 有 斐 閣
　　　　郵便番号 101-0051
　　　　東京都千代田区神田神保町2-17
　　　　電話（03）3264-1314〔編集〕
　　　　　　（03）3265-6811〔営業〕
　　　　http://www.yuhikaku.co.jp/

組版・株式会社マップス／印刷・萩原印刷株式会社／製本・大口製本印刷株式会社
©2010, Yukio YANAGIDA, Daniel H. FOOTE.
Printed in Japan
落丁・乱丁本はお取替えいたします。
★定価はカバーに表示してあります。
ISBN 978-4-641-12545-2

JCOPY　本書の無断複写（コピー）は、著作権法上での例外を除き、禁じられています。複写される場合は、そのつど事前に、(社)出版者著作権管理機構（電話03-3513-6969, FAX03-3513-6979, e-mail:info@jcopy.or.jp）の許諾を得てください。